Jonas Schuster Geografie 5

Herausgegeben von
Dr. Dieter Richter und Gudrun Weinert

Geografie 5

Ausgabe Mecklenburg-Vorpommern

Die Erarbeitung dieses Lehrbuchs wurde vorgenommen
von Dr. Dieter Richter
unter Heranziehung ausgewählter Beiträge von Prof. Dr. Rolf Meincke und
Dr. Karin Richter sowie Texten und Kartenentwürfen von Walter Funken.

An der Entwicklung des Lehrbuchs wirkte als Gutachterin
Irmgard Schulz, Schwerin, mit.

Redaktion: Dr. Siegfried Motschmann, Walter Funken
Bildbeschaffung und Recherche: Carla Kutschke, Peter Hartmann
Kartografische Beratung: Prof. Dr. Wolfgang Plapper

Illustrationen: Hans Wunderlich, Gerold Nitzschke
Umschalggestaltung: Gerhard Medoch
Kartenherstellung: Peter Kast, Ingenieurbüro für Kartografie, Schwerin
Layoutkonzept: Hans-Joachim Petzak
Seitenaufbau: Monika v. Wittke

Die Internetadressen und -dateien, die in diesem Lehrwerk angegeben sind,
wurden vor Drucklegung geprüft. Der Verlag übernimmt keine Gewähr
für die Aktualität und den Inhalt dieser Adressen und Dateien oder solcher, die mit
ihnen verlinkt sind.

www.cornelsen.de
www.vwv.de

1. Auflage, 2. Druck 2007

Alle Drucke dieser Auflage sind inhaltlich unverändert
und können im Unterricht nebeneinander verwendet werden.

© 2001 Volk und Wissen Verlag, Berlin

Das Werk und seine Teile sind urheberrechtlich geschützt.
Jede Nutzung in anderen als den gesetzlich zugelassenen Fällen
bedarf der vorherigen schriftlichen Einwilligung des Verlages.
Hinweis zu § 52 a UrhG: Weder das Werk noch seine Teile dürfen
ohne eine solche Genehmigung eingescannt und in ein Netzwerk
eingestellt werden.
Dies gilt auch für Intranets von Schulen und sonstigen Bildungseinrichtungen.

Druck: CS-Druck CornelsenStürtz, Berlin

ISBN 978-3-06-040572-5

 Inhalt gedruckt auf säurefreiem Papier aus nachhaltiger Forstwirtschaft.

Inhaltsverzeichnis

Die Erde 7

Geografie – ein neues Unterrichtsfach 8

Orientierung auf der Erde 10
Die Gestalt der Erde 10
Die Kunst der Navigation 12
Sieben Kontinente und drei Ozeane . 14
Zeiten beeinflussen unser Leben 16

Von der natürlichen Vielfalt der Erde 18
Naturlandschaften der Erde 18
In der Wüste 20
Im tropischen Regenwald 22
In den Polargebieten 24
Fachübergreifendes Thema:
Tiere der Erde 26
Von den Völkern der Erde 28
Projektarbeit:
Wir leben alle in der einen Welt 30
Zusammenfassung 32

Deutschland 33

Deutschland im Überblick 34
Deutschland ist in Länder gegliedert 34
Ein Blick in die Geschichte
Deutschlands 36
Deutschland – ein Staat in Europa .. 38
Von Rügen bis zum Bodensee 40
Flüsse und Kanäle 42
Verkehrsmittel und Verkehrswege .. 44
Zusammenfassung 48

Im Norddeutschen Tiefland 49
Wir orientieren uns 49
An den deutschen Küsten 50
Steil- und Flachküsten an der Ostsee 52
An der Nordsee –
Das Meer kommt und geht 54
Gefahren für die Nordseeküste 56
Ferien an der Nordseeküste 58
Der Hamburger Hafen –
Tor zur Welt 60
Eis prägte das Norddeutsche
Tiefland 64

Zuckerrüben und Weizen in der
Börde 68
Berlin – die Hauptstadt
Deutschlands 70
Die Niederrhein-Ruhr-Ballung 74
Zusammenfassung 80

Unser Land Mecklenburg-
Vorpommern 81
Wir orientieren uns 81
Mecklenburg-Vorpommern –
Reise- und Urlaubsziel 82
Mecklenburg-Vorpommern –
früher und heute 84
Die Landeshauptstadt Schwerin ... 86
Die Landschaftsräume Mecklenburg-Vorpommerns 88
Rügen – Deutschlands größte Insel . 90
Rostock – eine Hafenstadt 92
Der Wirtschaftsraum Mecklenburg-Vorpommern 94
Zusammenfassung 96

Im Mittelgebirgsland 97
Wir orientieren uns 97
Wie unsere Bodenschätze
entstanden 98
Gewinnung und Nutzung von
Braunkohle 100
Eine Landschaft entsteht 102
Das Mittelgebirgsland –
entstanden in Jahrmillionen 104
Das Mittelrheintal – ein Durchbruchstal 106
Das Oberrheinische Tiefland – ein
Grabenbruch 108
Anbau von Sonderkulturen im
Oberrheinischen Tiefland 110
Verkehrsachse Oberrheinisches
Tiefland 112
Das Rhein-Main-Ballungsgebiet ... 114
Die Schwäbische Alb – eine
Schichtstufe 116
Das Ballungsgebiet Mittlerer
Neckar 118
Fachübergreifendes Thema:
Der Kreislauf des Wassers 120
Talsperren im Harz 122

Das Erzgebirge – eine Pultscholle .. 124
Umweltschäden im Erzgebirge 126
Zusammenfassung 128

Die Alpen und ihr Vorland 129
Wir orientieren uns 129
Das Alpenvorland 130
Das Ballungsgebiet München 132
Die Alpen – ein Hochgebirge 134
Höhenstufen des Pflanzenwuchses
in den Alpen 136
Ein Alpental im Wandel –
Ramsau 138
Nationalpark Berchtesgaden 140
Die Alpen in Gefahr 142
Zusammenfassung 144

Schlag nach 145

Deutschland-Lexikon 146
Agrargebiete in Deutschland 146
Industriegebiete in Deutschland ... 148
Verdichtungsräume in Deutschland 150
Erholungsgebiete in Deutschland .. 152

Geografische Arbeitsweisen 154
Beschreiben von Bildinhalten 154
Einteilen der Wirtschaft 156
Arbeiten mit Karten und
Maßstäben 158
Arbeiten mit der physischen Karte . 160
Arbeiten mit dem Atlas 162
Auswerten und Vergleichen von
Materialien 164
Projektarbeit – Was ist das? 166

Sich erinnern – vergleichen –
ordnen 168
Wer macht es richtig? 168
Quer durch Deutschland –
ein Würfelspiel 170

Begriffserklärungen und Register .. 172

Die Erde

Abwechslungsreich und vielgestaltig ist die Erde.
Seitdem auf ihr Menschen leben,
erforschen und erkunden sie
ihren Lebensraum.

Geografie – ein neues Unterrichtsfach

In deinem Stundenplan tauchen neue Fächer auf. Dazu gehört auch Geografie. Geografie begegnet dir überall, weil du wie alle Menschen in Landschaftsräumen lebst. Du erfährst Geografie auf dem Schulweg, bei einem Ferienaufenthalt, in Büchern und Zeitungen oder im Fernsehen. Welche Bedeutung hat Geografie für uns?

Landschaften – Lebensraum des Menschen. Hast du dir schon einmal überlegt, warum kein Berg dem anderen gleicht, warum es in einigen Gebieten der Erde immer warm, in anderen immer kalt ist, warum es in der einen Gegend viel, woanders gar nicht regnet? Wie kommt es, dass es Vulkane und Erdbeben, Kontinente und Ozeane, Regenwälder und Wüsten gibt? So verschiedenartig die Landschaftsräume beschaffen sind, so vielfältig sind die Voraussetzungen der Natur für die Menschen auf der Erde.

M 2 Bestandteile einer natürlichen Landschaft

M 1 Wie Landschaftsräume beschaffen sind.
Beschreibe den gezeigten Landschaftsraum. Berücksichtige dabei die in M 2 genannten Bestandteile einer natürlichen Landschaft. Benutze die Begriffserklärungen im Kapitel „Schlag nach".

Landschaften – von Menschen gestaltet.

Auf der Erde leben heute über 6 Milliarden Menschen. Sie alle brauchen Nahrung, Kleidung und Wohnraum. Sie wollen arbeiten und sich erholen. Sie roden Wälder, bestellen Felder, nutzen Wiesen, legen Bergwerke an und verarbeiten Bodenschätze.

Menschen treiben Handel, bauen Verkehrswege zum Transport von Personen und Gütern. Seit Jahrtausenden verändern Menschen die natürlichen Landschaften und nutzen deren Reichtümer.

Sind sie dabei, die Erde unbewohnbar zu machen?

Du kannst mit deinen Entscheidungen und Handlungen zur Veränderung von Landschaftsräumen, aber auch zum Schutz der Umwelt beitragen. Der Geografieunterricht kann dir dazu Anleitungen geben. Er kann dir helfen, das Leben in unserem Land und das Leben anderer Völker sowie politische Ereignisse auf der Erde besser zu verstehen.

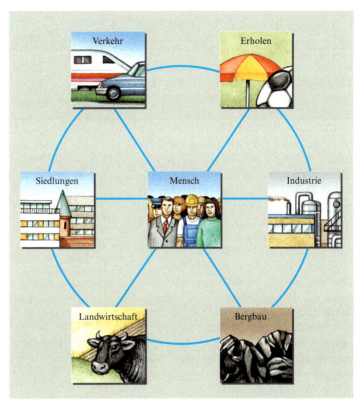

M 4 Bestandteile einer vom Menschen gestalteten Landschaft

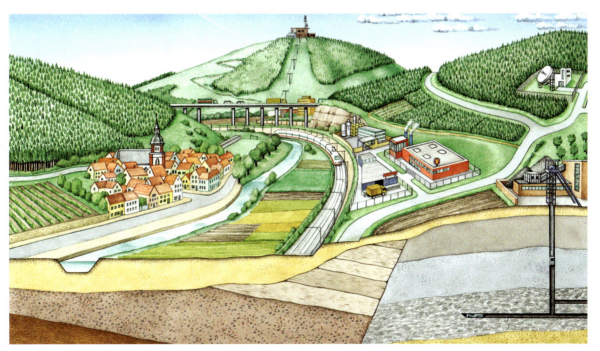

M 3 Wie der Mensch Landschaftsräume gestaltet.
Diese Abbildung zeigt den gleichen Raum wie M 1, aber nach Eingriffen des Menschen in den Landschaftsraum. Vergleiche beide Bilder. Welche Veränderungen fallen dir auf? Beachte das Kapitel „Schlag nach".

Orientierung auf der Erde

Die Gestalt der Erde

Vor 500 Jahren stritten sich Gelehrte in Europa über die Gestalt der Erde: Ist sie eine Scheibe oder eine Kugel?

Die Erde – eine Scheibe. Schon vor 4000 Jahren stellten Gelehrte in Ägypten die Erde als eine flache Scheibe dar, die in einem Weltmeer liegt. Jahrtausendelang galt diese Ansicht für die meisten Menschen als richtig. Sie konnten sich nicht vorstellen, dass die Erde eine Kugel sein sollte. Dann müssten doch die Menschen, die auf der unteren Seite der Erdkugel leben, von ihr herunterfallen.

Die Erde – eine Kugel. Im 15. Jahrhundert gelangten immer mehr Menschen zur Überzeugung, dass die Erde eine Kugel sei. Darunter war auch KOLUMBUS (1451 bis 1506). Er stützte sich dabei auf Erkenntnisse griechischer Gelehrter: ARISTOTELES (384 bis 322 v. Chr.) beobachtete bei einer Sonnenfinsternis den runden Erdschatten. ERATOSTHENES erkannte 500 Jahre später, dass Schiffe am Horizont zuerst mit der Mastspitze auftauchten.

M 2 KOLUMBUS plante eine gefährliche und kostspielige Reise.
Er war als Angestellter eines Kaufmanns in Genua oft und weit gereist. Er war sogar bis Island gesegelt. Sein Arbeitgeber klagte ihm eines Tages, dass die Geschäfte nicht mehr gingen, weil die Türken die Handelswege von Europa nach Indien kontrollierten. Man riskierte sein Leben. Die Preise für Waren aus Indien waren dadurch ins Unermessliche gestiegen.
KOLUMBUS wollte – wie schon andere Europäer vor ihm – einen direkten Seeweg nach Indien finden und so die Handelskontrolle der Türken umgehen. Doch anders als frühere Entdeckungsreisende wollte er nicht den Weg um Afrika wählen. Dieser erschien ihm zu weit. Er war überzeugt, Indien in drei Wochen auf der Westroute erreichen zu können. Es gelang KOLUMBUS, das spanische Königshaus für seinen Plan zu gewinnen. Er erhielt drei Schiffe für seine Entdeckungsreise.
Die Fahrt ins Ungewisse begann am 3. August 1492. Noch nie waren Seeleute so weit auf die offene See hinausgefahren. Am zehnten Tag braute sich ein schweres Gewitter zusammen. Die nackte Furcht befiel die Schiffsbesatzung. Fuhren sie auf den Rand der Erdscheibe zu? Würden sie in einen Feuerschlund hinabgezogen?
Der Unmut der Mannschaft nahm täglich zu. Eine Meuterei konnte KOLUMBUS verhindern. Endlich ertönte am 12. Oktober aus dem Mastkorb des Flaggschiffes Pinta der lang erwartete Ruf: „Lumba! Tierra! – Licht! Land!" endlich Land.
KOLUMBUS nannte das Land San Salvador – Heiliger Erlöser – und dessen Bewohner Indianer. Er wusste nicht, dass seine Schiffe nicht in Indien gelandet waren, sondern auf einem neuen, in Europa noch unbekannten Kontinent: Amerika.

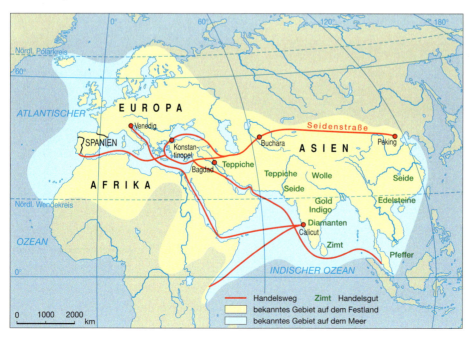

M 1 Um 1450 in Europa bekannte Gebiete der Erde

Die Gestalt der Erde 11

Den Beweis für die Kugelgestalt der Erde lieferte MAGELLAN mit der ersten Weltumsegelung 1519 bis 1522.

Doch erst gut 400 Jahre später, 1959, war die Kugelgestalt der Erde erstmals auf Fotos zu sehen: Die Erde war von einem unbemannten Satelliten im Weltraum fotografiert worden.

Menschen stoßen in den Weltraum vor.
Auf der Erde gibt es noch vieles zu erforschen. Doch die Gestalt der Erde, ihrer Erdteile und Meere, sind heute bekannt. Die Menschen richten ihren Forscherdrang deshalb mehr und mehr auf den Weltraum. 1961 umrundete der sowjetische Kosmonaut JURI GAGARIN als erster Mensch in einem Raumschiff die Erde. Er beschrieb seinen Eindruck mit den Worten: „Ich sah zum ersten Mal die Kugelgestalt der Erde. Ihre Krümmung wurde erkennbar, wenn man zum Horizont schaute."

Im Jahre 1969 landeten amerikanische Astronauten mit einem Raumschiff auf dem Mond. NEIL ARMSTRONG betrat als erster Mensch den Mond.

M 4 Blick vom Mond auf die Erde

M 3 Start einer Raumfähre (Spaceshuttle) zur Erkundung des Weltraums

AUFGABEN
1. Warum stellte das spanische Königshaus eine kostspielige Flotte von drei Schiffen bereit, um einen Seeweg nach Indien zu finden (M 2)?
2. KOLUMBUS wollte Indien über den Ozean auf Westkurs erreichen. Wie kam er auf diesen Gedanken (M 1)?
3. KOLUMBUS wusste, dass ERATOSTHENES den Umfang der Erde auf 39 700 km berechnet hatte. Er wusste auch, dass die Ostroute von Spanien nach Indien, die über Land und Meer führte, etwa 8 000 km lang war. Mit welcher Länge eines westlichen Seeweges nach Indien wird KOLUMBUS annähernd gerechnet haben? Wie viele km hätten seine Schiffe dann täglich zurücklegen müssen, um Indien wie geplant in 3 Wochen zu erreichen?

Die Kunst der Navigation

Leser von Karten vergleichen die Karte mit dem Gelände. Sie orientieren sich an Bergen oder am Verlauf von Flüssen und Straßen. Auf dem Ozean gibt es aber solche Landmarken nicht. Wie fanden sich die Entdeckungsreisenden auf dem Meer zurecht?

Orientieren auf dem Meer. Die Bestimmung der Fahrtrichtung wird Navigation genannt. Die richtige Fahrtrichtung eines Schiffs auf dem Ozean konnte anfangs nur nach dem Stand der Sonne oder der Sterne bestimmt werden. Seit dem 12. Jahrhundert kannte man auch in Europa den in China erfundenen Seekompass. Mit seiner Hilfe konnte KOLUMBUS die Himmels- und Fahrtrichtung schon recht genau bestimmen.

Damit ein Schiff sein Ziel erreichen kann, müssen die Seeleute außer der richtigen Himmelsrichtung auch möglichst genau die Position des Schiffes auf dem Ozean kennen. Nur dann können sie die richtige Richtung zu ihrem Ziel einschlagen. Wie hat damals KOLUMBUS die Position seines Schiffes weit entfernt von bekannten Küsten bestimmt?

Schiffsstandorte werden durch ihre Nord-Süd-Lage sowie durch ihre Ost-West-Lage auf der Erdkugel bestimmt.

M 2 Das Astrolabium war aus einer Kreisscheibe und einem drehbaren Arm zusammengesetzt. Es konnte an einem Ring in Augenhöhe aufgehängt werden. Mit dem drehbaren Arm wurde bei Tag die Sonne oder bei Nacht ein Stern anvisiert. Mithilfe der Gradeinteilung auf der Kreisscheibe konnte nun die Position des anvisierten Gestirns über dem Horizont und damit die Nord-Süd-Lage des eigenen Schiffes annähernd genau bestimmt werden.

Zur Bestimmung der Nord-Süd-Lage benutzte man zur Zeit des KOLUMBUS das Astrolabium (griechisch: astro=Stern; lateinisch: labium=Lippe). Der in Alexandria lebende Astronom und Mathematiker PTOLEMÄUS hatte das Instrument um 150 n. Chr. erfunden.

Die Bestimmung der Ost-Westlage eines Schiffes war noch schwieriger und blieb bis zum 17. Jahrhundert ungenau. Denn dazu war die Kenntnis der genauen Tages- und Jahreszeit erforderlich. Exakt messende Uhren gab es aber zur Zeit des KOLUMBUS noch nicht. An Bord eines Schiffes musste man sich damals mit der wenig verlässlichen Sanduhr behelfen.

Verlässlicher war nur die Messung der Schiffsgeschwindigkeit. Sie erfolgte mithilfe einer Logleine. An eine Leine, die in

Kompass

Astrolabium

Logleine und Sanduhr

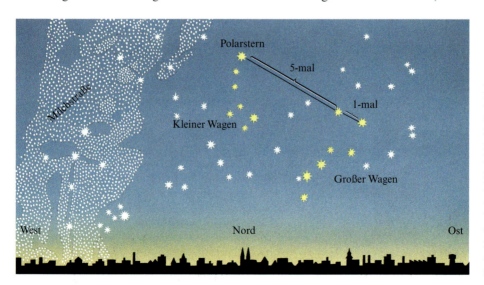

M 1 Mithilfe des hell leuchtenden Polarsterns kann man nachts die Himmelsrichtung bestimmen. Denn der Polarstern ist ein Fixstern, das heißt, er steht immer an der gleichen Stelle über dem Nordpunkt des Horizonts. Wie man den Polarstern am Himmel findet, zeigt die Abbildung.

Die Kunst der Navigation

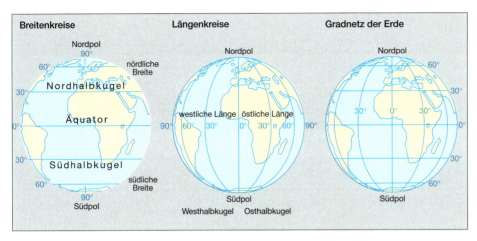

M 3 Das Gradnetz der Erde

immer gleichen Abständen mit Knoten versehen war, wurde ein Holzstück befestigt. Das warf man über Bord und zählte dann die Anzahl der Knoten, die in einer bestimmten Zeit durch die Hand liefen. So konnte man die durchschnittliche Geschwindigkeit und die zurückgelegte Entfernung des Schiffs errechnen. Wenn man die Fahrtrichtung (Kompass), die Fahrtdauer (Sanduhr) und die durchschnittliche Geschwindigkeit (Logleine) eines Schiffes kannte, konnte man seine Position auf einer Seekarte bestimmen.

Wie orientieren wir uns heute? Benutzen wir nur die Himmelsrichtungen zur Bestimmung der Lage eines Ortes, so gibt es bereits innerhalb Deutschlands Schwierigkeiten. Steffi zum Beispiel wohnt in Leipzig. Wenn sie ihre Tante in Berlin besucht, so fährt sie nach Norden. Für Jörg, der in Rostock wohnt, liegt Berlin dagegen im Süden.

Die Erde im Gradnetz. Um die Position eines Ortes auf der Erde unabhängig vom eigenen Aufenthaltspunkt anzugeben, haben die Menschen das *Gradnetz* (↑) erfunden. Das ist ein über die Erde gezogenes Netz von Linien und besteht aus *Breitenkreisen* und *Längenkreisen*.
Der *Äquator* (↑) ist mit rund 40 000 km der längste Breitenkreis. Er teilt die Erde in eine Nord- und in eine Südhalbkugel. Parallel zum Äquator verlaufen die anderen Breitenkreise.

Die Längenkreise verlaufen vom *Nordpol* (↑) zum *Südpol* (↑). Sie heißen auch *Meridiane* (↑). König CHARLES II VON ENGLAND erteilt 1675 dem Observatorium in Greenwich im Südosten Englands das Vorrecht, dass der *Nullmeridian* (↑) durch diese Sternwarte verlaufen soll.
Breitenkreise und Längenkreise werden in Grad angegeben. Der Äquator trägt die Bezeichnung Null Grad (= 0°). Vom Äquator bis zu den beiden Polen wird jeweils von 0° Breite bis 90° Breite gezählt. Der Nordpol trägt die Bezeichnung 90° nördliche Breite, der Südpol 90° südliche Breite. Vom Nullmeridian wird jeweils bis 180° nach Osten und 180° nach Westen gezählt. Man unterscheidet daher in östliche Länge und westliche Länge. Durch die Angabe seines Breiten- und Längengrades kann die Lage eines Ortes auf der Erde exakt bestimmt werden.

AUFGABEN
1. Orientiert euch auf dem Schulhof mithilfe der Himmelsrichtungen: Ein Mitschüler nennt einen Gegenstand in der Umgebung, ein anderer bestimmt dessen Himmelsrichtung.
2. Nimm an, die Knoten einer Logleine waren im Abstand von 20 Meter angebracht. Innerhalb von 5 Minuten (Messung erfolgte mit Sanduhr) liefen 50 Knoten durch die Hand. Wie schnell fuhr das Schiff? Gib die Antwort in km pro Stunde an.
3. Erkläre deinen Mitschülern den Begriff Gradnetz. Zeichne dazu auf eine Folie einen Kreis, der die Erdkugel darstellen soll, und trage die Breitenkreise ein. Zeichne jetzt eine zweite, gleich große „Erdkugel" und trage die Längenkreise ein. Lege beide Folien auf dem Tageslichtschreiber aufeinander.

Sieben Kontinente und drei Ozeane

Ein Blick auf die Weltkarte oder auf den Globus zeigt, dass der größte Teil der Erdoberfläche von Wasser bedeckt ist. Die Festlandsfläche nimmt dagegen nur einen kleineren Teil ein.

Die Festlandsfläche ist in Erdteile oder *Kontinente* (↑) gegliedert. Diese erheben sich wie große Inseln aus der Wasserfläche. Einige Kontinente sind sogar miteinander verbunden.

Die riesige Wasserfläche der Erde (das Weltmeer) besteht aus den *Ozeanen* (↑). Wie sind die Ozeane durch die Kontinente gegliedert?

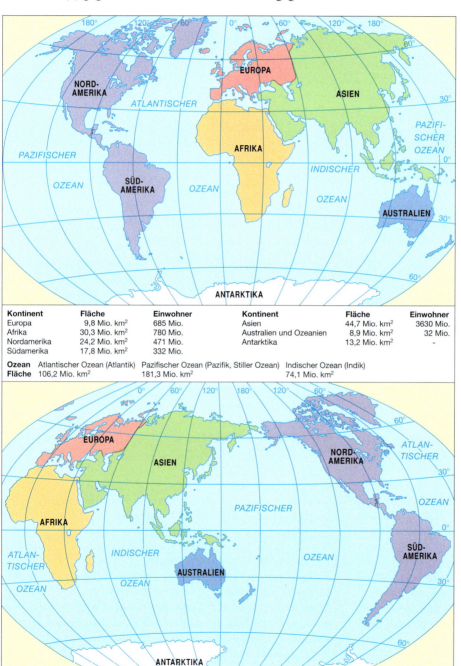

M 1 Die Erde aus atlantischer Sicht

Kontinent	Fläche	Einwohner	Kontinent	Fläche	Einwohner
Europa	9,8 Mio. km²	685 Mio.	Asien	44,7 Mio. km²	3630 Mio.
Afrika	30,3 Mio. km²	780 Mio.	Australien und Ozeanien	8,9 Mio. km²	32 Mio.
Nordamerika	24,2 Mio. km²	471 Mio.	Antarktika	13,2 Mio. km²	-
Südamerika	17,8 Mio. km²	332 Mio.			

Ozean	Atlantischer Ozean (Atlantik)	Pazifischer Ozean (Pazifik, Stiller Ozean)	Indischer Ozean (Indik)
Fläche	106,2 Mio. km²	181,3 Mio. km²	74,1 Mio. km²

M 2 Die Erde aus pazifischer Sicht

Sieben Kontinente und drei Ozeane 15

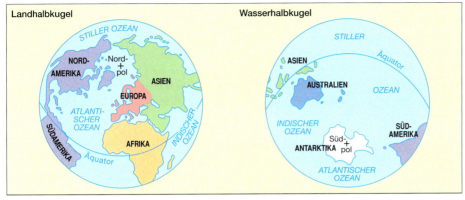

M 3 Land- und Wasserhalbkugel der Erde

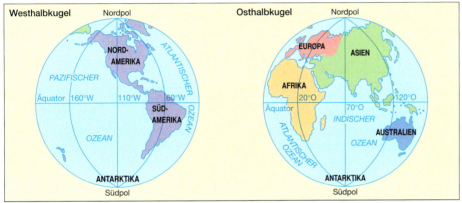

M 4 West- und Osthalbkugel der Erde

Globus oder Weltkarte: Welcher Darstellung von der Erde wollen wir den Vorzug geben?
Globus (↑) ist ein lateinisches Wort. Übersetzt heißt es Kugel. Der Globus ist ein verkleinertes Abbild von der Erde.
Die Weltkarte im Buch oder im Atlas ist handlicher als ein Globus.
Alles, was auf dem Globus zu sehen ist, zeigt auch die Weltkarte. Aber nur der Globus gibt ein richtiges räumliches Bild von der Erde.
Sowohl der Globus als auch die Weltkarte zeigen die ganze Erde. Jedoch kann das Bild, das beide Darstellungen von der Erde vermitteln, sehr verschieden sein. Das hängt vor allem von der Blickrichtung ab.
Wenn man auf den Globus blickt, dann sieht man immer nur eine Seite der Erdkugel (M 3, M 4). Die Weltkarte dagegen zeigt auf einen Blick die gesamte Erde.
Aber Weltkarten können verschiedene Bilder von der Erde vermitteln. In Europa zeigen wir die Erde vorwiegend aus atlantischer Sicht (M 1). In Amerika, Japan oder in Australien wird die pazifische Sicht (M 2) bevorzugt.
Andere Blickrichtungen auf die Erde können den Eindruck einer Landhalbkugel und einer Wasserhalbkugel (M 3) vermitteln oder die Westhalbkugel und die Osthalbkugel zeigen (M 4).

AUFGABEN

1. Wie sieht Antarktika auf einem Globus (M 3) und wie auf der Weltkarte (M 1) aus? Vergleiche.
2. Schneide einen alten Gummiball so auf, als ob du eine Apfelsine schälen willst. Lege die Gummihülle möglichst flach auf den Tisch. Was stellst du fest? Berichte über dein Ergebnis.
3. Beschreibe die in M 1 und M 2 vermittelten Bilder von der Erde. Benutze die Begriffe atlantische Sicht und pazifische Sicht sowie die Längenkreise 0° und 180°.
4. Beschreibe die Lage der Kontinente und Ozeane auf der Erde. Verwende die Begriffe Nord- und Süd-, West- und Osthalbkugel (M 1, M 2, M 4).
5. Erkläre die Begriffe Landhalbkugel und Wasserhalbkugel (M 3). Gib an, über welchem Teil der Erde sich der Betrachter befindet.
6. Ordne die Kontinente und Ozeane nach ihrer Flächengröße und nach der Bevölkerungszahl (M 1).

Zeiten beeinflussen unser Leben

Der Tag und die Jahreszeiten sind Zeitspannen, die unser Leben maßgebend beeinflussen. Wir erleben den ständigen Wechsel von Helligkeit und Dunkelheit, von Arbeit und Ruhe. Wie entstehen Tageszeiten und welche Merkmale haben Jahreszeiten?

Die Entstehung von Tag und Nacht. Jeden Morgen geht die Sonne in östlicher Richtung auf. Es wird Tag. Zur Mittagszeit erreicht die Sonne ihren höchsten Stand im Süden. Mit dem Untergang der Sonne am westlichen Horizont beginnt die Nacht.
Es scheint so, als bewege sich die Sonne. Tatsächlich aber bleibt sie am gleichen Ort. Unsere Erde bewegt sich. Sie dreht sich in 24 Stunden einmal um ihre Achse von Westen nach Osten. Diese Erdachse ist aber nur eine gedachte Linie zwischen Nordpol und Südpol. Wir bewegen uns also alle mit der Erde. In einer Sekunde legen wir 230 m zurück. Freilich spüren wir davon nichts. Aber am stetigen Wechsel von Tag und Nacht wird die *Rotation* (↑) unseres Planeten Erde erkennbar. Etwa die halbe Zeit eines Tages befinden wir uns auf der von der Sonne beleuchteten Hälfte und die übrige Zeit auf der nicht beleuchteten Seite.

Merkmale der Jahreszeiten. Aus eigener Erfahrung weißt du, dass die Tage des Jahres verschieden lang sind. Ihre Länge unterscheidet sich nach den Jahreszeiten Frühling, Sommer, Herbst und Winter.

Im Sommer geht die Sonne im Nordosten auf. Sie beschreibt einen großen Bogen, bis sie am späten Abend im Nordwesten untergeht. Mittags steht die Sonne hoch im Süden.
Zur Sommersonnenwende, am 21 Juni, ist der Tag am längsten. Nach dem 21. Juni werden die Tage kürzer. Die Sonne geht von Tag zu Tag später auf und zeitiger unter.
Zum Herbstanfang, dem 23. September, sind Tag und Nacht gleich lang. Danach werden die Tage noch kürzer, bis die Sonne am 21. Dezember im Südosten aufgeht und schon am frühen Nachmittag im Südwesten untergeht. Der kürzeste Tag des Jahres, Wintersanfang, ist erreicht. Nun wirft die Sonne sogar um die Mittagszeit lange Schatten.
Nach dem 21. Dezember werden die Tage allmählich wieder länger. Zum Frühlingsanfang, am 21. März, geht die Sonne wieder genau im Osten auf und genau im Westen unter. Dieser Lauf der Sonne wiederholt sich jedes Jahr.

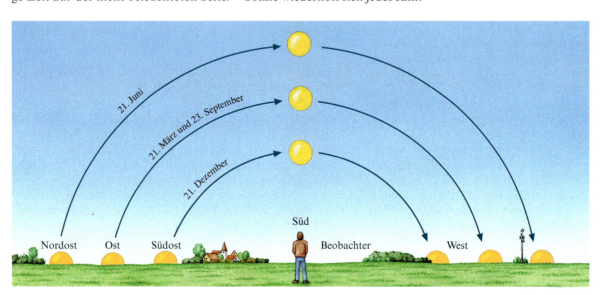

M 1 Der Tagbogen der Sonne während verschiedener Jahreszeiten in Deutschland

Zeiten beeinflussen unser Leben 17

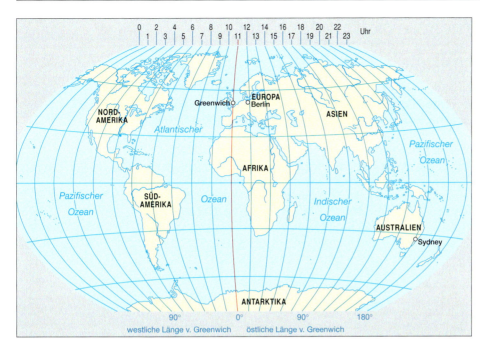

M 2 Wenn es in Berlin 12.00 Uhr Ortszeit ist

Sonnenuhr

Die Sonne bestimmt die Ortszeit. Jeder Ort der Erde streicht von West nach Ost an der Sonne vorüber (M 3). Zur Zeit des Sonnenhöchststandes hat er Mittag. Mit jedem Längengrad wird es 4 Minuten später, also mit 15 Grad eine Stunde. Wer uns auf der Tagesreise um 15 Grad voraus ist, also östlich von uns wohnt, dessen Uhr geht scheinbar eine Stunde vor. Wer sich westlich von uns aufhält, dessen Uhr geht je 15 Grad eine Stunde nach.

Die Mittagszeit (12 Uhr) ist durch den Höchststand der Sonne festgelegt. Diese direkt vom Sonnenstand bestimmte Zeit heißt Ortszeit. Sie gilt jeweils nur für alle Orte, die auf ein und demselben Meridian liegen.

Schon gewusst?

Über Jahrhunderte galt an den verschiedenen Orten der Erde die jeweilige Ortszeit. Um übersichtliche Fahrpläne erarbeiten zu können, forderte im Jahre 1873 eine nordamerikanische Eisenbahngesellschaft die Festlegung von Zeitzonen. 1874 einigten sich 36 Staaten auf die heute noch gültige Einteilung der Erde in Zeitzonen (siehe Atlas).

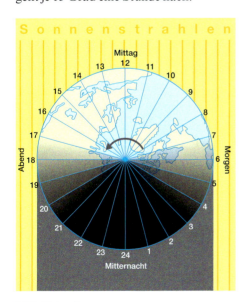

M 3 Ortszeiten

AUFGABEN
1. Markiere auf einem Globus Deutschland. Beleuchte den Globus im abgedunkelten Zimmer mit einer starken Lichtquelle. Drehe den Globus und beobachte, wie sich in der Nähe Deutschlands die Lichtverhältnisse ändern.
2. Beschreibe die Unterschiede zwischen dem Tagbogen der Sonne im Sommer und im Winter in Deutschland (M 1).
3. Zu welcher Tageszeit kannst du einen Sportwettkampf im Fernsehen verfolgen, der in Sydney (Australien) 16.00 Uhr Ortszeit beginnt (M 2)?
4. Überlege: „Sie geht nicht vor, sie geht nicht nach, geht immer richtig Tag für Tag." Was ist gemeint?

Von der natürlichen Vielfalt der Erde

Naturlandschaften der Erde

Das Gesicht der Erde ist abwechslungsreich, vielgestaltig und voller Gegensätze. Gewaltige Höhenunterschiede prägen die Oberfläche der Kontinente und der Ozeanböden. An den Polen der Erde und auf den Gipfeln der Achttausender herrscht Kälte, im Äquatorgebiet kennzeichnen dagegen große Hitze und hohe Luftfeuchtigkeit den Lebensraum der Menschen.

Wie kannst du eine Vorstellung von den Naturlandschaften der Erde gewinnen? Das Blockbild (M 1) und die physische Weltkarte im Atlas zeigen dir, wie das Relief der Erde beschaffen ist. Die Karte zu den Klimagebieten der Erde sagt dir, wie die warmen und kalten Gebiete über die Erde verteilt sind. Wie du eine physische Karte liest, erfährst du im Kapitel „Schlag nach".

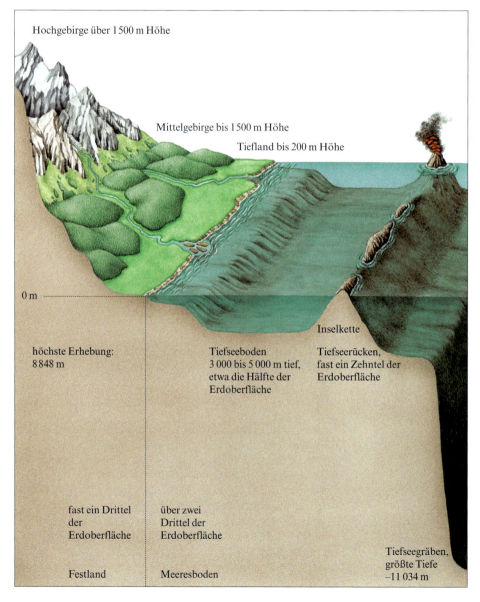

M 1 Formen der Erdoberfläche

Naturlandschaften der Erde 19

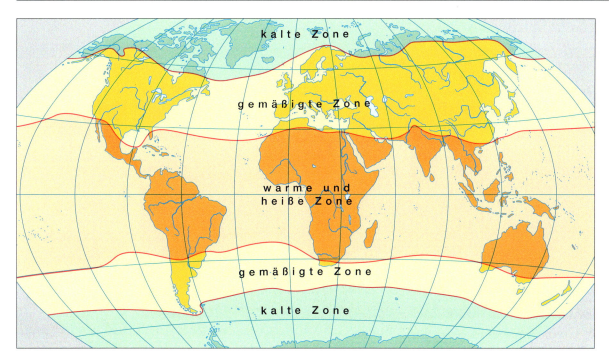

M 2 Das Klima der Erde

Wir leben auf der Erdoberfläche und damit am Grunde einer vom Sonnenlicht durchfluteten Lufthülle. Der Sonne und der Lufthülle verdanken wir das Leben auf der Erde. Tag für Tag spendet die Sonne uns sowie den Pflanzen und Tieren Licht und Wärme.

Wie eine dünne, schützende Haut umschließt die Lufthülle die Erdkugel. Sie schützt das Leben auf der Erde vor der lebensgefährlichen Strahlung aus dem Weltraum. Andere uns bekannte Planeten besitzen diesen Schutz nicht.

Wenn du dir einen Globus vorstellst, der einen Meter Durchmesser hat, dann würde die Lufthülle nur so dick sein wie der Umschlag deines Geografielehrbuchs. Und in dieser dünnen Hülle sind außer Sauerstoff, Kohlendioxid und Wasser, die für das Leben auf der Erde notwendig sind, noch viele andere Stoffe enthalten.

In dieser Lufthülle der Erde spielt sich auch das Wetter mit Sonnenschein, Regen, Kälte und Schnee ab. In ihr entwickelt sich das Klima, das die großen Naturlandschaften der Erde prägt: die kalten Gebiete, die gemäßigten Gebiete und die warmen bis heißen Gebiete.

Schon gewusst?

Wären die Wassermassen der Ozeane gleichmäßig über die Erdkugel verteilt, so würde diese von einem 2 600 m tiefen Meer umhüllt sein.

Würde sich bei der Rotation der Erde die Lufthülle nicht mitdrehen, so würden am Äquator Stürme mit Überschallgeschwindigkeit von 1 670 km/h westwärts dahindonnern. Selbst in unserem Gebiet hätte der Orkan noch eine Geschwindigkeit von 1 040 km/h.

AUFGABEN

1. Beschreibe auffällige Unterschiede zwischen den Oberflächenformen der Erde (M 1).
2. Suche auf der Weltkarte im Atlas Tiefländer und Hochgebirge.
3. Suche in einer Atlaskarte Meeresgebiete mit sehr großen Tiefen. Beschreibe ihre Lage. Was stellst du fest?
4. Berechne den Höhenunterschied zwischen dem Japangraben und dem Fudschijama (Atlas). Bildet in der Klasse Gruppen und stellt euch untereinander ähnliche Aufgaben.
5. Nenne mithilfe der Atlaskarte „Staaten der Erde" und M 2 solche Staaten, die ganz in den kalten, in den gemäßigten oder in den heißen Gebieten liegen. Lege eine Tabelle an.
6. Führt eine Umfrage in eurer Klasse zum Thema „Reiseerfahrungen in heiße Gebiete der Erde" durch. Veröffentlicht die Ergebnisse in einer Wandzeitung.

In der Wüste

M 1 In der Wüste Sahara (Sandwüste)

Kamele – auch Wüstenschiffe genannt

In einer Oase

Wüstenbewohner

Erdölbohrturm in der Wüste

Es ist quälend heiß. Die Sonne brennt. Regen kennt man hier nicht. Und überall Sand, nicht ein Büschel Gras, weder Baum noch Strauch. Stellst du dir so die Wüste vor?

M 2 *Wüste bedeutet nicht nur Sand. ABDELKADER HIRI lebt in der Wüste Sahara. Er gehört zum Stamme der Tuareg. Mit dem Jeep fährt er Touristen von Tamanrasset aus durch das Ahaggar-Gebirge. Mit Kupplung und Allradantrieb wird HIRI auf der halsbrecherischen Fahrt durch die Felslandschaft und über Gesteinstrümmer so gut fertig, als ritte er auf einem Kamel. „In Deutschland stellt ihr euch die Wüste als endloses, heißes Sandmeer vor.", meint HIRI.*
An einem Aussichtspunkt erklärt uns HIRI die Landschaft. Inmitten der Sahara liegen Gebirge. Sie bilden die Felswüste. Davor dehnen sich weite Kieswüsten aus. Deren ebene Flächen sind von unzähligen Steinen bedeckt. Um die Felswüsten herum liegt ein Ring von Sandwüsten.
Wadis (deutsch: Flusstäler) erinnern an die Zeit vor mehr als 10 000 Jahren. Heute sind sie Täler ohne Flüsse. Als sie entstanden, regnete es im Norden Afrikas noch regelmäßig und die Sahara war eine Graslandschaft.

Die Wüste lebt. In der Sahara regnet es auch heute gelegentlich. In höheren Gebirgslagen kommt es sogar zu Schneefällen. Nach kurzen Regengüssen sprießt ein dünner Pflanzenteppich aus Gras und Blumen. Die Samen der Pflanzen haben oft jahrelang in der Trockenheit überdauert. Nachts verlassen Insekten, Schlangen, Eidechsen und Springmäuse ihre sonnengeschützten Verstecke im Sand oder in Felsspalten.
Oasen liegen wie Inseln in der weiten Wüste. Hier siedeln Bauern und Handwerker, weil sie ständig Wasser vorfinden. Bewässerte Gärten, Dattelpalmenhaine und Häuser drängen sich auf engem Raum zusammen.
Wanderhirten (Nomaden) ziehen mit ihren kleinen Herden von Kamelen, Ziegen und Schafen von Weideplatz zu Weideplatz durch die Wüste. Sie wohnen in Zelten aus Tierhäuten. Früher brachten Kamelkarawanen Salz, Metalle, Hirse, Tee zu den Bauern und Handwerkern in den Oasen. Heute befördern Autos und Flugzeuge Menschen und Waren. Erdöl, Erdgas und andere Bodenschätze werden gewonnen. Der Bergbau veränderte das Leben der Menschen. Moderne Siedlungen und Industrieanlagen entstanden, oftmals in Nähe von Oasen.

In der Wüste 21

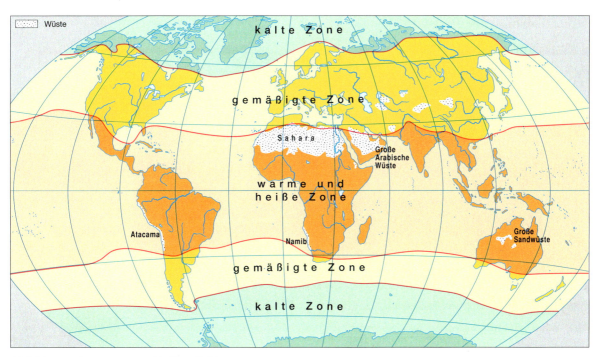

M 3 Wüsten der warmen und heißen Gebiete

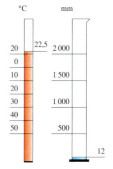

M 5 Temperaturen und Niederschläge in der Wüste Sahara (Mursuk)

M 4 Steinwüste in der Sahara

Schon gewusst?

„Steiniges Land" ist die Übersetzung des arabischen Namens „Sahara". Das Wort verrät uns, dass die größte Wüste der Erde vorwiegend steinig ist.
Die Nomaden nennen die Felswüste Hamada, die Kieswüste Serir und die Sandwüste heißt Erg. Wadi ist die arabische Bezeichnung für das deutsche Wort Bach.

AUFGABEN

1. Sanddünen bedrohen das Leben in der Oase (M 1). Wie kann sich der Mensch vor dieser Gefahr schützen? Begründe.
2. Suche in M 3 die Wüsten der warmen und heißen Gebiete der Erde. Kennzeichne ihre Lage nach Kontinenten und Ozeanen.
3. Beschreibe die Lebensbedingungen der Menschen in der Sahara. Nutze dazu M 2, M 5 und die Bilder. Lege eine Tabelle an und vergleiche deine Ergebnisse mit denen deiner Mitschülerinnen und Mitschüler.

Im tropischen Regenwald

M 1 Indios vor ihrem Wohnhaus im tropischen Regenwald

Baum mit Brettwurzeln

Brandrodungsfläche

Straßenbau im tropischen Regenwald

Lässt dich das Wort Amazonasdschungel an Piranhas denken, die einem das Fleisch von den Knochen reißen, an grauenhaftes Fieber, an undurchdringlichen Wald? Ist der tropische Regenwald eine „grüne Hölle"?

Hier gibt es keine Jahreszeiten. Europäer vermissen im tropischen Regenwald die ihnen vertrauten Jahreszeiten. Es gibt nur die ständig feuchte Hitze. Laubwurf, Blühen und Hervorbringen von Früchten – alles geschieht gleichzeitig. Niemals wird der Wald welk.
Unter dem bis 60 m hohen Dach der Baumwipfel gibt es kaum Dickicht. Das liegt an der Dunkelheit am Waldboden. Die Bäume streben zum Licht, sie breiten ihre Kronen oben aus wie einen grünen Schirm. Lianen winden sich, sie wollen hinauf, um etwas Licht zu erhaschen. Die Bäume strecken Wurzeln aus dem von Wasser durchtränkten Waldboden oder bilden kraftvolle Brettwurzeln, um einen festen Stand zu bekommen.
Die meisten Tiere sind ziemlich klein und nicht besonders gefährlich. Nur abertausende Stechmücken und Ameisen peinigen die Menschen. Hinzu kommt die berechtigte Furcht, dass durch Insektenstiche Krankheiten übertragen werden.

M 2 Die Yanomami – ein Indiovolk.
An einem Nebenfluss des Rio Negro liegt das Dorf, in dem etwa 20 Yanomami wohnen. Zum Dorf gehört auch ein Schweif- und Jagdgebiet. Täglich durchstreifen die Männer, Frauen und Kinder den Wald nach Nahrung. Vorräte halten sich nicht. In der feuchten Hitze würden die Lebensmittel schnell verderben. Nicht die wild lebenden Tiere, sondern der Hunger und Krankheiten sind Feind der Menschen.
Harte Arbeit ist das Roden von Bäumen. Männer fällen mit Steinäxten die dünneren Stämme. Das Unterholz wird abgebrannt, um dem wuchernden Wald kleine Flächen für den Ackerbau abzuringen. Das Entzünden des Feuers ist immer wieder eine Meisterleistung.
Seit Jahrzehnten dringen Fremde aus dem Osten Brasiliens, aus den USA, aus Japan und Europa in den Regenwald vor. Sie zerstören den Lebensraum der Indios, indem sie großflächig den Urwald zur Holzgewinnung, für den Abbau von Bodenschätzen, für große Acker- und Weideflächen, für den Straßen- und Siedlungsbau sowie für Flugplätze roden. Von der brasilianischen Regierung werden den Indios Schutzgebiete als Lebensraum zugewiesen, die aber meist zu klein sind, um wie bisher leben zu können.

Im tropischen Regenwald 23

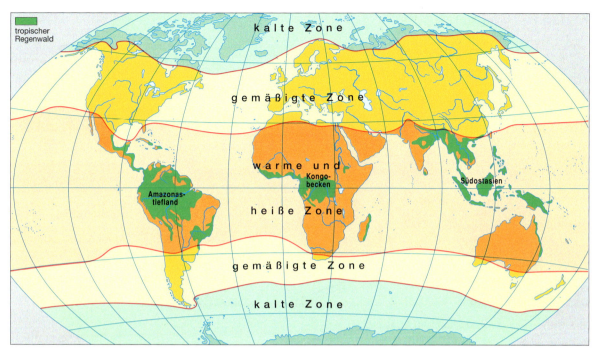

M 3 Gebiete des tropischen Regenwaldes

M 4 Rodungsinsel im tropischen Regenwald

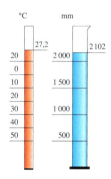

M 5 Temperaturen und Niederschläge im Amazonastiefland (Manaus)

Schon gewusst?

Der Amazonas ist der wasserreichste Strom der Erde. Allein 17 Nebenflüsse sind länger als der Rhein. Seeschiffe können bis nach Iquitos in Peru fahren. Bei Manaus, am Zufluss des Rio Negro, ist der Strom über 5 km breit und bis zu 100 m tief. Das Mündungsgebiet ist über 250 km breit, das entspricht etwa der Entfernung von der Nordspitze Rügens bis Berlin.

AUFGABEN

1. Stelle mithilfe des Textes und der Bilder Merkmale des tropischen Regenwaldes zusammen. Vergleiche anschließend mit den Wäldern in Deutschland.
2. Man kann den tropischen Regenwald als eine „grüne Hölle" oder als ein „Paradies" ansehen. Tauscht darüber eure Meinungen aus (M 2). Diskutiert unterschiedliche Sichtweisen in eurer Klasse.
3. Welche Folgen hat das Eindringen Fremder für das Leben der Indios im tropischen Regenwald?

In den Polargebieten

M 1 Siedlung im Nordpolargebiet (Grönland)

Inuit (Arktis)

Iglu – traditionelles Wohnhaus der Inuit

Eisbärjunges (Arktis)

Robben (Arktis)

Königspinguine (Antarktis)

Die Gebiete um den Nordpol und Südpol nennt man wegen der immer währenden Kälte die „Eisschränke der Erde". Sie sind aber nicht nur deswegen lebensfeindlich. Hier gibt es auch keinen täglichen Wechsel von hell und dunkel. Ein Tag oder eine Nacht können bis zu sechs Monaten dauern. Wie können Menschen unter diesen Bedingungen leben?

Die Arktis – das Nordpolargebiet. Es umfasst das Nordpolarmeer und dessen Inseln. Das Meer wird von einer mehrere Meter dicken Eisfläche bedeckt. Durch Wellenbewegungen zerbricht das Meereis in Schollen. Aber auch große Teile der Landflächen sind von Eis bedeckt. Dieses Inlandeis wird bis zu 2000 m dick. Gletscher gleiten in das Meer und zerbrechen zu Eisbergen.

Die Antarktis – das Südpolargebiet. In dessen Mitte liegt der Kontinent Antarktika, den eine mehr als 2000 m mächtige Eiskappe bedeckt. Von ihren Rändern lösen sich riesige Eisberge. Sie treiben auf die angrenzenden Meere. Antarktika ist von Menschen unbewohnt. Es gibt nur Forschungsstationen, in denen Wissenschaftler tätig sind. Sie erkunden das Eis, das Klima, die Gesteine, die Pflanzen und Tiere.

M 2 *Ein deutscher Polarforscher schreibt aus Grönland (Arktis):*
Zu Hause bin ich an den Wechsel von Tag und Nacht gewöhnt. Hier haben wir jetzt Polartag. Es ist ständig hell. Ich weiß gar nicht, wann ich schlafen gehen soll. Mein Gefühl für die Tageszeit ginge verloren, hätte ich nicht die regelmäßige Arbeitszeit. Wie soll man nur im Winter die Polarnacht ertragen? Ich kann mir gut vorstellen, wie Kinder und Erwachsene dann sehnsüchtig auf den ersten Sonnenschein warten.

M 3 *Das Leben der Inuit früher und heute. Die Inuit lebten vorwiegend von der Jagd auf Robben und Eisbären. Robben lieferten ihnen alles, was zum Lebensunterhalt notwendig war: Fleisch und Fett als Nahrung, Felle für die Kleidung und für die Bootshaut, Tran für die Beleuchtung und Heizung, Sehnen zum Nähen, Knochen für die Rahmen der Boote. Das Fleisch aßen die Inuit roh. Die Vorratshaltung war bei den niedrigen Temperaturen kein Problem.*
Heute leben nur noch wenige Inuit vom Robbenfang. Viele arbeiten als Fischfänger, in der Fischindustrie oder im Bergbau. Sie wohnen in modernen Siedlungen mit Schulen für die Kinder.

In den Polargebieten 25

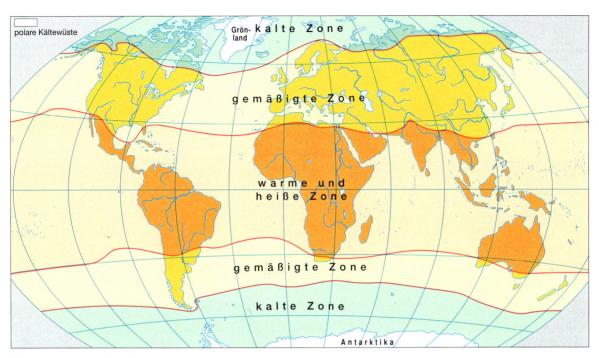

M 4 Die kalten Gebiete der Erde

M 5 Forschungsstation in der Antarktis

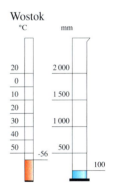

M 6 Temperaturen und Niederschläge in der Antarktis (Forschungsstation Wostok)

Schon gewusst?

Inuit (deutsch: Menschen) nannten sich die Ureinwohner der Arktis. Nur sie lebten früher in dieser unwirtlichen Naturlandschaft. Es war ihre Welt. Andere Menschen kannten sie nicht.
Von den kanadischen Indianern wurden die Inuit als Eskimo bezeichnet. Eskimo heißt „die rohes Fleisch Essenden".

AUFGABEN

1. Beschreibe Gemeinsamkeiten und Unterschiede zwischen Arktis und Antarktis. Verwende den Text sowie Karten im Atlas.
2. Wie würden Polartag und -nacht euren Schulalltag verändern (M 2)?
3. Vergleiche das Leben der Inuit im Nordpolargebiet (M 3) mit dem der Yanomami im Amazonastiefland (M 2, Seite 22).
4. Untersucht M 5 von Seite 21, M 5 von Seite 23 und M 6 von Seite 25. Warum sind die Lebensbedingungen in den drei verschiedenen Landschaftsräumen so unterschiedlich?

Tiere der Erde

Die großen Landschaftsräume der Erde sind voller Gegensätze. Sie bieten ganz unterschiedliche Bedingungen für die Lebewesen auf der Erde, gleichgültig, ob es Menschen, Tiere oder Pflanzen sind. Das hast du dir bereits am Beispiel der Wüste, des tropischen Regenwaldes und der Polargebiete etwas näher angesehen.

Wie wirken sich diese unterschiedlichen Lebensbedingungen auf die Entwicklung der Tierwelt aus? Sehen wir uns dazu die geografische Verbreitung der Tiere über die Erde am Beispiel von Wirbeltieren an. Mehr über Wirbeltiere erfährst du im Biologieunterricht.

Auf der Erde gibt es mehr als 4 000 Säugetierarten und etwa 9 000 Vogelarten. Doch sie sind nicht gleichmäßig auf der Erde verteilt. Das liegt vor allen an den unterschiedlichen Lebensbedingungen, die auf den einzelnen Kontinenten und in den Ozeanen herrschen. Die Tiere müssen sich ihnen anpassen.

Die meisten Tierarten sind auf einen bestimmten Lebensraum angewiesen. Entscheidend hierfür ist, dass die Tiere geeignete Nahrung vorfinden. Das hängt vor allem von der Temperatur und der Feuchtigkeit, also vom Klima der Landschaftsräume ab.

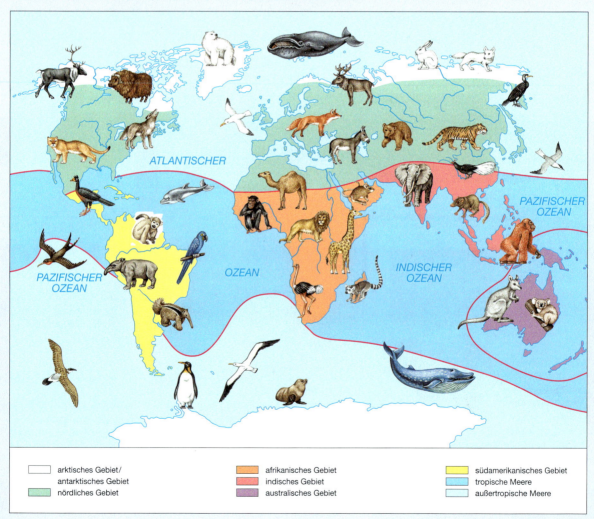

M 1 Tiergeografische Gebiete der Erde

M 2 *Kaiserpinguine bevölkern die Meere des Südpolargebietes. Als Wärmeschutz haben sie unter der Haut eine dicke Fettschicht und darüber ein dichtes Federkleid. Öltröpfchen machen das Gefieder Wasser abstoßend.*
Im Winter gehen die Vögel zum Brüten an Land, so dass die Küken im kurzen Sommer heranwachsen können. Bei eisigen Stürmen und völliger Finsternis drängen sie sich in riesigen Brutkolonien eng aneinander und verringern so den Wärmeverlust.

Federschichten
ölige Spitzen
Haut mit Fettschicht
Daunen

Gefieder der Kaiserpinguine

M 3 *Kamele werden in Afrika und Asien als Haustiere (Reit- und Lasttiere) gehalten. Kamele sind genügsam und leistungsfähig. Sie können auf Vorrat fressen und trinken. Innerhalb weniger Stunden nehmen sie bis zu 200 l Wasser auf, das in Wasserzellen des Magens gespeichert wird. „Aufgetankt" können sie fünf bis neun Tage ohne Wasseraufnahme aushalten. Bei langen Märschen verwerten Kamele das in den Höckern gespeicherte Fett. Dabei wird Wasser frei.*

Dichte Wimpern schützen die Augen vor dem Sand.

M 4 *Elefanten leben in den Wäldern der heißen Gebiete Afrikas und Asiens. Durch Wedelbewegungen der Ohren verschaffen sie sich Kühlung. Bade- und Suhlmöglichkeiten nutzen sie gern. Elefanten sind die mächtigsten Landtiere. Sie haben Säulenbeine, um ein Körpergewicht von bis zu 4000 kg tragen zu können. Der Fuß hat ein federndes Sohlenpolster, das den Knochenbau beim Laufen stützt. Elefanten ernähren sich von Blättern, Zweigen, Früchten, Knollen und Wurzeln.*

Die Trittfläche ist groß und kreisförmig.

Die Zehen sitzen auf einem federnden Polster.

Fuß eines Elefanten

Schon gewusst?

Die Kontinente und Ozeane der Erde veränderten in Millionen von Jahren ihre Form und Lage. Ebenso wandelte sich das Klima. So entstanden immer wieder neue Lebensräume für die Tiere.
Die Entwicklung der Säugetiere begann vor rund 65 Millionen Jahren. Das war zu der Zeit, als die langsame Bewegung der Kontinente zu ihrer heutigen Lage einsetzte.

AUFGABEN

1. Wähle drei tiergeografische Gebiete der Erde aus (M 1) und prüfe, durch welche Tierarten sie sich unterscheiden.
2. Erläutere am Beispiel der Pinguine und Kamele (M 2, M 3), wie Tiere den klimatischen Bedingungen angepasst sind.
3. Überlege, warum es in Deutschland keine Bären mehr gibt, obwohl sie im nördlichen Gebiet (M 1) ihren Lebensraum haben.
4. Gestaltet im Rahmen einer Projektarbeit ein Poster zum Thema „Tiere in ihrer Umwelt". Wählt euch einen Teilbereich aus.

Von den Völkern der Erde

Seit mehr als 2 Millionen Jahren gibt es Menschen auf der Erde. Ihre Zahl nahm ständig zu. Heute sind es schon mehr als 6 Milliarden. Welche Folgen hatte dieses Anwachsen der Weltbevölkerung für die Menschheit?

Die Menschen eroberten die Erde. Die Urheimat aller Menschen, auch die der heute hellhäutigen, lag in Afrika. Dort lebten sie in kleinen Gruppen als Jäger und Sammler. Zur Versorgung mit Nahrung brauchte eine Familie ein großes Jagd- und Sammelgebiet.
Die ständige Suche nach Nahrung und das Wachstum der Bevölkerung waren die Gründe für die Ausbreitung der Menschen über die ganze Erde. Heute gibt es kaum noch unbesiedelte Landschaftsräume.
Von Afrika aus breiteten sich die Menschen über Jahrtausende nach Asien und Europa aus. Nach Australien kamen sie vor fast 50 000 Jahren, nach Amerika vor etwa 20 000 Jahren. Beide Kontinente wurden ursprünglich von Asien aus besiedelt.

Völker bilden sich heraus. Menschen sind aufeinander angewiesen. Deshalb leben sie in Gemeinschaften. Ihr Aussehen, z. B. die Hautfarbe, oder ihre Lebensgewohnheiten und wie sie sich ernährten, wurden vor allem von ihrer natürlichen Umwelt bestimmt.
Aus den ersten kleinen Familienverbänden bildeten sich später größere Volksgruppen heraus. Sie fühlten sich durch ihre gemeinsame Sprache, durch Lebensgewohnheiten und durch ihre Geschichte miteinander verbunden. Doch in vielen Ländern der Erde leben heute Menschen verschiedener Völker und Herkunftsländer friedlich zusammen.

Eine Welt. Lange Zeit waren Meere, Gebirge, Wüsten oder tropische Regenwälder natürliche Hindernisse, die für die Menschen kaum überwindbar waren und die Lebensräume der einzelnen Völker voneinander trennten. Als diese Hindernisse vom Menschen überwunden werden konnten, haben sich auch die Völker der Erde mehr und mehr miteinander vermischt.
Heute leben beispielsweise in Nordamerika, in Australien und Neuseeland, in Deutschland oder Frankreich Menschen unterschiedlicher Herkunft und Hautfarbe. Sie sprechen eine gemeinsame Landessprache und verstehen sich meist als Angehörige eines Heimatlandes.

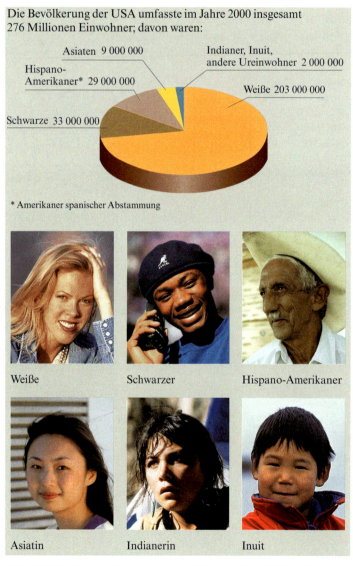

Die Bevölkerung der USA umfasste im Jahr 2000 insgesamt 276 Millionen Einwohner; davon waren:

Asiaten 9 000 000
Hispano-Amerikaner* 29 000 000
Schwarze 33 000 000
Indianer, Inuit, andere Ureinwohner 2 000 000
Weiße 203 000 000

* Amerikaner spanischer Abstammung

Weiße — Schwarzer — Hispano-Amerikaner
Asiatin — Indianerin — Inuit

M 1 Die Vereinigten Staaten von Amerika – ein Beispiel für die Zusammensetzung der Bevölkerung eines Landes (Zahlen gerundet)

M 2 Indianer im Jahre 2000. Sie tragen anlässlich eines Festes ihre historischen Kleidung.

Ein Wigwam – das Wohnhaus der Waldindianer

Wichtige Nahrungsmittel der Waldindianer

Ein Tipi – das Wohnzelt der Prärieindianer

Indianervölker in Nordamerika. KOLUMBUS war bei seiner Landung auf San Salvador 1492 davon überzeugt, in Indien zu sein. Deshalb nannte er die Bewohner, denen er begegnete, Indianer. Sie haben glattes, schwarzes Haar und eine gelb-braune Hautfarbe. Bei manchen Stämmen war es üblich, die Haut mit roter Erde zu bemalen. Deshalb bezeichneten Europäer die Indianer oft auch als Rothäute.

In Nordamerika lebten um 1500 etwa 1 Million Indianer. Ihr Lebensraum war viel größer als Europa. Zu jedem der etwa 500 Indianervölker gehörten nur etwa 2 000 Menschen, die sich zudem noch auf unterschiedliche Stämme verteilten.

M 3 *Die Waldindianer im Osten waren Feldbauer.*
Auf gerodeten Lichtungen legten sie Felder und Dörfer an. Der Stamm der Irokesen z. B. errichtete Langhäuser aus Holz, in denen mehrere Familien wohnten, sogar bis zu 100 Personen in einem Haus. Ihr Hauptnahrungsmittel war Mais. Europäer nannten das Getreide lange Zeit Indian corn. Angebaut wurden auch Bohnen, Sonnenblumen, Kürbisse, Tomaten, Paprika, Erdnüsse und Tabak. In den Wäldern jagten die Männer mit Pfeilen oder Wurfspeeren Rehe, Hirsche, Vögel und anderes Wild. Zum Fischfang benutzten sie Kanus.

M 4 *Die Prärieindianer im Mittelwesten waren nicht sesshaft.*
Sie folgten zu Fuß den Bisonherden, die das Grasland durchzogen. Erst die Spanier brachten Pferde nach Amerika, die sich in der Prärie schnell ausbreiteten. Von da an benutzten die Indianer Pferde als Reittiere für die Jagd.
Die Prärieindianer wohnten in Zelten, den Tipis. Die erlegten Tiere lieferten ihnen fast alles, was sie zum Leben brauchten: Fleisch und Fett als Nahrung, Felle und Leder als Material für die Herstellung von Decken, Kleidung und Zelten, Sehnen und Knochen zur Anfertigung von Werkzeugen und Geräten. Das Fleisch wurde getrocknet, die Frauen gerbten und bestickten die Felle, die Männer sorgten sich um ihre Pferde und Waffen.

AUFGABEN

1. In M 1 siehst du Menschen, deren Heimat die USA ist. Schau dir die Bilder genau an. Was fällt dir auf, wenn du die Bilder der US-Amerikaner betrachtest? Beziehe in deine Überlegungen auch die Angaben zu den Bevölkerungsanteilen (Diagramm) ein.
2. Sammelt Informationen darüber, wie Indianer Nordamerikas heute leben. Stellt eure Ergebnisse der Klasse vor.
3. Erkundigt euch über die Zusammensetzung der Bevölkerung Deutschlands. Gestaltet dazu eine Bildseite.
4. Suche auf einer Atlaskarte Gebiete der Erde, in denen viele Menschen leben. Beschreibe die Lage und das Klima dieser Gebiete.

Wir leben alle in der einen Welt

Alle Menschen der Erde sind heute und künftig erst recht aufeinander angewiesen. Ihr Leben wird immer enger miteinander verknüpft, denn alle Menschen leben in der „einen Welt".

In Projektarbeit wollen wir unter dem Thema „Wir leben alle in der einen Welt" das Leben der Menschen auf der Erde genauer erkunden.

Weil dieses Thema aber sehr umfangreich ist, müsst ihr es weiter eingrenzen. Mit Sicherheit fallen euch viele Fragen ein, auf die ihr Antworten finden möchtet. Denkt zum Beispiel an die kalten und heißen Gebiete der Erde. Wie leben die Menschen in diesen Gebieten, wie sehen ihre Wohnhäuser und Siedlungen aus, wie gestalten sie ihren Tagesablauf oder wie leben die Kinder unter extremen Naturbedingungen?
Und dann steht ihr natürlich auch vor den Fragen: Woher bekommen wir die Informationen, die wir suchen? Wie planen wir die Arbeit? Wie stellen wir die Ergebnisse unserer Projektarbeit zusammen? Wie werten wir unsere Ergebnisse aus?

Zu Beginn der Projektarbeit solltet ihr deshalb gemeinsam all diese Einzelheiten zur Vorgehensweise beraten. Worauf solltet ihr dabei achten?

Zur Planung der Projektarbeit
1. Wir wählen ein Thema aus. Dabei können wir zum Beispiel ein Land ins Blickfeld rücken. Anschließend legen wir fest, was wir anhand dieses Landes untersuchen wollen. Das könnten beispielsweise Städte, Landschaften, Sitten und Gebräuche, der Tagesablauf einer Familie oder Freizeitbeschäftigungen von Kindern sein.
2. Damit wir möglichst viel in Erfahrung bringen können, bilden wir Arbeitsgruppen. Anschließend legen wir gemeinsam den Arbeitsauftrag für jeden Einzelnen fest.
3. Als Informationsquellen nutzen wir beispielsweise Reiseberichte, Lexika, Zeitungen, Zeitschriften, Filme, Befragungen von Bekannten und Verwandten.
4. Unsere Arbeitsergebnisse halten wir in Form von Texten, Karten, Bildern, Kassettenaufzeichnungen oder auf Videos fest. Aus diesen Materialien können wir dann zum Beispiel Poster oder Mappen zusammenstellen, die wir der Klasse oder in einer Schulveranstaltung vorstellen.

Auf der folgenden Lehrbuchseite wurden die Ergebnisse einer Projektarbeit zusammengestellt. Schüler einer 5. Klasse hatten die Idee, mit ihrem Material eine Seite ihres Geografielehrbuchs zu gestalten. In ähnlicher Weise könntet auch ihr die Ergebnisse eurer Projektarbeit präsentieren. Aber vielleicht habt ihr auch ganz andere Ideen.

Vorschläge für Projektthemen unter dem Leitwort „Eine Welt":
Ferienreisen in andere Länder.
Waren aus anderen Ländern in unseren Geschäften.
Wer liefert wem was?
Was spielen Kinder in anderen Ländern?
Was isst man in anderen Ländern?

Anregungen für Projektthemen und Informationen zu deren Bearbeitung findest du auch im Internet. Suche zum Beispiel unter der Internetadresse:
www.vwv.de
Wähle dann das Fach Geografie oder ggf. auch das Stichwort Projektarbeit.

Kinderarbeit auf der Erde

Nach Angaben der UNO mussten weltweit im Jahre 2000 schätzungsweise etwa 375 Millionen Kinder zwischen 5 und 14 Jahren zum Lebensunterhalt der Familie beitragen. Für diese Kinder bedeutete das körperliche Arbeit statt Lernen und Spielen. Die Beschäftigung reichte von leichter körperlicher Arbeit bis zu sklavenähnlichen Tätigkeiten, wie z. B. Arbeiten in Gerbereien, in Steinbrüchen oder in Kohlenbergwerken. Durch Misshandlung, Unterernährung und überlange Arbeitszeiten drohten den Kindern körperliche und seelische Schäden.

In vielen Ländern Mittel- und Südamerikas, Afrikas, Asiens und Ozeaniens gehört Kinderarbeit immer noch zum „normalen" Lebenslauf Heranwachsender:

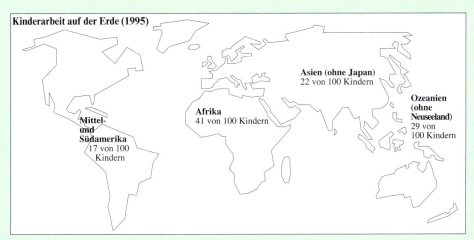

Kinderarbeit auf der Erde (1995)
- Mittel- und Südamerika: 17 von 100 Kindern
- Afrika: 41 von 100 Kindern
- Asien (ohne Japan): 22 von 100 Kindern
- Ozeanien (ohne Neuseeland): 29 von 100 Kindern

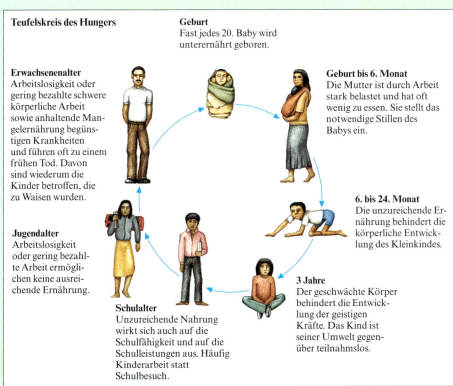

Teufelskreis des Hungers

Geburt
Fast jedes 20. Baby wird unterernährt geboren.

Geburt bis 6. Monat
Die Mutter ist durch Arbeit stark belastet und hat oft wenig zu essen. Sie stellt das notwendige Stillen des Babys ein.

6. bis 24. Monat
Die unzureichende Ernährung behindert die körperliche Entwicklung des Kleinkindes.

3 Jahre
Der geschwächte Körper behindert die Entwicklung der geistigen Kräfte. Das Kind ist seiner Umwelt gegenüber teilnahmslos.

Schulalter
Unzureichende Nahrung wirkt sich auch auf die Schulfähigkeit und auf die Schulleistungen aus. Häufig Kinderarbeit statt Schulbesuch.

Jugendalter
Arbeitslosigkeit oder gering bezahlte Arbeit ermöglichen keine ausreichende Ernährung.

Erwachsenenalter
Arbeitslosigkeit oder gering bezahlte schwere körperliche Arbeit sowie anhaltende Mangelernährung begünstigen Krankheiten und führen oft zu einem frühen Tod. Davon sind wiederum die Kinder betroffen, die zu Waisen wurden.

Vom Leben anderer Kinder auf der Erde

ALVARO aus Ecuador in Südamerika arbeitet zwei mal in der Woche für umgerechnet etwa 8,– DM pro Tag auf einer Bananenplantage. Er muss die Plastikfolien entfernen, die die erntereifen Fruchtstände umhüllen.

SARAH aus Sambia in Afrika hat noch drei Geschwister. Zwei andere starben bereits nach ihrem ersten Lebensjahr. Ihre Mutter hatte kein Geld für gesunde Nahrung. Auch für Sarah und ihre Geschwister gibt es nur Maisbrei zu essen.

LESLI arbeitet als 12-jähriger, wie etwa eine Million anderer Kinder Indiens auch, in einer Teppichfabrik. Seine verschuldeten Eltern verkauften LESLI an den Fabrikbesitzer. Hier muss er für einen Hungerlohn täglich bis zu 12 Stunden in einem staubigen Raum arbeiten.

Zusammenfassung

Gliederung der Erdoberfläche. Die großen Landflächen der Erde werden als Erdteile (Kontinente) bezeichnet. Wir unterscheiden sieben Kontinente: Nordamerika, Südamerika, Europa, Asien, Afrika, Australien, Antarktika. Drei Ozeane gliedern das Weltmeer: Pazifischer Ozean (Pazifik), Atlantischer Ozean (Atlantik), Indischer Ozean (Indik).

Tag, Nacht und Jahreszeiten. Die Erde wird von der Sonne bestrahlt. Innerhalb von 24 Stunden dreht sich die Erde einmal um ihre Achse (Rotation). Dadurch entstehen Tag und Nacht.
Die Sonne beschreibt jeden Tag einen Bogen über dem Horizont. Von der Länge dieses Tagbogens hängt die Dauer des Tages ab. Diese verändert sich täglich. Aber auch die Jahreszeiten werden von ihm beeinflusst.

Das Gradnetz der Erde. Es besteht aus einem Gitter von Längen- und Breitenkreisen, mit dessen Hilfe man die Lage jedes Ortes auf der Erde genau angeben kann. Die genaue Lage eines Ortes wird in Grad östliche bzw. westliche Länge und südliche bzw. nördliche Breite angegeben.

Alle Menschen haben gemeinsame Ahnen. Die Wiege der Menschheit stand vor vielen hunderttausend Jahren in Afrika. Von dort aus verbreiteten sich die Menschen über die ganze Erde. Aus ursprünglich kleinen Familienverbänden entstanden größere Völker. Als die natürlichen Hindernisse zwischen den Lebensräumen einzelner Völker überwunden werden konnten, haben sich die Völker mehr und mehr gemischt. Heute leben alle in der einen Welt.

Olympische Ringe

AUFGABEN
1. Fahre auf einer Weltkarte oder dem Globus auf verschiedenen Routen rund um die Erde. Nenne die Kontinente, Ozeane und Staaten, die du dabei erreichst.
2. Informiere dich über das Symbol der Olympischen Spiele. Die Farben der Ringe stehen im Zusammenhang mit den Kontinenten.

Deutschland

Wir leben in Deutschland, einem von vielen Staaten der Erde.
Unser Heimatland Deutschland wollen wir näher kennenlernen,
um das Geschehen in unserem Heimatland und in der Welt besser zu verstehen.

Deutschland im Überblick

Deutschland ist in Länder gegliedert

Die Bundesrepublik Deutschland ist ein *Bundesstaat* (↑). Was verbirgt sich hinter dem Begriff Bundesstaat?

Deutschland besteht aus 16 Ländern. In der Umgangssprache werden sie auch als *Bundesländer* (↑) bezeichnet. Während 13 dieser Länder eine recht große Fläche haben, umfassen 3 jeweils nur eine Stadt. Man nennt sie im Gegensatz zu den 13 Flächenländern deshalb Stadtstaaten. Auch Berlin ist ein Stadtstaat; zugleich ist Berlin die Hauptstadt der Bundesrepublik Deutschland (*Bundeshauptstadt* ↑).

M 1 Der Adler ist das Wappentier der Bundesrepublik Deutschland. Bereits Kaiser KARL DER GROSSE (768 bis 814) machte den Adler zum Zeichen seiner Macht.

M 2 Die Farben Schwarz-Rot-Gold waren auf dem Wartburgfest 1817 das Erkennungszeichen eines Studentenbundes, der für die Einheit und Freiheit Deutschlands eintrat. Seither gelten diese Farben für Einheit und Freiheit in Deutschland. Sie wurden 1918 zu den Farben der deutschen Flagge.

Das Wappen der Bundesrepublik Deutschland

Die Flagge der Bundesrepublik Deutschland

M 3 Fläche, Bevölkerung und Verwaltungsgliederung Deutschlands (1999)

Land	Fläche (in km^2)	Einwohner (in Mio.)	Kreisfreie Städte	Landkreise	Gemeinden
Baden-Württemberg	35 752	10,4	9	35	1 111
Bayern	70 551	12,0	25	71	2 056
Berlin	891	3,4	1	–	1
Brandenburg	29 476	2,6	4	14	1 489
Bremen	404	0,7	2	–	2
Hamburg	755	1,7	1	–	1
Hessen	21 114	6,0	5	21	426
Mecklenburg-Vorpommern	23 170	1,8	6	12	1 069
Niedersachsen	47 612	7,8	9	38	1 032
Nordrhein-Westfalen	34 078	18,0	23	31	396
Rheinland-Pfalz	19 847	4,0	12	24	2 305
Saarland	2 570	1,1	–	6	52
Sachsen	18 413	4,5	7	22	779
Sachsen-Anhalt	20 447	2,7	3	21	1 295
Schleswig-Holstein	15 770	2,8	4	11	1 130
Thüringen	16 171	2,5	6	17	1 053
Deutschland	357 021	82,1	117	323	14 197

Schon gewusst?

Der Bundestag, die Bundesregierung und das Bundesverfassungsgericht sind verantwortlich für staatliche Angelegenheiten, die für alle 16 Länder der Bundesrepublik gleichermaßen gelten (z. B. Gesetzgebung, Außen- und Verteidigungspolitik, Einhaltung der Verfassung).

In den einzelnen Ländern entscheiden Landesparlamente und Landesregierungen über Angelegenheiten, die nur für das einzelne Land gelten (z. B. Bildungspolitik, Landesverwaltung).

AUFGABEN

1. Gliedere die Länder der Bundesrepublik Deutschland nach ihrer Lage im Norden, Westen, Süden, Osten und in der Mitte Deutschlands (M 4). Lege dazu eine Tabelle an.
2. Ordne die Länder der Bundesrepublik Deutschland: a) nach der Flächengröße und b) nach der Einwohnerzahl (M 3).
3. Bewerte die Aussage: Die Anzahl der Einwohner eines Bundeslandes ist von dessen Fläche abhängig. Nutze M 3 und M 4. Belege dein Ergebnis durch Beispiele.
4. Im Bundestag sind Abgeordnete aus allen Bundesländern vertreten. Welche Länder müssten deiner Meinung nach die meisten Abgeordneten im Bundestag haben? Diskutiert, wie man die tatsächliche Zusammensetzung ermitteln kann.

Deutschland ist in Länder gegliedert 35

M 4 Die politische Gliederung der Bundesrepublik Deutschland seit 1990

Ein Blick in die Geschichte Deutschlands

Die Geschichte Deutschlands reicht über mehr als eintausend Jahre zurück. In diesem langen Zeitraum entwickelte sich auch die deutsche Sprache und Kultur. Durch den Austausch von Gebieten zwischen den Herrscherhäusern, aber auch durch Kriege änderten sich die Grenzen Deutschlands häufig.

Große Veränderungen erfuhr das Land in Jahre 1945 am Ende des Zweiten Weltkrieges, den Deutschland gegen andere Völker führte. Es hatte den Krieg begonnen, verschuldet und auch verloren.

Im Ergebnis des Krieges verlor Deutschland einen Teil seines Staatsgebietes an Polen. Die Siegermächte USA, Sowjetunion, Großbritannien und Frankreich teilten 1945 das übrige Territorium in vier Besatzungszonen und die Hauptstadt Berlin in vier Besatzungssektoren auf. Aus der amerikanischen, der britischen und der französischen Zone entstand 1949 die Bundesrepublik Deutschland (BRD), aus der sowjetischen Zone die Deutsche Demokratische Republik (DDR). Deutschland und Berlin waren geteilt.

M 1 Deutschland nach 1949. Ein Wirtschaftsgebiet wird zerschnitten.

M 2 Kann Anna das alles begreifen?

Die zehnjährige Anna wohnt in Großburschla. Im Geografieunterricht zeigt der Lehrer eine Landkarte von Thüringen aus dem Jahr 1984. Darauf findet sie zwar ihren Heimatort Großburschla, aber nicht den Nachbarort Altenburschla am anderen Ufer der Werra, wo ihre Freundin wohnt. Altenburschla gibt es auf dieser Karte nicht.

Der Geografielehrer versucht, dies Anna und ihren Mitschülern zu erklären:

„Seit mehr als tausend Jahren liegen die Dörfer Altenburschla und Großburschla an der Werra einander gegenüber. Doch Altenburschla gehört zu Hessen, bis 1990 gehörte es also zur Bundesrepublik Deutschland. Großburschla gehört dagegen zu Thüringen, bis 1990 also zur DDR. Nirgendwo sonst im geteilten Deutschland waren die Grenzen der DDR und der BRD so eng ineinander verschlungen.

Vor der Teilung Deutschlands hatte sich im täglichen Leben niemand daran gestört, dass zwischen den Dörfern eine Landesgrenze verlief. Die Bewohner waren untereinander verwandt und bekannt. Die Bahnstation des thüringischen Ortes Großburschla lag im hessischen Altenburschla.

Dann wurde das Land als Folge des von Deutschland verursachten und verlorenen Krieges geteilt. Die Grenze wurde spürbar. Zuerst wurden Grenzpfähle aufgestellt. Danach zog die DDR einen Stacheldrahtzaun. Die Sperranlagen wurden immer stärker ausgebaut. Seit 1961 lag Großburschla im fünf Kilometer breiten Sperrstreifen.

Zwischen Thüringen und Hessen war die Grenze nun dicht. Drei Meter hohe Metallgitterzäune, Wachtürme, Minenfelder machten sie unüberwindbar.

Aber auch innerhalb der DDR durften die Großburschlaer nicht einfach so reisen oder Besuch empfangen. Nur wer eine Genehmigung vorzuweisen hatte, durfte in den Sperrstreifen aus- und einreisen. Jeder wurde streng kontrolliert. Genaue Landkarten des Gebietes durfte man nicht haben."

Seit der deutschen Wiedervereinigung im Jahre 1990 ist diese Grenze endlich verschwunden. Annas ältester Bruder arbeitet heute im hessischen Eschwege. Dort wohnt auch seine Freundin.

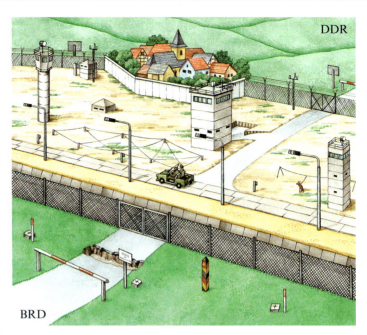

M 3 Grenzsperranlagen der DDR zur BRD von 1961 bis 1990

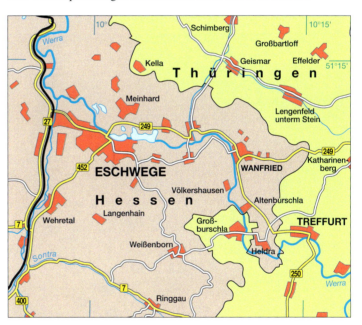

M 4 Das Grenzgebiet bei Großburschla

AUFGABEN

1. Nenne Gründe dafür, warum Deutschland nach dem Krieg in zwei getrennte Staaten geteilt war.
2. Berichte über Folgen der Teilung Deutschlands für die Wirtschaft des Landes (M 1).
3. Fragt eure Eltern oder Bekannte, welche Auswirkungen die Teilung Deutschlands für die Menschen hatte. Sprecht darüber.

Deutschland – ein Staat in Europa

Der von Deutschland begonnene und verschuldete Zweite Weltkrieg endete 1945 in einer Katastrophe für Deutschland. Millionen Menschen in vielen Staaten Europas waren ums Leben gekommen, Städte in ganz Europa waren zerstört. Deutschland wurde geteilt. Welche Zukunft konnte Deutschland nach dem verlorenen Krieg haben?

Ein Weg für Deutschland. Seit Jahrhunderten bestand zwischen Deutschland und den anderen Staaten Europas ein kultureller und wirtschaftlicher Austausch: Die gemeinsame christliche Religion, die Begeisterung der Menschen für Kunstwerke, der Austausch der Wissenschaftler über Entdeckungen, der Handel mit Waren, all das verband die Menschen trotz vieler Kriege miteinander.

Weitblickende Politiker planten daher nach dem Zweiten Weltkrieg ein neues Europa, ein Europa ohne Krieg und Hass zwischen den Völkern. Grenzen zwischen den Staaten sollten keine Hindernisse mehr zwischen den Menschen sein. Franzosen, Niederländer, Briten, Belgier, Italiener, Luxemburger und Deutsche legten gemeinsam den Grundstein für diese Europäische Union (EU).

Deutschland ist heute wieder ein geachteter und wirtschaftlich bedeutender Staat in Europa und in der Europäischen Union. Die EU fördert die enge politische, wirtschaftliche und kulturelle Zusammenarbeit zwischen den Menschen und Staaten Europas. An dem Aufbau eines geeinten Europas wollen sich weitere Staaten beteiligen und der Europäischen Union beitreten.

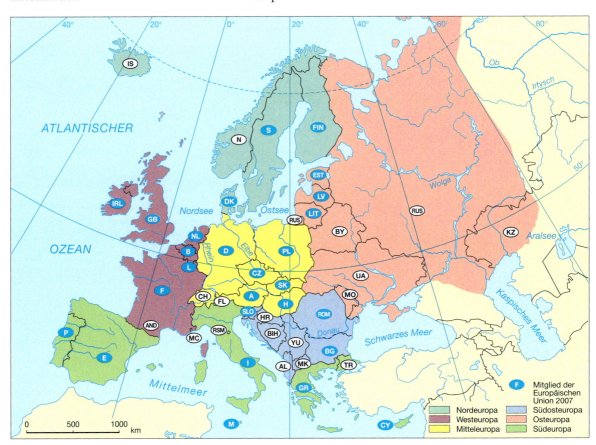

M 1 Staaten und Großräume in Europa

Deutschland – ein Staat in Europa 39

M 2 Grenze zwischen Deutschland und den Niederlanden in Herzogenrath

M 3 Grenzübergang zwischen Deutschland und Polen in Görlitz

M 4 *Offene und geschlossene Grenzen. Frau Donath fragte im Geografieunterricht, wer schon einmal die Grenze zu einem Nachbarland überschritten hat.*
Julia berichtet: Ich war bei meinem Onkel in Herzogenrath. Dort verläuft die Grenze zu den Niederlanden im Ort mitten auf der Neustraße. Die Häuser auf der einen Straßenseite gehören zu Deutschland, auf der anderen Straßenseite gehören sie zu Kerkrade in den Niederlanden. Aber jeder kann hin- und hergehen, wie er will.
Marko aus Görlitz hat ganz andere Erfahrungen gemacht: Wenn meine Eltern ihre polnischen Freunde in Zgorzelec (so heißt die Stadt Görlitz am polnischen Ufer der Neiße) besuchen wollen, dann müssen sie ihren Personalausweis vorzeigen. Oft werden sie auch vom Zoll befragt. Früher war sogar eine Besuchserlaubnis vorgeschrieben. Aber meine Eltern sagen, dass Polen bald zur Europäischen Union gehören wird. Dann entfallen die Grenzkontrollen. Besuche werden dann leichter möglich.

Schon gewusst?

Die Ostgrenze Europas führt entlang 60° östliche Länge, dann zum Nordufer des Kaspischen Meeres, von dort in westliche Richtung am Nordufer des Schwarzen Meeres zum Mittelmeer.
Der flächengrößte Staat in Europa ist Russland. Das Staatsgebiet Russlands erstreckt sich über zwei Kontinente, über Europa und Asien.

AUFGABEN
1. Nenne die Nachbarstaaten Deutschlands und deren Hauptstädte. Gliedere nach Staaten im Westen, Norden, Osten und Süden, Südosten und in der Mitte Europas (M 1, Atlas).
2. Europa wird in sechs Großräume gegliedert. Ordne ihnen die Staaten zu (M 1). Lege eine Tabelle an.
3. Suche in M 1 die Länder Europas, die Mitglied der Europäischen Union (EU) sind (Atlas). Trage ihre Namen in eine Tabelle ein.
4. Gestalte ein Poster zum Thema „Deutschland hat viele Nachbarländer". Du kannst dazu auch M 2 bis M 4 einbeziehen.

Von Rügen bis zum Bodensee

Deinen Heimatort und dessen Umgebung oder den Stadtteil, in dem du wohnst, wirst du gut kennen. Wer am Nordsee- oder Ostseestrand zum Badeurlaub war, auf den Brocken wanderte oder einen Gipfel der Alpen bestieg, der wird darüber berichten können. Vielleicht kennst du auch schon andere Landschaften in Deutschland?

Küste und Tiefland. Für Martina und Karsten geht ein lang gehegter Wunsch in Erfüllung. Sie nehmen an einem Flug von der Ostseeküste zu den Alpen teil. In der Nähe von Bergen auf der Insel Rügen gehen sie an Bord der Maschine. Schon nach wenigen Minuten überfliegen sie den Strelasund. Rügen, die größte Insel in Deutschland, liegt hinter ihnen. Rechts erkennt man die Türme und Dächer von Stralsund. Sie fliegen nun über dem Norddeutschen Tiefland. *Tiefland* (↑). Bei diesem Wort denken die beiden an flaches Land. Und der Blick aus dem Fenster gibt ihnen auch recht.

M 1 Steilküste am Kap Arkona (Insel Rügen)

Noch überfliegen sie die Niederungen der Peene. Aber dann wird das Land wellig, sogar hügelig. Sie haben die Mecklenburgische Seenplatte erreicht. Viele Seen, teils schmal und lang gestreckt, teils breit und vielgestaltig, beleben hier die Landschaft. Martina kennt den Namen des zweitgrößten Sees in Deutschland. Er heißt Müritz. Eindrucksvoll sind im Müritzgebiet auch die ausgedehnten Laubwälder zwischen den Seen.

Weiter südlich bestimmen zunächst Kiefernwälder und danach vor allem Wiesen das Bild. Ein Blick auf die Karte sagt ihnen, dass sie das Havelland überfliegen.

Dann erreichen sie das Elbtal genau an der Mündung der Saale in den Elbestrom. Wie klein die Schiffe sind. Im Nordwesten sind immer noch die mächtigen Doppeltürme des Magdeburger Doms zu sehen.

Wiederum ändert sich die Landschaft. Wälder gibt es nun nicht mehr. Hier im Harzvorland herrscht Ackerland vor.

M 2 Nördlicher Landrücken bei Rheinsberg

Mittelgebirgsland. Westlich der Saale wird die Landschaft immer hügliger. Die Saale und ihre Zuflüsse aus dem nahen Harz haben tiefe Täler. Da das Wetter gut ist, können Martina und Karsten sogar den Brocken erkennen. Aus der Karte wissen sie, dass er mit 1 142 m der höchste Berg im Harz ist.

Aus dem Geografiebuch weiß Karsten auch, dass sie jetzt eine Hauptlandschaftsgrenze zwischen dem Norddeutschen Tiefland und dem deutschen *Mittelgebirgsland* (↑) überfliegen. Und er liest darin: „Das Thüringer Becken ist ein welliges Hügelland. Weite Talauen wechseln mit waldgeschmückten Höhen. Von Nordwesten nach Südosten erstreckt sich der Kamm des Thüringer Waldes." „Halte keine Vorträge und sieh zum Fenster hinaus", unterbricht ihn Martina, „sonst verpasst du noch den Großen Beerberg und Suhl."

Doch Karsten lässt sich nicht unterbrechen. „Von Bamberg bis zum Grabfeldgau umrahmen Berg und Hügel die weite stromdurchglänzte Au, ich wollt mir wüchsen Flügel", trägt er laut vor. So hat ein Dichter das Mainland besungen. Mitten hindurch zwischen Würzburg und Bamberg ziehen von Norden nach Süden die Haßberge, der Steigerwald und die Frankenhöhe. Und dann blicken sie voraus auf den Steilabfall der Schwäbischen Alb. Bei Aalen erreichen sie das Gebirge.

Alpen und Alpenvorland. Der Flug quer über Deutschland neigt sich dem Ende zu. Zwischen der Donau und dem Nordrand der Alpen ist es nur noch eine kurze Strecke. Nach Osten wird das nördliche Vorland der Alpen breiter. Schon lange vor der Landung in Friedrichshafen am Bodensee können Martina und Karsten die gewaltige Mauer der Alpen erkennen. Die Alpen gehören zum *Hochgebirgsland* (↑).

„Gar nicht so dumm, etwas von der Geografie Deutschlands zu wissen, dann macht das Reisen viel mehr Spaß", stellen Martina und Karsten beim Aussteigen auf dem Flugplatz in Friedrichshafen fest.

M 3 Thüringer Wald

M 4 Allgäuer Alpen

AUFGABEN

1. Verfolge die Fluglinie von Martina und Karsten auf einer Atlaskarte. Orientiere dich an Flüssen und Städten.
2. Zeige die Grenzen der drei Hauptlandschaften auf einer Atlaskarte.
3. Ordne M 1 bis M 4 den Hauptlandschaften zu und suche die gezeigten Landschaften in einer Atlaskarte.
4. Nenne für alle drei Hauptlandschaften typische Merkmale.

Flüsse und Kanäle

Ein Blick auf die Karte zeigt, dass Deutschland von vielen Flüssen durchzogen wird. Sie überspannen das Land wie mit einem Netz. Geografen sprechen deshalb auch vom Gewässernetz. Viele der Flüsse können von Schiffen befahren werden.

Die Elbe. Das Quellgebiet der Elbe befindet sich auf der tschechischen Seite des Riesengebirges. Zahlreiche Quellbäche, zu denen auch das Weißwasser gehört, vereinen sich zur Elbe.
Es ist möglich, dass der Name Elbe vom Quellbach Weißwasser abgeleitet ist. Denn schon die Römer bezeichneten den Fluss als Albis (lat. albinus = weiß).
Doch sauber war das Wasser des Stromes im 20. Jahrhundert nicht mehr.
Seit 1990 bemühen sich Politiker und Umweltschutzverbände in Tschechien und in Deutschland um den Schutz und die Reinhaltung der Elbe. Dies ist eine sehr schwierige Aufgabe, denn immerhin entwässert die Elbe mit ihren Nebenflüssen ein Gebiet, in dem 25 Millionen Menschen leben.
Doch bereits zehn Jahre nach den Beschlüssen von 1990 war der Fluss so sauber geworden, dass in den Nebenflüssen Lachse ausgesetzt werden konnten. Das sind Fische, die sauberes, sauerstoffreiches Wasser benötigen.

Kanäle verbinden Ströme. Der Bau der Binnenschifffahrtskanäle begann 1899 mit dem Dortmund-Ems-Kanal. Im Jahre 1938 war mit dem Mittellandkanal eine durchgehende Wasserstraßenverbindung vom Rhein bis zur Oder hergestellt worden. 1952 wurden der Havelkanal fertig gestellt.
Mittlerweile sind alle deutschen Ströme durch Kanäle untereinander verbunden. 1992 wurde als vorerst letzter Kanal der Main-Donau-Kanal fertiggestellt. Seitdem besteht in Deutschland ein umfassendes Netz aus natürlichen und künstlichen Wasserstraßen. Höhenunterschiede werden durch Schleusen oder Schiffshebewerke überwunden.

M 1 Hauptgewässernetz in Deutschland

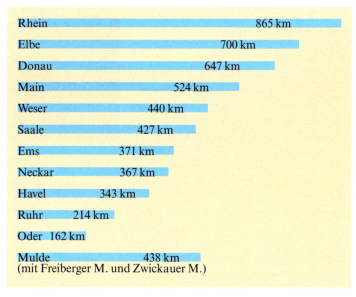

Fluss	Länge
Rhein	865 km
Elbe	700 km
Donau	647 km
Main	524 km
Weser	440 km
Saale	427 km
Ems	371 km
Neckar	367 km
Havel	343 km
Ruhr	214 km
Oder	162 km
Mulde (mit Freiberger M. und Zwickauer M.)	438 km

M 2 Längen ausgewählter Flüsse in Deutschland

Flüsse und Kanäle 43

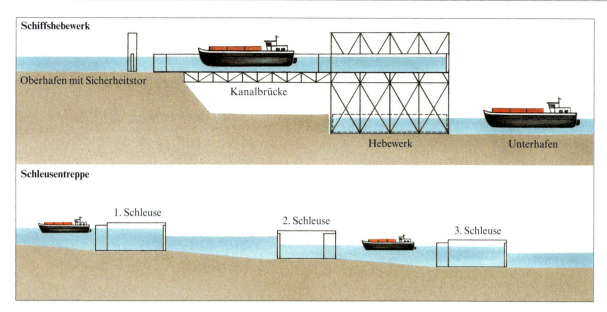

M 3 Schiffshebewerk und Schleusentreppe im Vergleich

M 4 Wir besichtigen das Schiffshebewerk in Niederfinow.
Ein Signalton schallt durch die Stahlkonstruktion. Summend laufen die Elektromotoren an. Langsam bewegt sich der riesige, mit Wasser gefüllte Schiffsfahrstuhl aufwärts. In einem mit Wasser gefüllten Trog wird das Schiff nach oben befördert. Oben angekommen, öffnen sich die Tore des Trogs und das Schiff fährt in den höher gelegenen Kanalabschnitt. Es ist mit knapp 1 000 t Kohle beladen, die es aus Polen geholt hat.
Das Schiffshebewerk ist 60 m hoch. Es überwindet die 36 m Höhenunterschied zwischen Unter- und Oberwasser in 5 Minuten. Die gesamte Hebung dauert nur 20 Minuten. Dabei geht fast kein Wasser verloren. Das sind die Vorzüge gegenüber einer Schleusentreppe.
Der Unterhafen hat Liegeplätze für 4 Schiffe. Der Fahrstuhl ist 112 m lang und 33,5 m breit. Die Kanalbrücke ist 157 m lang und 34 m breit. Sie verbindet den Oberhafen mit dem Schiffshebewerk. Der Oberhafen ist etwa 1200 m lang und 66 m breit.
Inzwischen sind wir auf der Aussichtsplattform angekommen Hier erfahren wir, dass neben dem Schiffshebewerk ein noch größeres gebaut werden soll, damit auch große Schiffe, wie die 110 m langen Europaschiffe mit bis zu 3000 t Fracht, die Wasserstraße nutzen können.

M 5 Schiffshebewerk in Niederfinow

AUFGABEN
1. Beschreibe den Lauf der Elbe. Beachte folgende Gesichtspunkte: Quelle und Mündung, Fließrichtung, durchflossene Landschaften, Städte am Strom, Nebenflüsse (M 1).
2. Suche auf einer Atlaskarte die Landschaften, die durch die Elbe und ihre Nebenflüsse entwässert werden? Benenne sie.
3. Vergleiche den Verlauf von Elbe, Oder und Donau miteinander (Atlaskarte). Berichte über dein Ergebnis.
4. Beschreibe die Arbeitsweise eines Schiffshebewerkes. Welche Unterschiede bestehen zur Arbeitsweise einer Schleusentreppe (M 3, M 4, M 5)?

Verkehrsmittel und Verkehrswege

Kraftfahrzeug, Eisenbahn, Binnenschiff oder Flugzeug: Welches Verkehrsmittel sollte wofür benutzt werden?

Transport auf der Straße. Das höchste Verkehrsaufkommen haben die Straßen. Ein dichtes Straßennetz verbindet in Deutschland alle Gemeinden untereinander. Personen können über Straßen nahezu in jeden Ort gelangen, Lkws fast jedes Haus mit Gütern beliefern. Aber der Straßenverkehr verbaut große Flächen, verbraucht viel Energie, erzeugt Lärm und Abgase.

Transport auf der Schiene. Auch die Eisenbahn befördert Personen und Güter (Stückgüter, Container, Massengüter). Die Fahrzeiten für große Strecken sind fast immer kürzer als auf der Straße. Die Bahn kann auch mehr transportieren, braucht weniger Fläche, verbraucht weniger Energie, erzeugt weniger Lärm, belastet kaum die Luft. Der Nachteil gegenüber dem Auto ist, dass sie nicht direkt bis zum Haus fahren kann.

Der Luftverkehr. Aus beruflichen Gründen oder als Touristen nutzen viele Menschen Flugzeuge, wenn sie große Entfernungen in kurzer Zeit überwinden wollen. Für den Gütertransport lohnt sich das Flugzeug nur bei hochwertigen Waren (z. B. elektronische Erzeugnisse), bei Waren, die wenig Laderaum beanspruchen oder leicht verderblich sind. Flugzeuge verbrauchen viel Treibstoff. Mit ihren Abgasen belasten sie die Umwelt. Beim Start und bei der Landung ist die Lärmbelastung hoch.

Transport auf Binnenwasserstraßen. Binnenschiffe transportieren Massengüter, bei denen die Transportzeit weniger wichtig ist. Von Vorteil ist dagegen aber die große Transportmenge und das Einsparen von Treibstoff und Personal.
Mithilfe von Brücken, Schleusen oder Schiffshebewerken können Binnenschiffe Höhenunterschiede zwischen Wasserstraßen überwinden.

M 1 Herr Kunz aus Kamenz nimmt an einem Lehrgang teil. Der Tagungsort im Frankenwald hat keinen Bahnanschluss. Deshalb benutzt Herr Kunz sein Auto. Nun möchte er so schnell wie möglich wieder nach Hause fahren. Rechtzeitig vor der Autobahnauffahrt Münchberg-Nord hört Herr Kunz eine Staumeldung auf der A 9 bei Hof. Wie soll er sich verhalten?

M 2 Nicole und ihre Eltern wollen mit dem ICE nach Stuttgart fahren. Pünktlich 9.20 Uhr fährt der ICE in Potsdam ab. Bald fährt er Tempo 200 km/h. Die Spitzengeschwindigkeit von 250 km/h erreicht der Zug zwischen Frankfurt und Mannheim. Früher sind Nicole und ihre Eltern mit dem Auto gefahren. Aber der Vater wollte auf der Autobahn nicht wieder in Staus geraten. Außerdem könnte es Glatteis geben. Mit der Bahn benötigen sie knapp 6 Stunden. Mit dem Auto würden sie vermutlich länger brauchen.

M 3 Frau Frisch aus Hannover steht vor der Entscheidung, welches Verkehrsmittel sie für ihre Geschäftsreise nach München benutzen soll. Nach Berlin würde sie den ICE nehmen. Mit 1 Stunde 36 Minuten von Stadtmitte zu Stadtmitte, das schafft sie auch nach dem dreispurigen Ausbau der Autobahn nicht. Und in Berlin könnte sie S- und U-Bahn nutzen. Nach München braucht der ICE 4 Stunden 15 Minuten, hinzu kommen 45 Minuten An- und Abfahrtszeit zum Bahnhof. Das Flugzeug braucht für die Strecke nur 40 Minuten. Frau Frisch muss aber zwei Stunden Fahrzeit vom und zum Flughafen und die Abfertigungszeit mit einrechnen.

M 4 Das Motorschiff Greifswald schafft 8 Kilometer in der Stunde. Außer an Schleusen und nachts gibt es kein Halten auf dem Mittellandkanal. Der Massengutfrachter soll 750 Tonnen Kohle von Bottrop nach Berlin bringen. Das Schiff könnte mehr als 1 000 Tonnen Fracht laden, aber die Elbeüberquerung bei Magdeburg ist nicht tief genug. Das soll sich ändern. Die Wasserstraße Hannover – Berlin wird ausgebaut: breiter, tiefer, neue Schleusen und Brücken, Kanalüberquerung der Elbe bei Magdeburg.

Personenkraftwagen

Eisenbahn

Passagierflugzeug

Binnenschiff

Verkehrsmittel und Verkehrswege 45

M 5 Verkehrswege im Elbtal bei Königstein. Suche den Verlauf der Verkehrswege.

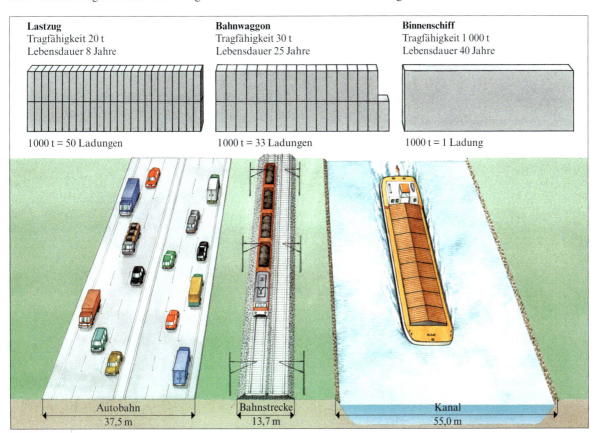

M 6 Die Verkehrsmittel Auto, Eisenbahn und Binnenschiff im Vergleich

Das Zeitalter der Eisenbahn beginnt. Als in Deutschland 1835 die erste Eisenbahnstrecke eröffnet wurde, gab es in England schon über 700 km und in den USA sogar über 1500 km Eisenbahnstrecken.
Nachdem die erste Eisenbahnfahrt zwischen Nürnberg und Fürth mit einer Geschwindigkeit von 23 km/h unter dem Jubel von 200 Fahrgästen erfolgreich gelungen war, war auch in Deutschland das Eisenbahnfieber ausgebrochen. Die Eröffnung jeder neuen Strecke wurde zu einem viel umjubelten Ereignis. Nach Nürnberg–Fürth folgten die Strecken:

Leipzig–Dresden	1837
Berlin–Potsdam	1838
Braunschweig–Wolfenbüttel	1838
Düsseldorf–Erkrath	1838
Magdeburg–Halle–Leipzig	1839
München–Augsburg	1839
Köln–Aachen	1839
Frankfurt a. M.–Wiesbaden	1839

Flugzeuge für den Personenverkehr. Bis etwa 1920 war das Fliegen ein Abenteuer in offenen zweisitzigen Maschinen. Die dick vermummten Flieger kamen nicht immer an ihr Ziel und waren dann froh, wenn sie auf einem Acker notlanden konnten.
Der Luftverkehr brauchte zuverlässige Maschinen. Sie mussten schnell und weit fliegen können und etwas Bequemlichkeit bieten. Andernfalls benutzte man besser die Eisenbahn.
Der Techniker HUGO JUNKERS war einer der ersten, der sich dieser Aufgabe stellte. In Dessau gründete er die Junkers-Werke. Hier baute er 1919 das erste Verkehrsflugzeug aus Metall. Die Junkers F 13 bot in ihrer geschlossenen Kabine vier bis fünf Fluggästen Raum. Die Maschine flog mit einer Geschwindigkeit von 150 bis 170 km/h über 500 km weit. JUNKERS baute auch die Ju 52. Sie war in den 1930er und 1940er Jahren das modernste und sicherste Verkehrsflugzeug.
Mit der Entwicklung des Flugverkehrs entstanden in vielen Staaten Luftfahrtgesellschaften. Die Deutsche Lufthansa wurde 1926 gegründet.

M 7 „Pferde scheuten, Kinder weinten, Gläubige bekreuzten sich und schlossen die Augen:
Der Teufel fuhr vorüber. Dort stand er auf der Maschine, den Zylinder in das vom Ruß geschwärzte Gesicht gedrückt, seine Frackschöße flatterten im Fahrtwind. Hinter ihm johlten die Sünder. Endstation konnte nur die Hölle sein."
So berichtete das „Stuttgarter Morgenblatt" am 7.12.1835.

M 8 Die ersten Flieger.
Jahrelang beobachteten OTTO LILIENTHAL und sein Bruder, wie Vögel fliegen. Schon als Schüler hatten sie mit Schwingflügeln experimentiert.
OTTO LILIENTHAL erkannte, dass der Mensch nicht aus eigener Kraft fliegen kann. Der erste Schritt zum Fliegen musste der Gleitflug sein. Mit einem Gleitflugmodell unternahm er zwischen 1891 und 1896 mehr als 2000 Gleitflüge bei Berlin. Schließlich erreichte er eine Flugstrecke von 350 m. Aber seine Flugversuche nahmen ein jähes Ende. OTTO LILIENTHAL starb 1896 an den Verletzungen, die er beim Absturz seines Gleiters erlitten hatte.
Den ersten Motorflug wagten 1903 die Gebrüder WRIGTH in den USA. Sie nutzten dazu einen Doppeldecker, mit dem sie anfangs nur 30 m weit flogen. Aber bereits 1905 erreichten sie eine Flugstrecke von über 40 km.

Dampflokomotive Saxonia

Ju 52

AUFGABEN

1. Welche Verkehrsmittel hättest du an der Stelle von Herrn Kunz, von Nicole und von Frau Frisch benutzt (M 1 bis M 3)? Begründe deine Antworten.
2. Berichte darüber, welche Verkehrswege und Verkehrsmittel deine Eltern und Bekannte täglich benutzen. Welche Erfahrungen machen sie?
3. Erläutere Vorzüge und Nachteile des Auto-, Eisenbahn- und Binnenschiffverkehrs. Werte dazu M 6 aus. Ziehe auch M 4 heran.
4. Verfolge auf M 9 die direkte Nord-Süd-Verbindung der Autobahn von Rostock nach Salzburg. Beschreibe anhand von Städten ihren Verlauf.
5. Stellt Reiserouten zwischen folgenden Orten zusammen: a) von Rostock nach Köln, b) von Dresden nach Stuttgart, c) von Erfurt nach Kiel. Stellt die von euch bevorzugte Strecke der Klasse vor und begründet eure Wahl. Denkt auch an die Nutzung unterschiedlicher Verkehrsmittel. Benutzt dazu M 9 und den Atlas.

Verkehrsmittel und Verkehrswege 47

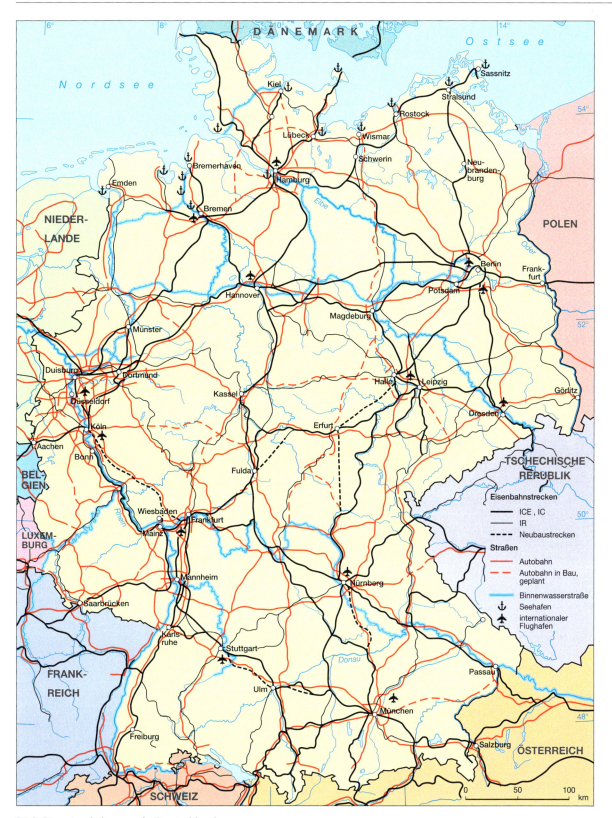

M 9 Hauptverkehrswege in Deutschland

Zusammenfassung

1

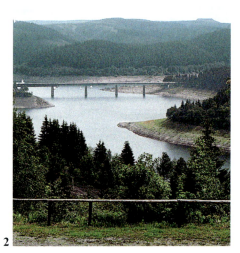

2

3

Die politisch-geografische Gliederung Deutschlands. Deutschland ist eine Bundesrepublik, die sich aus 16 Ländern zusammensetzt. Berlin ist die Hauptstadt der Bundesrepublik Deutschland. Deutschland liegt in der Mitte Europas. Es grenzt an zehn Nachbarstaaten.

Die natürliche Gliederung Deutschlands. Der Naturraum Deutschlands ist in drei Großlandschaften gegliedert: Tiefland (mit Küste), Mittelgebirgsland und Hochgebirgsland (Alpen).
Diese Großlandschaften erstrecken sich von West nach Ost in unterschiedlich breiten Streifen:
- Das Norddeutsche Tiefland reicht von der Nord- und Ostseeküste bis zum Mittelgebirgsland.
- Das Mittelgebirgsland teilt sich in die Mitteldeutsche Gebirgsschwelle nördlich des Main und in das Süddeutsche Gebirgsland zwischen dem Main und der Donau.
- Das Hochgebirgsland umfasst die Deutschen Alpen, die nur einen kleinen Teil dieses europäischen Hochgebirges ausmachen.
Zwischen der Donau und den Alpen liegt das Alpenvorland.

AUFGABEN
1. Zeichne mithilfe einer Atlaskarte eine Umrisskarte von Deutschland.
2. Benenne in einer Umrisskarte von Deutschland:
   - die Bundeshauptstadt Berlin,
   - die Bundesländer,
   - die Hauptstädte der Bundesländer,
   - die Nachbarländer Deutschlands.
3. Deutschland hat viele Nachbarländer, deshalb gibt es an der Grenze Deutschlands mehrere „Drei-Länder-Ecke". Suche diese auf der Atlaskarte und gib die Namen der angrenzenden Länder an. Welches „Drei-Länder-Eck" ist nebenstehend abgebildet?
4. Ordne die Fotos 1 bis 3 Großlandschaften in Deutschland zu. Begründe deine Entscheidung.

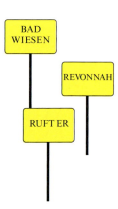

Hier wurden Buchstaben und Silben falsch angeordnet. Zu welchen Hauptstädten von Bundesländern gehören die Wegweiser?

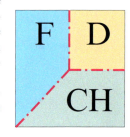

Im Norddeutschen Tiefland

Wir orientieren uns

M 1 Im Norddeutschen Tiefland am Zusammenfluss von Weser und Aller bei Verden

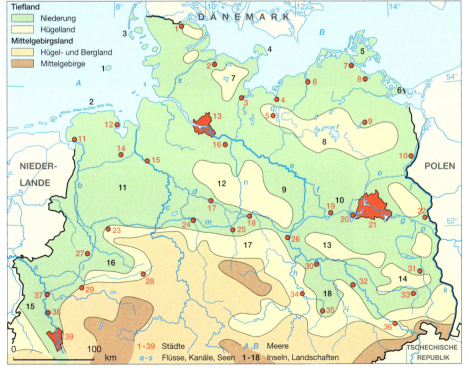

M 2 Orientierung im Norddeutschen Tiefland

Suche die richtigen Namen für die Objekte, die in der Karte mit Buchstaben und Zahlen benannt sind. Lege dazu eine Tabelle in deinem Arbeitsheft an.
Nutze als Orientierungshilfe die Atlaskarte.
Wo findest du in der Karte die in M 1 gezeigte Landschaft?

An den deutschen Küsten

Deutschland grenzt an die Küsten von Nordsee und Ostsee. Diese Küstenräume wollen wir uns näher ansehen und herausfinden, ob es zwischen den natürlichen Gegebenheiten beider Räume Unterschiede gibt.

M 1 Eine Wattwanderung an der Nordseeküste.

Wattführer Olssen ist mit unserer Klasse im Duhner Watt von Cuxhaven nach Neuwerk unterwegs. Er erklärt uns, dass wir unmittelbar dem ablaufenden Wasser hinterher gehen. Andernfalls könnten wir nicht rechtzeitig vor der Flut wieder zurück sein.

Wir stapfen durch den Schlick. Bei jedem Schritt versinken die Füße bis über die Knöchel darin. Wie gut, dass wir feste Schuhe oder Gummistiefel tragen. So können die scharfen Muschelschalen unsere Füße nicht verletzen.

Es gurgelt und gluckst um uns herum. Beim Durchqueren eines kleinen Wasserlaufs (Priel) spüren wir den Sog des Wassers. Wie stark muss erst die Strömung in großen Prielen sein.

Herr Olssen warnt uns, ohne Führung in das Watt zu gehen. Viele schätzen die Entfernungen falsch ein. Besonders leichtsinnig ist das Baden in den Prielen.

M 2 Ein Flug entlang der Ostseeküste.

Wir fliegen bei gutem Wetter von Flensburg nach Ahlbeck. Zwischen Flensburg und Kiel sehen wir schmale, lang gestreckte Meeresarme. Das sind die Förden. Sie sehen aus wie Flussläufe.

Da wir schon viel von Buchten an der Ostsee gehört hatten, waren wir sehr gespannt, wie diese Landschaftsform aussehen wird. Beim Überfliegen von Lübeck und weiter östlich von Wismar konnten wir die Form von Buchten besonders deutlich erkennen.

Östlich von Wismar verläuft die Küstenlinie über viele Kilometer fast so gerade, als wäre sie mit dem Lineal gezogen.

Ab Ribnitz-Damgarten sehen wir wieder einen recht unruhigen Küstenverlauf. Er löst sich in zahlreiche zerlappte oder rundliche, kleine oder große Buchten auf. Das sind die Bodden. Besonders die Insel Rügen ist von solchen Bodden zerrissen.

M 3 Im Watt bei Cuxhaven

M 4 Die Kieler Förde

M 5 Boddenküste mit Blick auf Baabe

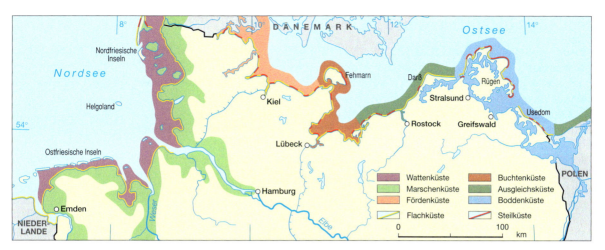

M 6 Gliederung der deutschen Küsten

Nordsee und Ostsee sind Nebenmeere des Atlantischen Ozeans. Wir blicken auf die Nordsee. Unaufhörlich rollen Wellenberge gegen den Strand. Unendlich erscheint uns die Wasserfläche, und doch ist sie nur ein kleiner Teil des Atlantischen Ozeans.

Die Nordsee ist nur durch die Britischen Inseln vom Atlantischen Ozean getrennt. Sie ist ein Randmeer. Ihr Salzgehalt ist genau so hoch wie im Atlantik.

„Nordsee ist Mordsee!" sagt der Seemann. Die von Stürmen aufgewühlte See ist eine große Gefahr für die Schifffahrt. Stürme und Salzwasser bewirken, dass die Nordsee niemals zufriert. Nur im Schutz der Inselketten, die sich an der Küste entlang ziehen, kommt es in außergewöhnlich kalten Wintern zur Eisbildung (*Inseln ↑, Halbinseln ↑*).

Die Ostsee ist an allen Seiten von Land umgeben. Nur drei schmale Meeresstreifen verbinden das Meer mit der Nordsee. Die Ostsee wird deshalb als Binnenmeer bezeichnet.
Während an der Nordsee Ebbe und Flut auftreten, sind sie an den Küsten der Ostsee kaum zu bemerken. Außerdem ist das Wasser der Ostsee nur schwach salzig. Das hängt auch damit zusammen, dass viele Flüsse dem Binnenmeer ständig Süßwasser zuführen. Eine Folge dessen ist, dass die Ostsee an ihren Küsten im Winter leicht zufrieren kann.

Schon gewusst?

Seit dem 11. Jahrhundert schlossen sich deutsche Kaufleute in der Hanse zusammen, um den Fernhandel besser betreiben zu können. Sie fuhren gemeinsam mit Handelsschiffen über die Nord- und Ostsee, gingen aber getrennt ihren Geschäften nach. Bald übernahmen Städte, in deren Rat die Kaufleute saßen, die Leitung der Hanse.
Im 14. Jahrhundert gehörten der Hanse etwa 100 Städte an. Führende Hansestadt war Lübeck. Weitere Hansestädte waren beispielsweise Bremen, Hamburg, Wismar, Rostock, Stralsund und Greifswald.
Im 16. Jahrhundert verlor die Hanse an Bedeutung. Der Handel verlagerte sich stärker auf den Atlantischen Ozean.

AUFGABEN
1. Befrage deine Mitschüler nach Erlebnissen, die sie an der Nordsee oder an der Ostsee hatten.
2. Erläutere, warum eine Wattwanderung gefährlich sein kann (M 1, M 3).
3. Suche Inseln, Buchten und Flussmündungen an der deutschen Nordseeküste (M 6, Atlaskarte). Ordne sie von West nach Ost in einer Tabelle.
4. Beschreibe einen Abschnitt der deutschen Ostseeküste nach seiner Lage und nach dem Küstenverlauf (M 6, Atlaskarte).
5. Nenne Staaten, die an die Nordsee und Staaten, die an die Ostsee grenzen (Atlaskarte). Erfasse sie geordnet nach Nord- und Ostsee in einer Liste.
6. Du willst mit einem Schiff von Rostock in die Nordsee fahren. Zwischen welchen Reiserouten kannst du wählen? Beschreibe die Streckenführungen.

Steil- und Flachküsten an der Ostsee

An der deutschen Ostseeküste gibt es Uferbereiche, die mit vielen groben, abgerundeten Steinen belegt sind. Diese Strände heißen Blockstrände. Andererseits gibt es auch lange Sandstrände mit feinkörnigem weißen Sand.

Hinter dem Blockstrand erhebt sich immer eine *Steilküste* (↑). Dagegen gehören die sandigen Badestrände mit den schönen Seebadeorten meist zur *Flachküste* (↑). Welche Naturkräfte prägen die verschiedenen Küstenformen?

Die Steilküste entsteht durch Rückversetzung. Die Wellen schlagen bei Sturm gegen das Kliff, so heißt die steil aufragende Wand des Festlandes. Sie unterhöhlen dessen untere Kante.

Im Winter greift auch der Frost an. Gefrierendes Wasser lockert das Material. Vom Frost gelockerte und von Regen durchnässte Teile des Kliffs stürzen ab. Die Steilküste bleibt zwar erhalten, aber sie wandert von Jahr zu Jahr um Zentimeter landeinwärts.

Die Steine bleiben am Strand liegen. Der Sand, der Boden, herabgestürzte Sträucher und Bäume werden von den Wellen weggetragen. Von Menschen errichtete Steinwälle sollen das Kliff schützen.

Schon gewusst?

Mecklenburg-Vorpommern liegt erst seit etwa 7000 Jahren am Meer. Der Meeresspiegel stieg nach der Eiszeit an. Das Wasser drang in das Land ein. Vor den vielen Meeresbuchten schwemmte die Strömung Sandwälle an, die von Kliff zu Kliff reichten. Es entstand eine Ausgleichsküste.

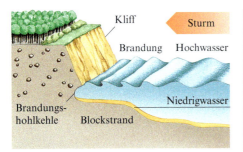

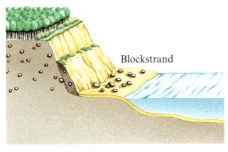

M 1 Vorgänge an der Steilküste

M 2 Steilküste im Nordosten der Insel Rügen

Steil- und Flachküsten an der Ostsee 53

Strandhafer

M 3 Flachküste bei Bansin auf der Insel Usedom

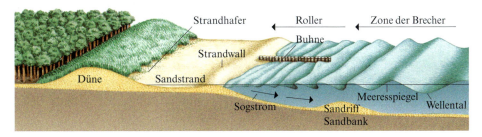

M 4 Vorgänge an der Flachküste

Die Flachküste entsteht am sanft ansteigenden Festland. Vor diesem Küstenbereich brechen sich die Wellen schon weit draußen. Sie setzen sich als Roller im flacheren Wasser fort, laufen am Strand aus und schütten einen Strandwall aus Sand, Muschelschalen und Tang auf.
Das zurückfließende Wasser lagert Sand in 50 bis 100 m Entfernung vor der Küstenlinie als Sandbank ab. Buhnen aus Holz oder Stein vermindern ein Wegschwemmen des Sandes.
Der trockene Sand wird vom Wind zu Dünen angehäuft. Strandhafer und die Wurzeln von Kiefern sollen den Sand festhalten und so das Wandern der Düne verhindern. Bei Sturmflut schützen Dünen das flache Hinterland vor Überflutungen.

AUFGABEN

1. Stelle gemeinsame und unterschiedliche Merkmale von Steilküsten und Flachküsten in einer Tabelle gegenüber. Benutze dabei die Begriffe Blockstrand, Kliff, Sandstrand, Düne, Strandhafer (M 1, M 4).
2. Erläutere, warum an Steilküsten besondere Vorsicht geboten ist (M 2).
3. Formuliert Verhaltensregeln, die Urlauber an der Küste beachten sollen. Unterscheidet dabei nach Steilküste und Flachküste.
4. Verfolge anhand M 6 (Seite 51) und einer Atlaskarte den Wechsel von Steilküsten und Flachküsten zwischen Lübeck und der Staatsgrenze zu Polen. In welchen Küstenabschnitten gibt es besonders häufig Steilküsten?
5. Deine Klasse will im Sommer an die Ostsee fahren. Du hast gemeinsam mit einem Mitschüler den Auftrag übernommen, Reiseziele auszuwählen, die ihr der Klasse vorschlagen wollt. Stellt zwei Vorschläge zusammen. Begründet, warum ihr das jeweilige Reiseziel empfehlt. Bezieht dabei den Atlas und die Materialien dieser Doppelseite mit ein.

An der Nordsee – Das Meer kommt und geht

M 1 Leben auf einer Hallig.

Ilona unternimmt mit ihren Eltern einen Ausflug zur Hallig Gröde. In Husum beginnt die Fahrt. Der Kapitän erklärt während der Überfahrt: „Wir müssen im Heverstrom fahren, denn im Nordstrander Watt ist auch bei Flut das Wasser nicht tief genug. Draußen drehen wir in das Norderhever Priel."

Nach etwa 2 Stunden erscheint vor uns das tischebene grüne Land der Hallig Gröde. Mit einer fast zwei Meter hohen Kante ragt es über den Meeresschlick auf.

„Vom Herbst bis zum Frühjahr wehen immer wieder Stürme über die Halligen", berichtet der Kapitän. „Die Bewohner der Halligen bleiben auch dann gelassen, wenn das Land unter Wasser steht. Die Hallig Gröde ist ja nicht durch Deiche geschützt. Deshalb stehen die Häuser auf künstlichen Erdhügeln, den Warften".

„Früher musste man das Regenwasser sammeln. Heute versorgen Wasserleitungen die Halligen. Vom Festland erhalten sie auch Strom.
Die Menschen leben von der Rinder- und Schafhaltung. Bei Sturmflut muss das Vieh in die Stallung getrieben werden. Ein großer Teil der Tiere ist Pensionsvieh. Im Herbst wird es wieder auf das Festland zurückgebracht.
Die meisten Einnahmen der Halligbewohner stammen heute jedoch aus dem Fremdenverkehr."

Am nächsten Tag liest Ilonas Vater in der Zeitung, dass immer mehr Halligbewohner, vor allem Jüngere und Alte, ihre Insel verlassen. Sie verkaufen ihre Häuser möglichst teuer an „Fremde". Die nutzen sie aber nur für den Ferienaufenthalt. Immer weniger Hände stehen dadurch zum Erhalt der Warften zur Verfügung.

Das Land Schleswig-Holstein kümmert sich um die Pflege und den Erhalt der Halligen, denn sie sind ein wichtiger Teil des Küstenschutzes. Die Halligen wirken wie Wellenbrecher. Sie entlasten die Deiche der Küste.

M 2 Hallig Gröde bei Niedrigwasser

M 3 Hallig Gröde bei Sturmflut

An der Nordsee – Das Meer kommt und geht

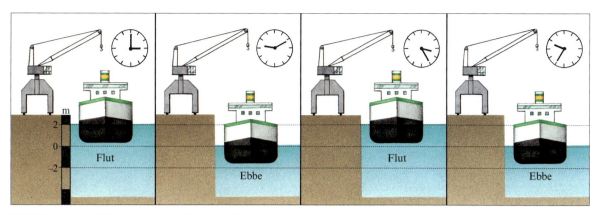

M 4 Wechselnder Wasserstand im Hafen von Husum

Ebbe und Flut. An der Nordseeküste wechselt der Wasserstand regelmäßig seine Höhe. Zweimal täglich läuft das Wasser ab.
Das *Watt* (↑) fällt trocken. Nur die großen *Priele* (↑) führen bei Ebbe noch Wasser. Nach etwa sechs Stunden ist der niedrigste Wasserstand erreicht. Das Niedrigwasser beendet die Ebbe.

Nach Erreichen des Niedrigwassers wendet sich die Bewegung des Wassers. Während der Flut läuft das Wasser auf. Die Priele füllen sich. Das Watt wird überflutet. Schließlich ist nach etwa sechs Stunden der höchste Wasserstand, das Hochwasser, erreicht.

Man bezeichnet diesen regelmäßigen Wechsel von Absinken und Ansteigen des Meeresspiegels als *Gezeiten* (↑). Den Unterschied zwischen dem Niedrigwasser und dem Hochwasser nennt man Tidenhub (Tide = Zeit). An der deutschen Nordseeküste schwankt der Tidenhub zwischen 2 und 3 Metern. An der englischen Küste beträgt er 6 bis 7 Meter, in Buchten sogar 10 bis 15 Meter. Auf dem offenen Meer ist der Unterschied geringer.

Die Entstehung der Gezeiten. Der Mond übt auf die Oberflächen der Ozeane eine Anziehungskraft aus. Dadurch wird das Wasser an der Stelle, die dem Mond zugewandt ist, angehoben. Außerdem ergeben sich durch die Bewegungen von Erde und Mond, wie bei einem Ketten-

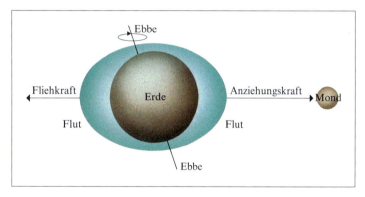

M 5 Entstehung der Gezeiten

karussell, Fliehkräfte. Beim Karussell treiben sie die Sitze nach außen, an der Meeresoberfläche treiben sie das Wasser zu einem Berg zusammen. So wird Flut erzeugt. Zur gleichen Zeit haben Gebiete, die nicht im Anziehungsbereich des Mondes liegen, Ebbe.

AUFGABEN

1. Verfolge die Fahrt von Husum zur Hallig Gröde auf einer Atlaskarte (M 1).
2. Nenne mithilfe des Atlas die Namen einiger Halligen und beschreibe ihre Lage an der deutschen Nordseeküste.
3. Vergleiche die beiden Fotos von der Hallig Gröde und stelle Fragen (M 2, M 3).
4. Berichte vom Leben auf einer Hallig (M 1).
5. Zeichne den Querschnitt durch eine Hallig bei Hochwasser und bei Niedrigwasser. Berücksichtige auch eine Warft (M 1).
6. Erläutere, wie lange es von Hochwasser zu Niedrigwasser dauert (M 4).
7. Kennzeichne die Gezeiten nach der Meeresbewegung. Nutze die Begriffe Flut, Ebbe, Hochwasser, Niedrigwasser. Stelle dein Ergebnis in einer einfachen Skizze zusammen.

Gefahr für die Nordseeküste

Die Menschen an der Küste können nie genau wissen, wie stark eine Sturmflut wird. Für sie stellen sich immer wieder bange Fragen: Werden die Deiche halten? Wie können wir uns vor Gefahr und Schäden schützen?

Die Sturmflut 1962. Die verheerende Sturmflut in der Nacht vom 16. zum 17. Februar 1962 traf die gesamte deutsche Nordseeküste.
Eine Sturmflut droht immer dann, wenn ein besonders hoch auflaufendes Wasser und schwerer Sturm in Richtung Küste zeitlich zusammen treffen. Dann wird das Wasser vor der Küste aufgestaut.
Der Sturm erreichte im Februar 1962 über der Deutschen Bucht Geschwindigkeiten bis zu 160 km/h. Das Wasser stand im Hamburger Hafen 4,30 m höher als bei normalem Hochwasser. Hier drückte der Nordweststurm 43 Stunden lang Meerwasser in die Elbe hinein, so dass auch das Elbwasser nicht ins Meer abfließen konnte.

M 2 Sturmflut 1962 in Hamburg

M 1 *Alle Mann an die Deiche!*
Überall an den gefährdeten Deichen waren sofort freiwillige Helfer zur Stelle. Wenig später kamen Mannschaften der Bundeswehr, des Bundesgrenzschutzes, der Bereitschaftspolizei, der Feuerwehren, des Roten Kreuzes und des Technischen Hilfswerkes hinzu.
Gemeinsam verstärkten sie die Deiche an gefährdeten Stellen mit Sandsäcken. Sie konnten aber nicht verhindern, dass Deiche brachen.
Die Rettungsmannschaften halfen den Betroffenen beim Verlassen der Häuser. Bekleidung, Decken und Matratzen mussten für die Obdachlosen beschafft, Schlamm und umgestürzte Bäume beseitigt werden.
Besonders schlimm waren auch die Halligen betroffen. Hier war die Versorgung nur aus der Luft möglich. Tagelang flogen Hubschrauber Nahrungsmittel, Trinkwasser und Medikamente ein.

M 3 Ein Einsatzleiter berichtete:
„Zwei Stunden lang flutete das Wasser sogar 50 cm hoch an einigen Stellen über den Deich. Dagegen waren wir machtlos. Das überströmende Wasser hatte die Innenböschung ganz langsam ausgewaschen. So lange, bis der Deich zu dünn wurde und die Wassermassen ihn von vorn weggedrückt haben."

M 4 Große Sturmfluten an der deutschen Nordseeküste
- 1164 Julianenflut: Jadebusen entstand, 20 000 Menschen ertranken.
- 1363 Macellusflut: Dollarteinbruch, 30 Dörfer gingen unter, 100 000 Tote.
- 1717 Weihnachtsflut: 12 000 Menschen ertranken, 5 000 Häuser wurden weggerissen.
- 1962 Februarflut: 329 Tote, 4 500 Tiere ertranken; in Hamburg mussten 34 000 Einwohner ihre Wohnungen verlassen; 100 000 Menschen waren von der Flut eingeschlossen; etwa 500 Millionen Euro Sachschaden.

Gefahr für die Nordseeküste 57

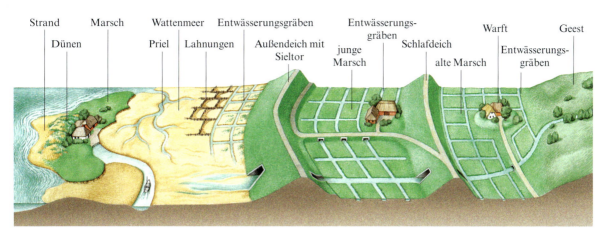

M 5 Von der Wattküste zur Geest

Deiche schützen die Küste. Seit 3000 Jahren siedeln Menschen an der Küste. Ihre Wohnstätten, die sie anfangs zu ebener Erde anlegten, waren bei ansteigendem Meeresspiegel schutzlos den Wasserfluten ausgesetzt. Deshalb begannen sie Erdhügel aufzuschütten, auf denen sie nun ihre Häuser errichteten. Diese Erdhügel werden als Wurten oder Warften bezeichnet.

Seit annähernd 900 Jahren versuchen die Menschen an der Küste ihre Dörfer, Felder und Weiden durch Erddämme zu schützen. Diese Dämme werden Deiche genannt. Die ersten Deiche waren etwa 5 m hoch und 20 m breit. Im Laufe der Zeit wurde ihre Bauweise verbessert. Die Deiche wurden stabiler. Heute sind sie an ihrer Sohle über 60 m breit. Ihre Höhe erreicht 8,80 m.

Land wird gewonnen. Jede Flut bringt Schlamm an die Küste. Der Mensch fördert dessen Ablagerung, indem er doppelte Pfahlreihen in das Watt einrammt und dazwischen Buschwerk packt (Lahnung). Zwischen den Buschdämmen wächst der Boden 3–5 cm im Jahr. Eingepflanzter Queller hält den Boden fest. Später kann sich Gras ausbreiten. Das Vorland wird nun von Schafen beweidet. Nach etwa 30 Jahren ist so viel Neuland gewonnen, dass sich eine Eindeichung lohnt. Das fruchtbare Marschland heißt in Ostfriesland Groden bzw. Polder, in Nordfriesland Koog.

M 6 Lahnung

Landgewinnung ist Küstenschutz. Heute ist es nicht mehr notwendig, neues Ackerland oder Weideland zu gewinnen. Neu gewonnenes Land soll die Küste schützen. Die Salzwiesen in den Lahnungsfeldern vor dem Deich verringern die Kraft der Wellen.

Wichtig ist die Verkürzung der Küstenlinie, damit die Wellen weniger Angriffsfläche haben. Deshalb wurden einige Buchten, z. B. die Meldorfer Bucht und die Leybucht südlich von Norden, zum Teil eingedeicht.

Queller – eine Pflanze, die im Salzwasser wächst

AUFGABEN
1. Berichte über die Sturmflut von 1962 (M 1 bis M 4).
2. Erläutere, wie eine Sturmflut entsteht. Fertige eine Zeichnung dazu an.
3. Erkläre den friesischen Spruch: „De nich will diken, mot wiken!" (Wer nicht will deichen, muss weichen!).
4. Berichte über die Landgewinnung an der deutschen Nordseeküste (M 5, M 6).
5. Begründe, weshalb Deichvorland Teil des Küstenschutzes ist.

Ferien an der Nordseeküste

Jährlich besuchen etwa vier Millionen Urlauber die deutsche Nordseeküste. Was lockt sie an die Küste und wie schützt man das Wattenmeer vor den vielen Menschen?

Wenn du auf einer Karte die deutsche Nordseeküste betrachtest, dann fallen dir zahlreiche lang gestreckte, schmale Inseln auf, die nicht allzu weit vom Festland entfernt liegen. An der Küste Niedersachsens sind es die Ostfriesischen Inseln, in Schleswig-Holstein die Nordfriesischen Inseln. Das sind alles Düneninseln, deren Untergrund aus Sand besteht. Mit ihren Sandstränden sind sie ideal für Badeferien. Deshalb gibt es auch auf jeder dieser Inseln ein Seebad. Auf Sylt entwickelten sich aus Fischerdörfern mehrere Badeorte.
Nur die Halligen haben eine rundliche Form. Sie bestehen aus Schlick- und Lehmboden der Marsch.

Nationalparks im Wattenmeer. Das Wattenmeer ist eine der wenigen natürlichen Landschaften in Deutschland. Es ist ein auf der Welt einzigartiger Lebensraum für Tiere und Pflanzen. Deshalb wurde das Wattenmeer unter den besonderen Schutz dreier Nationalparks gestellt: Schleswig-Holsteinisches Wattenmeer, Hamburgisches Wattenmeer, Niedersächsisches Wattenmeer.
Die Gesamtfläche der Nationalparks ist in drei Schutzzonen unterteilt:
In den *Ruhezonen* (Schutzzone I) gelten die strengsten Schutzbestimmungen. Hier ist Wattwandern, Wandern, Radfahren oder Reiten nur auf bestimmten Wegen erlaubt. Wassersportler dürfen außerhalb der Fahrwasser nur drei Stunden vor und nach dem Hochwasser fahren. Ansonsten ist der Zutritt verboten. Hierzu gehören Salzwiesen, Dünen, die Seehundbänke sowie die Brut-, Rast- und Mausergebiete der Vögel.
In den *Zwischenzonen* ist das Betreten vor allem während der Brutzeiten (1. April bis 31. Juli) untersagt. Autoverkehr ist nur auf bestimmten Straßen erlaubt.
Die *Erholungszonen* sind für den Bade- und Kurbetrieb ausgewiesen.

Seehund im Wattenmeer

> **M 1** Badeurlaub auf Amrum.
> Familie Vogt hat sich für einen Badeurlaub auf Amrum entschieden. Sowohl die beiden Kinder als auch die Eltern können ihre Wünsche und Vorstellungen verwirklichen. Das bestätigt ihnen eine Freizeitkarte.
> In einem Werbeprospekt heißt es: „Auf Amrum sitzen Sie immer richtig, bei Sonnenschein im Strandkorb und in der Brandungswelle, bei Regen im Meerwasserhallenbad.
> Wer Bewegung sucht, wandert am Strand und durch das Watt in gesunder salzhaltiger Luft. Langeweile gibt es nicht. Dafür sorgen viele Einrichtungen."
>
> Tochter Anna liest im Lexikon:
> Amrum, 20 km^2, 2 350 Einwohner; Seebäder sind Norddorf mit Naturschutzgebiet „Amrum Odde", Nebel, ein Friesendorf mit Seefahrerfriedhof (historische Grabplatten aus der Walfängerzeit), Wittdün, das älteste Inselheilbad (seit 1890) und Fährhafen.
> Amrum besteht von Osten nach Westen aus Marschensaum, Geestkern, Dünenkette und breitem Sandstrand; höchste Erhebung 32 m.

AUFGABEN
1. Nenne die vor der deutschen Nordseeküste liegenden Inseln.
2. Beschreibe den Aufbau der Insel Amrum. Beachte Ortsnamen und Höhenangaben. Verwende die Begriffe Sandstrand, Dünenkette, Watt (M 1, M 2).
3. Frage deine Mitschüler nach ihren Erfahrungen bei einem Ferienaufenthalt an der Nordsee. Vergleiche deren Berichte mit den Möglichkeiten der Freizeitgestaltung auf Amrum bei Sonnenschein, Regen oder kühlem Wetter (M 1, M 2).
4. Arbeitet in Gruppen mit der Karte (M 2, Atlas) und vergleicht danach eure Ergebnisse.
   a) Ordnet den Kartenausschnitt in das gesamte Gebiet der Nordfriesischen Küste ein (Atlas).
   b) Vergleicht Amrum mit der Hallig Hooge. Beachtet auch die Namen der Siedlungen.
   c) Beschreibt die landschaftlichen Unterschiede zwischen den Inseln Föhr und Amrum.
   d) Formuliert Regeln für ein umweltgerechtes Verhalten bei einem Ferienaufenthalt an der Nordsee.

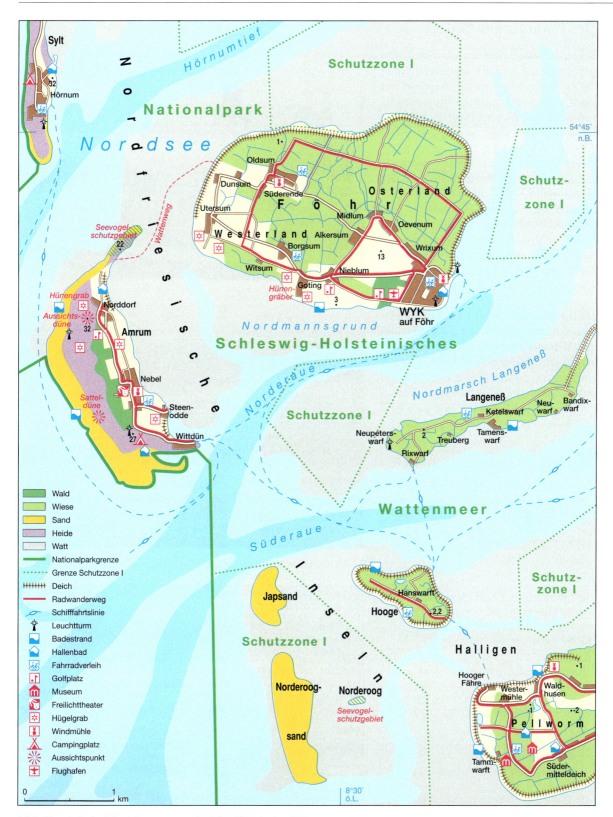

M 2 Touristische Einrichtungen an der Nordfriesischen Küste

Der Hamburger Hafen – Tor zur Welt

Bei einem Rundgang durch den Hafen erfahren wir, dass der Hamburger Hafen das bedeutendste Wirtschaftsgebiet der Stadt und zugleich der größte deutsche Seehafen ist. Was verbirgt sich hinter dieser Einschätzung?

Im Hamburger Hafen. Ursprünglich lag der Hamburger Hafen mitten in der Stadt, an der Mündung der Alster in die Norderelbe. Nach 1880 wurden größere und modernere Hafenanlagen im Gebiet zwischen Norderelbe und Süderelbe errichtet. 1866 entstand mit dem Sandtorhafen das erste künstliche Hafenbecken mit festen Kaimauern.
Von der Köhlbrandbrücke blicken wir aus 50 m Höhe auf das Hafengelände. Das Durcheinander von Elbmarschen und Wasserstraßen, Hafenbecken, Lagerhallen, Anlegestellen, Kais, Straßen und Schienensträngen, Dockanlagen und Industrieanlagen ist verwirrend. Versuchen wir, etwas Ordnung in dieses Bild zu bekommen.

M 3 St.-Pauli-Landungsbrücken

M 4 Container-Terminal Burchard-Kai

M 5 Mineralölwerk Grasbrook an der Süderelbe

M 1 Fläche des Hamburger Hafens (1999)

Hafengebiet insg.	7 433 ha
davon:	
Landflächen	4 378 ha
Wasserflächen	3 055 ha
Hafenerweiterungsgebiet	1 200 ha

Hinweis: 1 ha = 10 000 m^2

M 2 Nutzung der Landfläche des Hamburger Hafens (Angaben gerundet; 1999)

Genutzte Hafenfläche insg.	3 200 ha
davon:	
Stückgut- und Container-umschlag	680 ha
Massengutumschlag	320 ha
Mineralölindustrie	650 ha
sonstige Industrie und Gewerbe	520 ha
Verkehrsflächen	500 ha
Ver- und Entsorgungsflächen	140 ha
Grünflächen	170 ha
Freiflächen	220 ha

Der Hamburger Hafen – Tor zur Welt

M 6 Der Hamburger Hafen von Süd nach Nord

Vielseitiger Hafen. Der Transport von Stückgütern wie Kraftfahrzeuge, Papier in Rollen, Südfrüchte in Kisten, Metalle, Holz hat noch immer Bedeutung.
Die schnellste und billigste Art, Stückgüter zu befördern, ist jedoch ihr Transport in Containern. Heute werden bereits über drei Viertel aller Stückgüter in Containern verschifft.
Im Massengutverkehr überwiegen Eisenerz, Erdöl und Düngemittel. Zwei Drittel der im Hafen umgeschlagenen Güter sind Massengüter.

Abgefertigte Schiffe		Güterumschlag	(in Mio. t)
Hamburg	23 605	Hamburg	68,9
Wilhelmshaven	2 763	Wilhelmshaven	43,9
Lübeck	12 116	Lübeck	17,4
Bremerhaven	12 185	Bremerhaven	17,1
Rostock	16 726	Rostock	15,4
Bremen	5 069	Bremen	13,7

M 7 Größte deutsche Seehäfen (2000)

Massengüter werden in großen Mengen unverpackt befördert. Man unterscheidet trockene Massengüter wie Kohle, Erze und Flüssigladungen wie Erdöl.
Die trockenen Massengüter werden auch Greifgüter genannt. Der Greifer holt das Gut aus dem offenen Laderaum und schüttet es mittels einer fahrbaren Verladebrücke auf eine Halde.
Leichte Massengüter wie Getreide und Futtermittel werden durch Absaugen umgeschlagen. Der Getreideheber saugt das Getreide aus dem geschlossenen Laderaum und füllt es in Silos. Getreide muss sehr trocken lagern.

Stückgüter werden in Kisten (z. B. Maschinen), Säcken (z. B. Kaffee), Ballen (z. B. Baumwolle) verpackt oder einzeln transportiert, wie etwa Autos. Gabelstapler bringen das Gut aus dem Kaischuppen oder aus dem Eisenbahnwagen und Lkw zum Kai. Der fahrbare Kran hebt das Stückgut in den Stückgutfrachter.

Im Containerterminal wird ebenfalls Stückgut verladen. Maschinen, Lebensmittel, Textilien, Spielzeug usw. wird in 6 m oder 12 m lange, 2,50 m breite und 2,50 m hohe Stahlbehälter verpackt. Sie lassen sich stapeln. Das Stückgut ist geschützt.
Die Behälter kommen mit der Bahn oder mit Lkws aus dem Hinterland. Sie können auf großen Flächen unter freiem Himmel zwischengelagert werden. Mit Portalstaplern und Kranbrücken lassen sie sich schnell bewegen.

Beim Ro-Ro-Umschlag (roll on/roll off) verbleibt das Stückgut auf den Eisenbahnwagen und Lkws. Über eine Rampe können die Fahrzeuge direkt auf die Frachter oder von ihnen herunterfahren.

Ein LASH-Frachter (Lighter aboard ship = Leichter auf dem Schiff) nimmt schwimmfähige Container (Leichter) an Bord. Im Bestimmungshafen werden die Leichter zu Wasser gelassen und zu Schubeinheiten für die Binnenwasserstraße zusammengestellt.

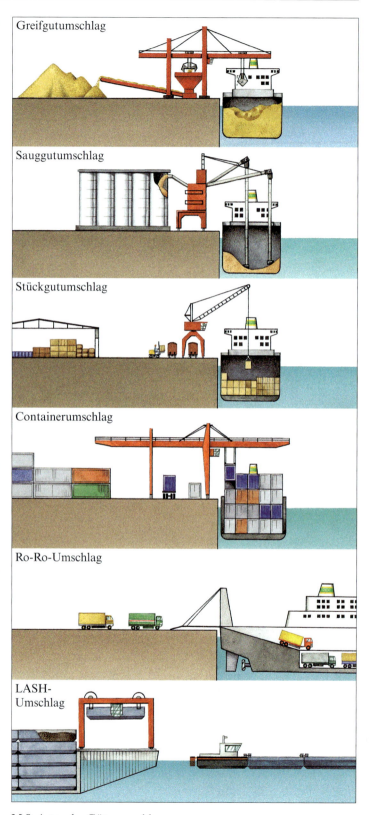

M 8 Arten des Güterumschlags

Der Hamburger Hafen – Tor zur Welt 63

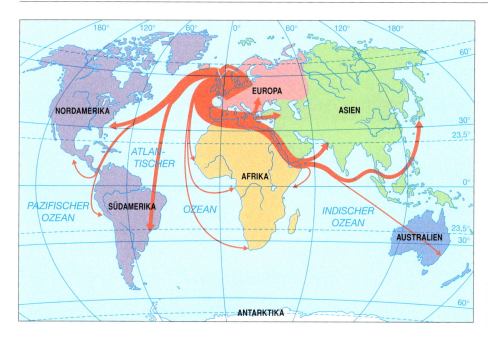

M 9 Transporte vom Hamburger Hafen in alle Welt

Der Hamburger Hafen – Tor zur Welt.
Im Hamburger Hafen spürt man die Weite der Welt. Man kann sehen, wie der Schiffsverkehr über Meere hinweg Länder verbindet.

Viele der hier abgefertigten Schiffe haben Frachtgüter aus oder für ferne Länder und andere Erdteile geladen. Nach dem Löschen der Ladung und der Übernahme neuer Fracht verlassen sie nach kurzer Liegezeit Hamburg wieder.

Die Schiffe transportieren aber nicht nur Waren, die in Deutschland hergestellt wurden oder für Deutschland bestimmt sind. Der Hamburger Hafen ist auch ein Umschlagplatz für andere Länder Europas.

Mehr als 10 000 Binnenschiffe laufen jährlich den Hafen an. Viele von ihnen bringen Frachten aus Nachbarländern Deutschlands, die über den Seeweg in andere Länder geliefert werden sollen.

Als Universalhafen besitzt der Hamburger Hafen für alle wichtigen Handelsgüter besondere Hafenbecken und Verladeeinrichtungen.

Der Wettbewerb mit anderen Häfen erfordert den weiteren Ausbau der Hafenanlagen und der Verkehrswege, wie beispielsweise das Großterminal in Altenwerder und die Verbreiterung der Fahrrinne in der Elbe.

AUFGABEN

1. Beschreibe den Hamburger Hafen anhand des Schrägluftbildes (M 6). Ordne nach Vordergrund, Mitte und Hintergrund.
2. Vergleiche das Schrägluftbild (M 6) mit der Atlaskarte vom Hamburger Hafen. a) Verfolge auf dem Schrägluftbild den Verlauf der Süderelbe und der Norderelbe. b) Suche die Binnenalster, die Außenalster, das Hafenerweiterungsgebiet und Wilhelmsburg. c) Ordne M 3 bis M 5 in das Hafengelände ein.
3. Erläutere unterschiedliche Arten des Güterumschlags im Hamburger Hafen. Beachte die Hafenflächen (M 2) sowie den Ablauf des Umschlags und die Güter (M 8).
4. Prüfe, welche Industrien sich im Hamburger Hafen angesiedelt haben (Atlaskarte). Überlege, wodurch dies begründet sein wird. Erfasse die Wirtschaftsbereiche in einer Tabelle.
5. Vergleiche die größten deutschen Seehäfen miteinander (M 7, Atlaskarte). Beachte dabei auch ihre Lage am Meer und zum Hinterland.
6. Ein Binnenschiff soll Maschinenteile aus der tschechischen Stadt Aussig (Usti) zum Hamburger Hafen befördern. a) Verfolge die Fahrtroute auf der Atlaskarte und ermittle deren Länge. b) Wie lange benötigt das Schiff für diese Strecke, wenn es in einer Stunde 10 km zurücklegt? c) In welchem Hafenteil wird es seine Ladung löschen (Text Seite 62, M 8, M 6)?
7. Zeichne nach einer Atlaskarte den Verkehrsstern von Hamburg. Unterscheide Wasserstraßen, Eisenbahnlinien und Autobahnen.

Eis prägte das Norddeutsche Tiefland

M 1 *Mit dem Fahrrad unterwegs.*
Über Pfingsten radeln wir mit unserer Geografielehrerin Frau Ernst von Ueckermünde nach Bad Düben. Einige sagen, das wäre nicht anstrengend. Andere behaupten, dass es auch Berge gäbe. Wer wird wohl recht haben?

Auf nahezu ebenen Wegen durch die Kiefernwälder der Ueckermünder Heide kommen wir flott voran. Bald dehnt sich vor uns die Friedländer Große Wiese aus. Frau Ernst meint, dass wir hier im Urstromtal sind.
Am nächsten Tag wird es mühsam. Bergauf und bergab quälen wir uns durch die bucklige Landschaft der Uckermark. Nicht einmal Wälder gibt es hier, nur Ackerland und Dörfer. Vom Helpter Berg hätten wir eine tolle Aussicht, meint Frau Ernst. Und wenn wir die kuppige Grundmoränenlandschaft hinter uns gebracht haben, hätten wir Gelegenheit, in Seen zu baden und durch schattige Buchenwälder im Naturpark Feldberger Seenlandschaft zu radeln.
Abends in der Jugendherberge wollen wir wissen, ob denn das Auf und Ab so weiter ginge. Frau Ernst kann uns trösten. Nach den Hügeln der Endmoränenlandschaft kämen wir in die flachen Gebiete des Sanders.
Außerdem ginge es zum Eberswalder Urstromtal um fast 100 m abwärts, aber ganz allmählich und immer auf sandigen Wegen durch Kiefernwälder.
Von Oranienburg bis Wittenberg fahren wir mit dem Zug. In breiten Tälern gibt es Moore. Sie werden Luch oder Bruch genannt. Frau Ernst macht uns auf die Platten mit Ackerbau aufmerksam, die wie Inseln aus der Umgebung ragen. Im Fläming sieht die Landschaft wie nördlich von Berlin aus. Allerdings fehlen die Seen. Die anschließende Radpartie durch die Dübener Heide nutzt unsere Lehrerin um zu prüfen, wer von uns die Abfolge der Landschaften im Norddeutschen Tiefland begriffen hat.
Der Lutherstein liegt jedenfalls in einer Endmoräne.

M 2 Die Sage vom Lutherstein.
Im April 1521 brach MARTIN LUTHER von Wittenberg zum Reichstag nach Worms auf. Der Sage zufolge wollte der Teufel die Reise verhindern. An einem Berg konnten die Pferde den Wagen nicht mehr ziehen. MARTIN LUTHER lief bis zur Anhöhe. Dort musste er ein Steinchen aus dem Schuh entfernen. Er warf den kleinen Stein von sich. Alle Mitreisenden konnten sehen, wie er zu einem großen Brocken heranwuchs. Soweit die Sage; aber wie kam der Findling tatsächlich in die Dübener Heide?

Lutherstein in der Dübener Heide

M 3 Friedländer Große Wiese (Urstromtal)

M 4 In der Uckermark (Grundmoräne)

Eis prägte das Norddeutsche Tiefland 65

M 5 Endmoränenlandschaft östlich von Neubrandenburg

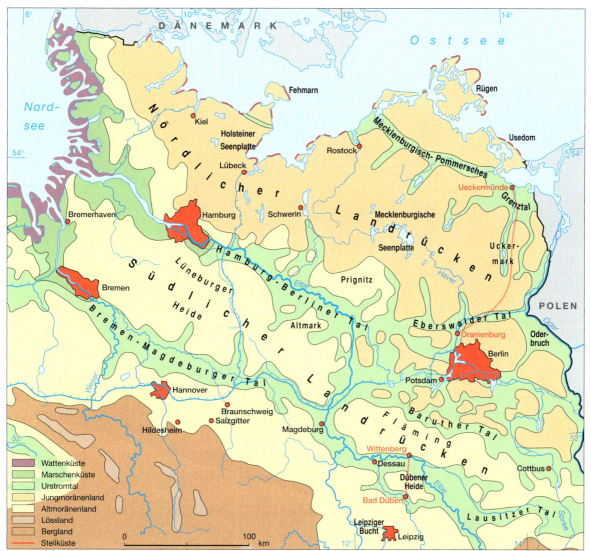

M 6 Landschaften im Norddeutschen Tiefland (Die punktierte Linie zeigt den Verlauf der Radtour.)

Im Norddeutschen Tiefland

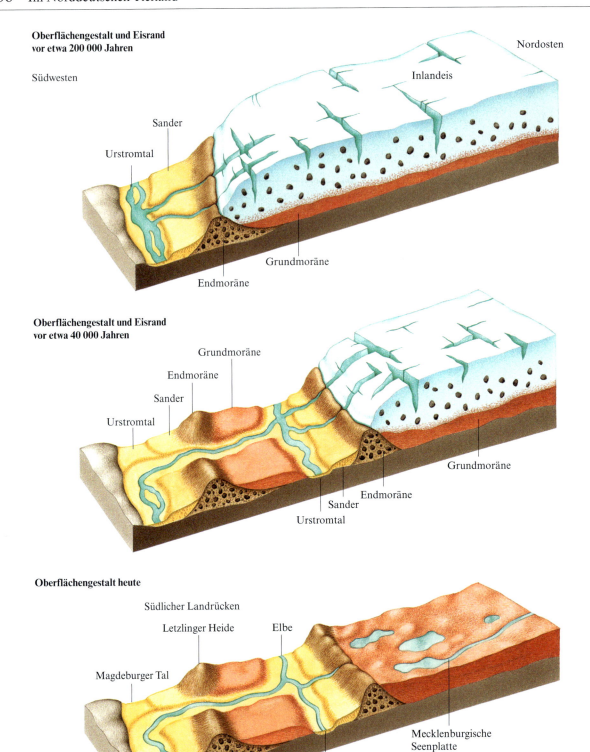

M 7 Entstehung der Oberflächenformen im Eiszeitalter

Das Eiszeitalter. Nicht immer waren in Deutschland die Sommer so warm und die Winter so mild wie heute. Seit zwei Millionen Jahren gab es Zeiten, in denen die mittleren Jahrestemperaturen in Europa um mehr als 10 °C tiefer lagen. Diese Abschnitte nennen wir Kaltzeiten.

In Nordeuropa fiel während einer Kaltzeit viel Schnee. Weil der Schnee auch im Sommer nicht abtaute, wuchs die Schneedecke immer höher an. Unter dem Druck der Schneemassen entstand ein riesiger Gletscher, das *Inlandeis* (↑).

Mehrmals wechselten Kaltzeiten und Zeiten mit höheren Temperaturen, so genannte Warmzeiten, einander ab.
In den Kaltzeiten war das Inlandeis über Nordeuropa bis zu 3000 m dick. Von diesem Eispanzer floss langsam Eis ab und bedeckte Norddeutschland.
In den Warmzeiten waren die Temperaturen etwa wie heute. Dann war Norddeutschland wieder eisfrei.

Die Arbeit des Eises. Die abwechslungsreichen Landschaften im Norddeutschen Tiefland sind ein Ergebnis des Eiszeitalters.
Das Inlandeis hat nicht nur tonnenschwere Gesteinsblöcke, die Findlinge, hinterlassen. Es hat auch die bis zu 60 m dicken Schuttmassen aus Kies, Sand und Lehm aufgeschüttet.
Der vorrückende Eispanzer brach auf seiner Unterseite in Nordeuropa tonnenweise Gestein heraus. Das Gestein wurde zerstoßen und zerrieben. Im Eis eingefroren, wurde der Schutt wie auf einem Förderband in das Norddeutsche Tiefland verfrachtet.
Vor dem Rand des Eises wurden die Hügelreihen der *Endmoränen* (↑) aufgeschüttet. Mit dem Beginn der Warmzeiten schmolz das Eis ab. Lehm und Steine blieben als *Grundmoräne* (↑) liegen. In Mulden sammelte sich Wasser. So entstanden die Seen. Schmelzwasser des Eises haben Kies und Sand vor der Endmoräne als *Sander* (↑) verteilt. In den *Urstromtälern* (↑) floss das Schmelzwasser in Richtung Nordsee ab.

Nordeuropa war während der Kaltzeiten das Ausräumungsgebiet, in dem das Eis Gesteinsmaterial abtrug. Norddeutschland hingegen war das Aufschüttungsgebiet, in dem das vom Eis mitgeführte Material abgelagert wurde.

Mammut aus dem Eiszeitalter

M 8 Die Nutzung der Landschaften.
Landwirt Ludwig Horn bewirtschaftet einen Hof in der Grundmoränenlandschaft der Uckermark. Seine Felder haben Lehmböden. Deshalb baut er
5 überwiegend Zuckerrüben und Weizen an. Beide Kulturen bringen auf dem fruchtbaren Boden gute Erträge.
Die Zuckerrüben verkauft Ludwig Horn an die Zuckerfabrik in Anklam. Den
10 Weizen liefert er an einen Mühlenbetrieb. In der Urstromtallandschaft der Ueckermünder Heide gehören Ludwig Horn mehrere feuchte Wiesen und etwas Kiefernwald. Sie sind über 20 km von
15 seinem Hof entfernt. Deshalb hat er die Wiesen an eine Agrargenossenschaft verpachtet. Sie betreibt dort Weidewirtschaft. Die Milch kommt zur Großmolkerei in Pasewalk.

20 Landwirt Heinrich Meyer hat seinen Hof am Südrand der Endmoränen bei Lychen. Er baut vorwiegend Kartoffeln an, die auf den sandigen Böden am besten gedeihen. Auf den Sanderflächen
25 im Süden bewirtschaftet er noch einige Hektar Kiefernwald.

AUFGABEN

1. Suche den Verlauf der Radtour (Text S. 64, M 6 auf Seite 65) auf einer physischen Deutschlandkarte im Atlas.
2. Informiere dich im Kapitel „Schlag nach" über die Begriffe Grundmoräne, Endmoräne, Sander und Urstromtal.
3. Beschreibe die Merkmale des Urstromtals am Beispiel der Friedländer Große Wiese (M 3, Atlaskarte).
4. Nenne Merkmale der Landschaften in den Gebieten von Grundmoräne und Endmoräne (M 4, M 5).
5. Ordne die Landschaften (M 3 bis M 5) der Karte (M 6) zu und erkläre die Entstehung von Grundmoräne, Endmoräne, Sander und Urstromtal.
6. Unterscheide anhand der Karte (M 6) den Nördlichen und den Südlichen Landrücken voneinander. Beschreibe, durch welche Landschaften sie getrennt sind.
7. Erläutere die unterschiedliche landwirtschaftliche Nutzung der Landschaften in Norddeutschland (M 8).

Zuckerrüben und Weizen in der Börde

M 1 In der Magdeburger Börde

Sylvia besucht Onkel Franz in Wanzleben. Auf dem Ortseingangsschild liest sie den Namen „Bördekreis".
Onkel Franz klärt sie auf: „Wir haben hier die besten Ackerböden Deutschlands. Sie ‚tragen viel Frucht'. Tragen heißt im Niederdeutschen ‚bören'."
„Und warum gibt es in der *Börde* (↑) keinen Wald wie bei uns in der Ueckermünder Heide?", will Sylvia wissen.
„Das liegt eben an der Fruchtbarkeit der Schwarzerde. Schon vor 2000 Jahren gab es hier Bauerndörfer. Unsere Vorfahren haben den Wald gerodet. Sie wollten hier *Ackerbau* (↑) treiben", lautet die Antwort.

Die Magdeburger Börde ist das größte Zuckerrübenanbaugebiet in Deutschland. Im Spätherbst beginnt hier die Zuckerrübenernte. Vom frühen Morgen bis zum späten Abend wird auf den riesigen Feldern gearbeitet. Das trockene Wetter muss genutzt werden. Bei Regen wird der *Boden* (↑) klebrig und zäh, und die Arbeit wird zur Qual. Autofahrer müssen dann wegen erhöhter Rutschgefahr vorsichtig fahren.
Wenn Nachtfröste einsetzen und der Boden gefriert, brechen die Spitzen der Rüben beim Herausziehen leicht ab. Sie enthalten aber den meisten Zucker. Die Zuckerrübenbauern verfolgen deshalb aufmerksam den Wetterbericht.
Lastwagen und Zugmaschinen mit Hängern fahren die Rüben vom Acker direkt zur Zuckerfabrik. Dann kommt es nicht selten zum Stau auf den Straßen.

M 2 Wie die Schwarzerde entstand.
1 Während der Kaltzeiten des Eiszeitalters wehte der Wind Ton- und Kalkteilchen aus den Moränengebieten weg. Diese feinen Staubteile lagerten sich in einer
5 dicken Schicht am nördlichen Rande des Mittelgebirgslandes als Lössboden ab. Er ist bis zu 3 m mächtig.
In einem späteren Zeitraum, als das Klima warm genug war, wuchs auf dem frucht-
10 baren Lössboden ein üppiger dichter Wald. Das Wurzelgeflecht der Bäume und die großen Mengen Falllaub führten unter den günstigen klimatischen Bedingungen dazu, dass sich viel Humus bilden konnte.
15 Humus besteht aus abgestorbenen Pflanzenteilen und kleinsten Lebewesen. Er hat eine schwarze Farbe. Deshalb wird dieser humusreiche Boden, der auf Löss entstanden ist, als Schwarzerde bezeichnet.
20 Schwarzerde ist sehr fruchtbar.

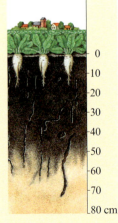

Bodenprofil der Schwarzerde

Zuckerrüben und Weizen in der Börde 69

M 3 Anbaukalender eines Bördebauern

Fruchtwechsel in der Börde. Wenn der Landwirt auf einem Feld Jahr für Jahr die gleiche Frucht anbaut, gehen die Erträge allmählich zurück. Dem Boden werden immer wieder die gleichen Pflanzennährstoffe entzogen. Auch die fruchtbare Schwarzerde wird ausgelaugt. Der Landwirt kann den Ertrag durch ausreichende Düngung und durch eine geeignete Fruchtfolge sichern.

Die Rübenkampagne. In den Herbstferien hätte Sylvia ihren Onkel in Wanzleben nicht besuchen können. Der arbeitet nämlich zur Erntezeit in der Zuckerfabrik abwechselnd zur Früh-, Abend- oder Nachtschicht. Zuckerrüben müssen so schnell wie möglich verarbeitet werden, da bei längerer Lagerung der Zuckergehalt schnell zurückgeht.
Die Zuckerfabriken können nicht alle Rüben auf einmal abnehmen. Deshalb wird die Ernte auf 2 bis 3 Monate verteilt. So lange dauert die Rübenkampagne.

Gefahren für Boden und Lebewesen. Kostengünstig ist die Arbeit mit großen Maschinen auf großen Feldern. Deshalb wurden in der Vergangenheit Feldraine und Gebüsch beseitigt. Viele Tiere verloren dadurch ihren Lebensraum. Pflanzenschädlinge wurden mit chemischen Mitteln bekämpft. Regen spülte den Boden weg, Stürme wehten den Humus aus, Chemikalien gelangten ins Grundwasser. Heute werden wieder Büsche und Bäume angepflanzt. Mit Chemikalien wird sorgsamer umgegangen.

M 4 Zuckerrübenanbau von März bis November

AUFGABEN
1. Beschreibe die Landschaft der Magdeburger Börde (M 1). Beziehe das Gespräch zwischen Sylvia und ihrem Onkel ein.
2. Verfolge auf einer Atlaskarte den Gürtel der Börden am Nordrand der Mittelgebirge. Benenne die Börden.
3. Erkläre die Entstehung von Schwarzerde (M 2).
4. Stelle in einer Tabelle einen Arbeitskalender für die Feldarbeiten zusammen, die beim Zuckerrübenanbau im Laufe eines Jahres anfallen (Texte Seite 68/69 und M 4).
5. Mit dem Ackerbau hat der Mensch seit Jahrhunderten sehr stark in die Naturlandschaft der Börde eingegriffen. Stelle als Tabelle zusammen: a) Welche Voraussetzungen bietet die Börde für den Ackerbau? b) Durch welche Tätigkeiten des Menschen wurde die Natur geschädigt? c) Welche Schutzmaßnahmen sollte die Landwirtschaft heute beachten? (Texte Seite 68/69, M 1, M 3)

Berlin – die Hauptstadt Deutschlands

M 1 Berlin – Regierungsviertel im Schrägluftbild

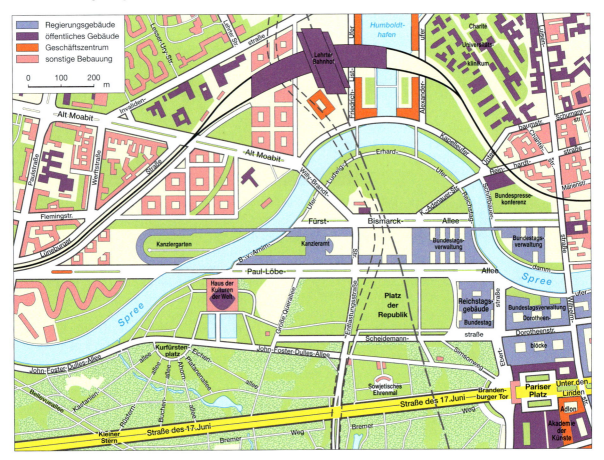

M 2 Berlin – Regierungsviertel im Stadtplan

Berlin – die Hauptstadt Deutschlands

„Berlins Schicksal ist es, immer zu werden und niemals vollendet zu sein. Auch zum Ausgang des 20. Jahrhunderts bewahrheitet sich dieser Satz."

Eberhard Diepgen, Regierender Bürgermeister von Berlin, 1995

22. Mai 1999. An diesem Tage ist das Grundgesetz der Bundesrepublik Deutschland 50 Jahre in Kraft. Es ist ein besonderer Tag für Deutschland, denn im Reichstagsgebäude in Berlin wird der neue Bundespräsident gewählt.
Berlin übernimmt wieder die Funktion der Hauptstadt Deutschlands (*Bundeshauptstadt* ↑). Nach Jahrzehnten der Teilung des Landes wird die Stadt zum politischen Zentrum der Bundesrepublik. Der Bundestag, die Bundesregierung und der Bundesrat nehmen ihre Arbeit in Berlin auf.

M 3 *Das Deutsche Reich wurde 1871 gegründet. Berlin wurde die Hauptstadt des Reiches. Die Abgeordneten des Parlaments wurden vom ganzen Volk gewählt. Das Reichstagsgebäude, in dem das Parlament arbeitete, entstand in den Jahren 1884–1894. Von 1933 bis 1999 tagte kein Parlament im Reichstagsgebäude. Erst nach der Wiedervereinigung wurde das Reichstagsgebäude im Mai 1999 wieder Sitz des deutschen Parlamentes (Bundestages).*

Berlin ist wieder Bahnstadt. Bis zum Zweiten Weltkrieg war die Viermillionenstadt einer der größten Eisenbahnknoten der Welt. Auf acht Fernbahnhöfen trafen täglich rund 200 Züge aus allen Himmelsrichtungen ein. Kriegszerstörungen und die Teilung Deutschlands brachten auch dem Eisenbahnverkehr große Rückschläge.
Nach der Wiedervereinigung Deutschlands wurden innerhalb von 10 Jahren das Schienennetz und wichtige Bahnhöfe Berlins modernisiert. Der Lehrter Bahnhof, in unmittelbarer Nähe des Regierungsviertels gelegen, wird zu einem Kreuzungspunkt im europäischen Schnellbahnverkehr.

Wappen Berlins

M 5 Möglicher Bericht eines Reisenden im Jahre 2010
Ich befinde mich im Lehrter Bahnhof, einem Kreuzungspunkt des europäischen Fernbahnnetzes. Mein ICE kam vom Osten in diesem modernen Bahnhof an. In 10 Minuten werde ich nach München weiterfahren.
Jetzt trifft auch der ICE aus Hamburg ein. Tausende Menschen, so scheint es mir, umgeben mich. Ich fühle mich wie in einem Ameisenhaufen.
Täglich steigen hier etwa 240 000 Reisende ein, aus und um. Sie benutzen Fernzüge, die U-Bahn oder die S-Bahn. Der Verkehr wird auf fünf Ebenen abgewickelt.

M 4 Entwicklung der Einwohnerzahlen und der Fläche Berlins

Jahr	Einwohner	Fläche
1250	2 000	0,5 km²
1650	7 000	0,8 km²
1709	57 000	6,2 km²
1760	120 000	13 km²
1861	613 000	59 km²
1920	3 879 000	878 km²
1939	4 339 000	884 km²
1998	3 399 000	890 km²

Zum Vergleich: Einwohnerzahlen anderer europäischer Städte (1997)

Stadt	Einwohner
Hamburg	1 708 000
München	1 226 000
Paris	2 152 000
London	7 074 000

AUFGABEN

1. Beschreibe die Lage Berlins innerhalb Deutschlands. Vergleiche mit Hamburg, Frankfurt/M. und München.
2. Miss auf der Karte im Atlas die größten Ausdehnungen Berlins in West-Ost- und in Nord-Süd-Richtung. Vergleiche mit Entfernungen in deinem Heimatgebiet.
3. Zeichne einen Verkehrsstern von Berlin. Denke dabei auch an die Wasserstraßen.
4. Erkläre die Begriffe Reichstag, Bundestag, Reichstagsgebäude. Benutze dazu M 3 und ein Nachschlagewerk.
5. Das Regierungsviertel ist derzeit noch im Bau. M 1 zeigt den Stand vom Sommer 2000. Orientiere dich in Bild (M 1) und Plan (M 2). Suche: die Spree, das Kanzleramt, die Bundestagsverwaltung, die Willy-Brandt-Brücke, die Brücke an der Konrad-Adenauer-Straße. Als Orientierungshilfe wurden im Schrägluftbild das Haus der Kulturen der Welt und das Reichstagsgebäude benannt.

Vom Alexanderplatz zum Reichtagsgebäude. Zur Vorbereitung auf ihre Erkundungstour haben sich Lea und Aysche einen Plan von Berlins Innenstadt besorgt. Mit seiner Hilfe wollen sie Berlin anhand von Bauwerken näher kennenlernen. Begleiten wir sie.

Vom *Alexanderplatz* führt der Weg zum *Fernsehturm*. Mit 368 Meter Höhe ist er Berlins höchstes Bauwerk. Er wurde 1965 eingeweiht. Dicht daneben steht die *Marienkirche*. Ihr 90 Meter hoher Turm wirkt dagegen fast unscheinbar.

Von der Marienkirche aus sehen wir das *Rote Rathaus*. Es wird so genannt, weil es aus rotem Backstein errichtet wurde. Hier hat der Regierende Bürgermeister von Berlin seinen Amtssitz.

Zwischen Spree, Rathausstraße, Spandauer Straße und Mühlendamm befindet sich das *Nikolaiviertel* mit der *Nikolaikirche*. Es ist der älteste Teil Berlins.

Wir folgen beiden Kindern an der Spree entlang in nördliche Richtung und kommen zum *Berliner Dom* (1905 erbaut). Im Lustgarten sehen wir das *Alte Museum* und dahinter die *Museumsinsel*. Südlich vom Berliner Dom stand früher das Schloss. Lea hat davon gehört, dass es vielleicht wieder aufgebaut werden soll.

Nachdem wir die Schlossbrücke passiert haben, sind wir auf der Straße „Unter den Linden" angekommen. Dicht am Bebelplatz entdecken wir auf dem Mittelstreifen der Straße das *Standbild* FRIEDRICHS II., auch FRIEDRICH DER GROSSE genannt. Viele der umliegenden prächtigen Gebäude sind in seiner Regierungszeit errichtet worden, darunter die *Deutsche Staatsoper* und die *St. Hedwigskathedrale* am Bebelplatz.

Fernsehturm mit Marienkirche

Berliner Dom

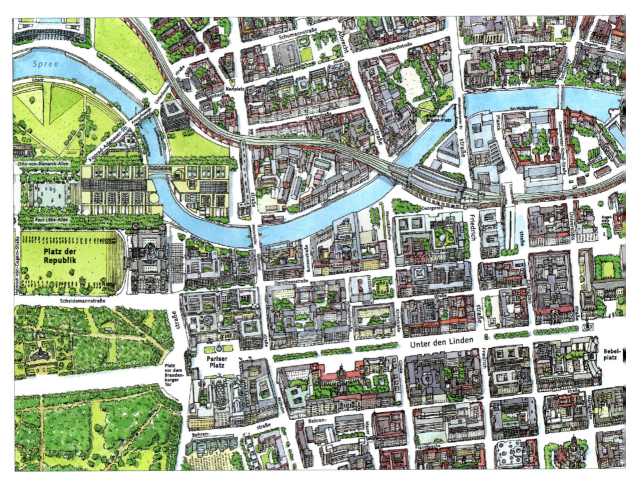

Berlin – die Hauptstadt Deutschlands 73

An der nördlichen Seite der Straße „Unter den Linden" stehen Gebäude der *Humboldt-Universität*.

Nun gehen wir auf dem Mittelstreifen der „Linden" entlang und queren die Friedrichstraße. Das ist eine Hauptgeschäftsstraße mit Hotels, Kaufhäusern und Gaststätten.

Bereits von Weitem sehen wir das *Brandenburger Tor*. Hier endet die Straße „Unter den Linden" und damit auch die historische Friedrichstadt. 1734 wurde hier der Pariser Platz angelegt.

Westlich des Brandenburger Tores breitet sich der Tiergarten aus. Das ist eine weiträumige Grünanlage mitten in der Stadt. Aber dicht vor uns steht das *Reichstagsgebäude*.

Lea und Aysche wollen anschließend noch das Reichstagsgebäude besichtigen. Vor allem interessiert sie ein Blick von der Kuppel auf Berlin.

AUFGABEN

1. Beim Besuch von Städten oder anderen touristischen Gebieten erhältst du als Informationsmaterial oft so genannte Bildpläne oder Bildkarten. M 6 zeigt einen Ausschnitt aus einem Bildplan von Berlin. a) Verfolge im Bildplan die Route, die Lea und Aysche gelaufen sind. b) Suche die im Text hervorgehobenen Bauwerke, Straßen und Plätze im Bildplan. c) Fertige eine Faustskizze (Seite 154/155) von der Route Alexanderplatz – Reichstagsgebäude an. Trage die genannten Objekte in die Faustskizze ein.
2. Vergleicht den Bildplan mit einem Stadtplan. Überlegt, was bei beiden Darstellungsarten gleich und was unterschiedlich ist. Erfasst die Ergebnisse in einer Tabelle.
3. Fertigt in Gruppenarbeit Plakate an, mit denen ihr für eine Reise nach Berlin werben wollt. Legt zu Beginn das Besuchsthema selbst fest. Bezieht auch eine Faustskizze (siehe Seite 154/155) in euer Material ein. Stellt eure Ergebnisse der Klasse vor.

Standbild FRIEDRICHS II.

Brandenburger Tor

Reichstagsgebäude

M 6 Die Innenstadt Berlins im Bildplan (Ausschnitt)

Die Niederrhein-Ruhr-Ballung

Rund 10 Millionen Menschen wohnen und arbeiten in der Niederrhein-Ruhr-Ballung, allein 6 Millionen im Ruhrgebiet. Was ist ein Ballungsgebiet und warum ist gerade im Ruhrgebiet ein solches Ballungsgebiet entstanden?

M 3 Entwicklung der Einwohnerzahl

Stadt	1820	1870	1910	1939	1958	1997
Dortmund	4 400	44 500	214 000	542 400	629 500	597 000
Essen	4 700	51 500	294 600	666 700	719 800	611 800
Herne	843	4 400	57 100	94 600	116 100	178 700

M 1 *Seit einer Stunde fährt der Intercityexpress 825 von Berlin nach Koblenz vorbei an Einfamilienhäusern, Reihenhäusern und dicht geschlossenen Häuserreihen, Hochhäusern und Einkaufszentren, an Hochöfen, Fördertürmen und Chemiefabriken, an alten Industriehallen und neuen Gewerbegebieten.*

Hamm, Dortmund, Bochum, Essen, Duisburg, Düsseldorf und schließlich Köln – eine Großstadt reiht sich an die nächste. Manchmal liegen Ackerflächen und Weideland mit Bauernhöfen, Gärtnereien oder kleine Waldstücke dazwischen.

Durch ein Gewirr von Verkehrswegen überquert der Zug mit Tempo 120 km/h Kanäle und unterfährt unzählige Straßenbrücken. Wir fahren durch das größte industrielle Ballungsgebiet Europas: die Niederrhein-Ruhr-Ballung.

M 4 Der Duisburger Hafen – Deutschlands größter Binnenhafen

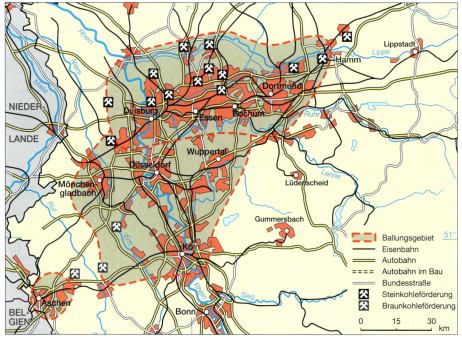

M 2 Die Niederrhein-Ruhr-Ballung

M 5 Mit dem ICE 825 von Hamm nach Köln

Hamm	9.19 Uhr
Dortmund	9.38 Uhr
Bochum	9.50 Uhr
Essen	10.01 Uhr
Duisburg	10.21 Uhr
Düsseldorf	10.35 Uhr
Köln	10.57 Uhr

Die Niederrhein-Ruhr-Ballung 75

Die Niederrhein-Ruhr-Ballung ist das älteste und seit mehr als 100 Jahren auch das flächengrößte und bedeutendste *Ballungsgebiet* (↑) in Deutschland. Es gliedert sich in das Ruhrgebiet und in das südlich davon gelegene Niederrheingebiet. Das Ruhrgebiet trägt seinen Namen, weil vor etwa 150 Jahren im Tal der Ruhr die Entwicklung dieses Ballungsgebietes begann.

Kohle – schwarzes Gold unter der Erde. Zu Beginn des 19. Jahrhunderts, als die Anbaumethoden in der Landwirtschaft modernisiert wurden, verloren Hunderttausende Landarbeiter und Kleinbauern ihre Arbeit. Mit ihren Familien zogen sie in die Regionen Deutschlands, in denen etwa um die gleiche Zeit neue Bergwerke und Fabriken entstanden. Dort suchten sie als Lohnarbeiter ein neues Auskommen. Viele zogen in das Gebiet der Ruhr, wo seit den 1830er Jahren *Steinkohlenbergwerke* mit einem großen Bedarf an Arbeitskräften entstanden waren. Um die Kohlenbergwerke herum siedelten sich schon bald weitere Fabrikanlagen an. Denn deren Maschinen wurden damals mit Dampf betrieben, und dafür brauchte man große Mengen Kohle. Es war die Zeit der beginnenden *Industrialisierung*.

Bis 1870 konnte der Bedarf von rund 50 000 benötigten Arbeitskräften aus Westfalen, Hessen und dem Rheinland gedeckt werden. Zwischen 1870 und 1914 kamen etwa eine halbe Million Zuwanderer aus Schlesien und Polen in das Ruhrgebiet. Nach 1955 wurden die benötigten Arbeitskräfte aus Südeuropa und der Türkei angeworben.

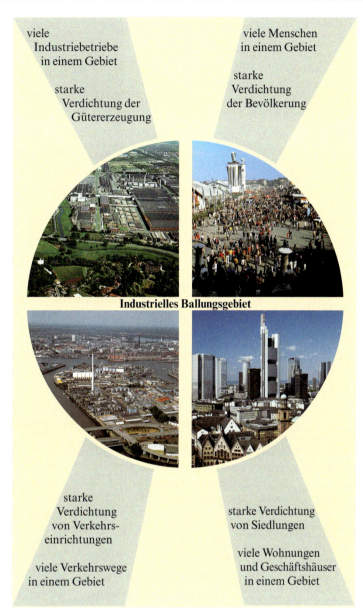

M 7 Merkmale eines industriellen Ballungsgebietes

M 6 Von je 1000 Einwohnern des Ruhrgebiets waren um 1910 geboren in:

Von je 1 000 Einwohnern waren geboren in:
- Schlesien/Ostdeutschland 380
- Berlin/Brandenburg 30
- Süddeutschland 80
- Mitteldeutschland 100
- Ruhrgebiet 120
- Hessen/Rheinland 110
- Polen und anderes Ausland 180

AUFGABEN

1. Verfolge auf der Karte die Fahrt des Intercity (M 1, M 2, M 5).
2. Stelle die Nord-Süd- und die West-Ost-Ausdehnung der Niederrhein-Ruhr-Ballung fest (M 2). Vergleiche nun in einem Atlas mit der Ausdehnung (Fläche) deines Heimatraumes.
3. Betrachte das Schrägluftbild (M 4) und schildere deinen Eindruck von diesem Teil des Stadtgebiets von Duisburg.
4. Erkläre mit M 1, M 3 und M 7, warum für die Niederrhein-Ruhr-Ballung die Merkmale eines Ballungsgebiets zutreffen.
5. Das Ruhrgebiet galt früher als ein „Schmelztiegel" verschiedener Volksgruppen. Erkläre diese Bezeichnung (M 6).

Steinkohlenbergbau im Ruhrgebiet. Das Ruhrgebiet verrät seinen Reichtum an Steinkohle nicht auf den ersten Blick. Nicht ahnen kann der Auswärtige, dass sich „unter Tage" industrielle Anlagen befinden, die in ihren Ausmaßen selbst die größten Industriebetriebe übertreffen. Technologisch steht der Bergbau im Ruhrgebiet heute weltweit an der Spitze.

Zum Steinkohlenbergwerk (*Tiefbau* ↑) gehören über Tage Fördertürme, Schachtgebäude, Grubenlüfter, Aufbereitungsanlagen. Unter Tage führen senkrechte Förderschächte in die Welt des Bergmanns.

Förderschächte haben einen Durchmesser von 6 bis 8 m. Sie nehmen Fördereinrichtungen für Menschen, Material und Kohle auf, Zu- und Ableitungen für Strom, Druckluft, Wasser, Telefon. Sie besorgen die Frischluftzufuhr, die Bewetterung.

Im Ruhrgebiet erreichen die Schächte eine Tiefe von 600 m bis zu mehr als 1300 m unter der Erdoberfläche. Ein Grubenfeld ist so groß, dass viele Bergleute vom Schacht bis zur Arbeit vor Ort am Kohlestreb bis zu 45 Minuten mit dem Zug, der Einschienenhängebahn oder dem Sessellift unterwegs sind.

M 2 Mit dem Walzenschrämlader wird die Kohle herausgebrochen

M 1 Grubenfahrt
1 Der Förderkorb rast mit 8 Metern in der Sekunde abwärts. Lichter huschen von Zeit zu Zeit vorbei: 1., 2. Sohle. Plötzlich ein starkes Vermindern des Tempos, ein
5 Ruck – wir stehen! 3. Sohle, 900 Meter tief. Benommen steigen wir aus.
Der Lärm von Kohlezügen, von elektrischen Lokomotiven gezogen, empfängt uns. Sie kommen von den kilometerweit
10 entfernt liegenden Abbaustreben. Dort fräsen wenige Bergleute mit dem Walzenschrämlader die Steinkohle aus dem knapp 2 Meter mächtigen Kohleflöz.
Die Arbeit hat es in sich. Lufttempe-
15 raturen, die häufig über 26 °C liegen, Staub und das knirschende Geräusch der Maschine, das ist nicht jedermanns Sache. Neben dem Bergmann arbeiten vor allem Elektromechaniker, Ingeni-
20 eure und Schlosser unter Tage.

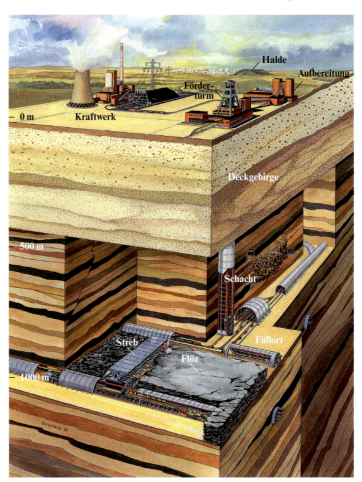

M 3 Schnitt durch ein Steinkohlenbergwerk

Die Niederrhein-Ruhr-Ballung 77

Eisen schaffende Industrie. Grundlage für das Entstehen der Industrie im Ruhrgebiet waren der Steinkohlenbergbau und die Eisenverarbeitung. Vor 150 Jahren wurde auch im benachbarten Sauerland Eisenerz gefördert. Doch bald wurde das Erz im Ausland eingekauft, da die eigenen Vorräte erschöpft waren.

Der zum Ausschmelzen des Eisens aus dem Erz notwendige Koks wird in der Kokerei aus Steinkohle gewonnen. Der *Hochofen* wird mit Koks, Erz (metallhaltiges Gestein) und Kalk als Zuschlag gefüllt und angeblasen. Nun bleibt er bei einer Temperatur von über 1500 °C etwa zehn Jahre lang ununterbrochen in Betrieb. Das Roheisen ist schwer und sinkt im Ofen nach unten. Die Schlacke (der nicht eisenhaltige Teil des Erzes) schwimmt auf dem flüssigen Eisen. Alle vier bis sechs Stunden hat sich unten im Ofen genügend Roheisen angesammelt. Der Abstich erfolgt. Aus der angebohrten Öffnung fließt das weiß glühende Eisen in große Kübel eines Wagens.

Im *Stahlwerk* wird das Roheisen veredelt. Andere Metalle wie Mangan, Nickel oder Chrom – die Stahlveredler – werden zugemischt. Das Gemisch wird in einen Stahlofen, den Konverter, geschüttet und unter Durchblasen von Luft „gekocht". In der nebenanstehenden Gießerei wird der 1600 °C heiße flüssige Stahl zu Blöcken gegossen.

Die noch glühenden Stahlblöcke kommen in das *Walzwerk*. Kräne tragen die Blöcke auf die Rollen der Walzstraßen. Mit großer Genauigkeit bewegen und pressen Walzmaschinen die tonnenschweren Blöcke. Dabei werden sie immer dünner und länger. Die letzten Walzen geben ihnen die endgültige Form. Es gibt mehr als 1000 unterschiedliche Profile.

Diese Halbfertigwaren der Eisen schaffenden Industrie werden z. B. im Stahlbau, im Maschinen-, Fahrzeug- und Schiffbau sowie anderen Zweigen der Eisen verarbeitenden Industrie zu Fertigwaren verarbeitet.

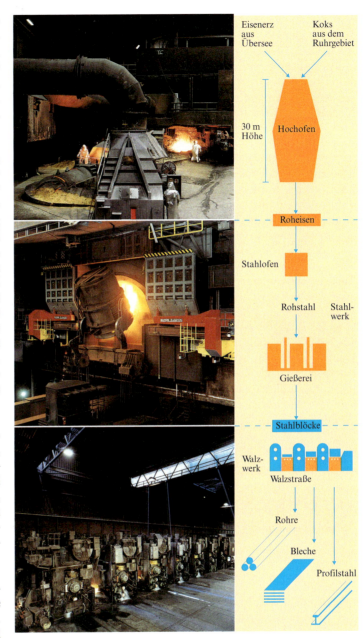

M 4 Die Arbeitsschritte vom Eisenerz zum fertigen Stahlerzeugnis

AUFGABEN
1. Beschreibe den Weg der Bergleute zu ihren Arbeitsplätzen im Abbaustreben (M 1, M 3).
2. Schreibe einen Bericht: „Ein Arbeitstag im Kohlenbergwerk".
3. Trotz des sehr langen Transportweges ist der Einkauf von Eisenerzen aus Südamerika billiger als der von Eisenerz aus Europa. Überlege, welche Gründe das haben könnte.
4. Erläutere die Stationen der Herstellung von Stahlrohren, Blechen und Profilstahl (M 4).

Auf- und Abstieg des Ruhrbergbaus.

Der Steinkohlentiefbau im Ruhrtal begann um 1830; der erste Hochofen wurde 1848 in Mülheim an der Ruhr angeblasen. Mit dem Aufschwung der Eisenbahn, der Gründung weiterer Großbetriebe der Eisen schaffenden Industrie sowie der Entwicklung ganz neuer Industriezweige stieg der Bedarf an Kohle und die Zahl der Steinkohlenbergwerke ständig weiter. Mit dem steigenden Bedarf an Steinkohle wanderte der Kohlebergbau entlang der unterirdischen Flöze immer weiter nach Norden. In mehr als 150 Jahren durchzog er fast das gesamte Ruhrgebiet von Süd nach Nord. Die heutigen Abbaugebiete liegen überwiegend zwischen den Flüssen Emscher und Lippe.

Der Höhepunkt des Steinkohlenbergbaus im Ruhrgebiet war 1957 erreicht. Seither hat die Kohle mehr und mehr von ihrer früheren Bedeutung verloren. Energieträger wie Heizöl, Erdgas und Uran übernahmen die Führung bei der Energieversorgung. Außerdem wurde Steinkohle aus anderen Ländern eingeführt, die trotz längerer Transportwege billiger ist als Ruhrkohle. Die Folge war das zahlreiche Bergwerke geschlossen wurden.

M 2 *Volkssport Fußball.*
Der Fußballsport wird im Ruhrgebiet groß geschrieben. Im Schatten der Fördertürme und Schornsteine wurde er zur beliebtesten Sportart. Jeweils bis zum Mittwoch lieferte er Gesprächsstoff über das vergangene, ab Donnerstag über das bevorstehende Spiel. Diese enge Verbindung zwischen Fußball und dem Bergbau zeigt sich auch beim FC Schalke 04, der 1904 im Gelsenkirchener Arbeitervorort Schalke gegründet wurde. Die Spieler wurden „Knappen" (junge Bergmänner) genannt und das Vereinsstadion heißt bis heute „Glück-auf-Kampfbahn". Immer wieder ist das „Revierderby" zwischen Borussia Dortmund und dem FC Schalke 04 für die Fans ein Großereignis.

M 3 Steinkohlenbergbau im Ruhrgebiet

Jahr	Förderung (in 1000 t)	Beschäftigte unter Tage	Anzahl der Bergwerke
1830	570	4 460	172
1850	1 960	12 250	198
1870	11 600	50 500	215
1890	35 500	127 550	175
1920	88 100	474 000	196
1950	103 330	433 350	143
1970	91 070	198 950	56
1998	32 420	71 842	11
2002	31 140	54 400	11

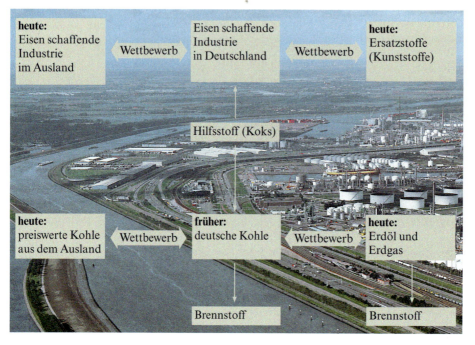

M 1 Ursachen für den Rückgang des Steinkohlenbergbaus und der Eisen schaffenden Industrie in Deutschland

Menschen verändern das Ruhrgebiet. Mit dem Niedergang des Bergbaus stand der Wirtschaftsraum Ruhrgebiet vor einer gewaltigen Aufgabe: Die Menschen brauchten neue Arbeitsplätze. Das Land Nordrhein-Westfalen, die Bundesregierung, die Unternehmen und die Gewerkschaften entwickelten Pläne zur Modernisierung des Gebietes. Mithilfe von Fördergeldern wurden neue Betriebe gegründet oder aus dem In- und Ausland angesiedelt und dadurch zukunftsfähige Arbeitsplätze geschaffen. Diesen grundlegenden Wandel einer Wirtschaftsregion nennt man Strukturwandel.

M 4 *Veränderungen im Ruhrgebiet.*
1. Ansiedlung neuer und zukunftsfähiger Industrien: Seit der Kohlekrise entstanden viele hundert neue Betriebe der Elektrotechnik, des Maschinenbaus, der Feinmechanik, der Computertechnik, der Bekleidungs- und Nahrungsmittelindustrie, aber auch chemische Werke und Kunststofffabriken.
Die zum Zeitpunkt der Gründung weltweit modernste und europaweit größte Solarzellenfabrik wurde 1999 in Gelsenkirchen eröffnet. Der größte neu gegründete Betrieb ist heute das Opelwerk in Bochum mit rund 18 000 Beschäftigten.
2. Ausbau der Bildungseinrichtungen und Förderung der Forschung: Mit 6 Universitäten, 6 Fachhochschulen und 50 Forschungsinstituten hat das Ruhrgebiet inzwischen in Europa eine Spitzenstellung eingenommen. In der Nähe zu den Hochschulen gründete man Technologiezentren mit Hightechfirmen.
Inzwischen arbeiten mehr als die Hälfte aller Arbeitnehmer im Ruhrgebiet in Dienstleistungsberufen.
3. Erneuerung der Städte und Gründung von Revierparks: Mit staatlicher Unterstützung wurden Häuser modernisiert, die Innenstädte mit Grünanlagen und Fußgängerzonen bewohnerfreundlicher gestaltet. Die Ausstattung mit kulturellen Einrichtungen konnte verbessert werden.
Revierparks sind große Freizeitanlagen mit Sport- und Spielflächen. Erlebnisbäder und andere Sport- und Freizeiteinrichtungen ergänzen das Angebot.

M 5 Opelwerk in Bochum

M 6 Ruhruniversität Bochum

M 7 Freizeitpark im Ruhrgebiet

AUFGABEN
1. Beschreibe den Aufstieg und Niedergang des Steinkohlenbergbaus im Ruhrgebiet mit eigenen Worten. Verwende auch die Tabelle (M 3).
2. Erläutere Ursachen des Rückgangs des Steinkohlenbergbaus sowie der Eisen schaffenden Industrie in Deutschland (M 1).
3. Beschreibe den Wandel im Ruhrgebiet. Berücksichtige dabei die abgebildeten und beschriebenen Veränderungen (M 4 bis M 7).
4. Erkläre die Bezeichnung „Strukturwandel".

Zusammenfassung

Die Nordseeküste ist durch Watt, Marsch, Düneninseln, trichterförmige Flussmündungen und Buchten gekennzeichnet. Die Ostseeküste ist durch Förden, Buchten und Bodden sowie Halbinseln und Inseln gegliedert.

Die Nordsee ist ein Randmeer des Atlantischen Ozeans; die Ostsee ist dagegen ein Binnenmeer.

Das Norddeutsche Tiefland wird von den eiszeitlichen Oberflächenformen Grundmoräne, Endmoräne, Sander, Urstromtal geprägt. Der Nördliche und der Südliche Landrücken durchziehen das Tiefland in Richtung Nordwest-Südost.

Mit der Niederrheinischen Bucht, der Westfälischen Bucht und der Leipziger Bucht greift das Tiefland weit nach Süden in das Mittelgebirgsland ein. Die Börden mit Lössböden sind die fruchtbarsten Ackerbaugebiete Deutschlands.

Berlin ist die Hauptstadt Deutschlands. Sie hat 3,4 Millionen Einwohner und ist ein wichtiger Verkehrsknotenpunkt in Nordostdeutschland.

Die Niederrhein-Ruhr-Ballung ist das größte Industriegebiet Deutschlands. Während früher Bergbau und Hüttenindustrie Hauptproduzenten waren, sind es heute zunehmend die Hightechindustrie und der Dienstleistungsbereich.

AUFGABEN

1. Die nebenstehende Grafik zeigt einen Vorgang an der Nordseeküste. Erläutere ihn.
2. Bereitet in Gruppenarbeit eine Fahrt nach Norddeutschland vor: a) Festlegen einer Reiseroute mit unterschiedlichen Verkehrsmitteln, b) Schreiben von Handzetteln über die Route und die einzelnen Station.
3. Die Bilder 1 bis 3 wurden im Norddeutschen Tiefland aufgenommen. Was kannst du deinen Mitschülern darüber berichten?

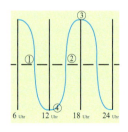

Unser Land Mecklenburg-Vorpommern

Wir orientieren uns

M 1 Der Rügendamm verbindet die Insel Rügen mit dem Festland.

M 2 Wir orientieren uns im Land Mecklenburg-Vorpommern

Suche die richtigen Namen für die Objekte, die in der Karte mit Buchstaben und Zahlen benannt sind. Lege dazu eine Tabelle in deinem Arbeitsheft an. Nutze als Orientierungshilfe die Atlaskarte.
Wo müsstest du in der Karte den Rügendamm finden?

Mecklenburg-Vorpommern – Reise- und Urlaubsziel

As uns' Herrgott de Welt erschaffen ded, fung hei bi Meckelnborg an, un tworsten von de Ostseesid her, un makte dat eigenhändig farig.

Fritz Reuter 1810–1874

Der Schriftsteller EHM WELK schreibt in seinem Roman „Die Heiden von Kummerow": „Ein alter, von Büchern gestützter Glaube besagt, das irdische Paradies habe in Vorpommern gelegen."

Eine Landschaft stellt sich vor. Mecklenburg und Vorpommern bilden zusammen das nordöstlichste der 16 deutschen Bundesländer. Die Hafenstädte Mecklenburg-Vorpommerns waren schon immer eine Art „Brücke" zu den Ländern Nordeuropas und zu den Ostseeländern in Osteuropa.

Betrachtet man die Flächengröße unseres Landes, so stehen wir an sechster Stelle unter den 16 Bundesländern; bei der Zahl der Einwohner nur an 15. Stelle. Daran kann man erkennen, dass Mecklenburg-Vorpommern nicht so stark besiedelt ist wie andere Bundesländer und einen mehr ländlichen Charakter besitzt. Darin besteht ein besonderer Reiz unserer Landschaft: Die riesigen Ackerflächen, ausgedehnte Wälder, Hunderte von Seen, die vielgestaltige Küstenlandschaft, zahlreiche Inseln und Halbinseln machen Mecklenburg-Vorpommern zu einem beliebten Ferienziel.

Hinzu kommen prächtige alte Schlösser und Herrenhäuser, zahlreiche gotische Backsteinkirchen mit ihren oft himmelhohen Kirchtürmen, die reich geschmückten alte Bürger- und Rathäuser der alten Hansestädte Wismar, Rostock, Stralsund und Greifswald sowie die lebendigen Seebäder an der Ostsee.

Die Mehrzahl der Menschen in Mecklenburg-Vorpommern lebt von der Landwirtschaft. Auch der Tourismus spielt eine immer größer werdende Rolle. Die Zahl der Industriebetriebe – meist in den Ostseestädten Rostock, Wismar und Greifswald angesiedelt – ist dagegen gering.

M 1 Das Stargarder Tor in Neubrandenburg

M 2 Waren an der Müritz

M 3 Am Strand von Rostock-Warnemünde

Mecklenburg-Vorpommern – Reise- und Urlaubsziel 83

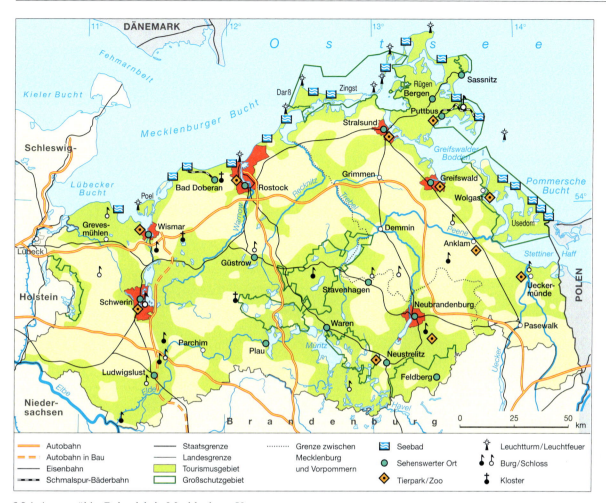

M 4 Ausgewählte Reiseziele in Mecklenburg-Vorpommern

M 5 Mecklenburg-Vorpommern – ein Reiseland

Touristische Hauptgebiete sind:
- die Ostseeküste mit Strand und Hinterland,
- die Seenplatten im Landesinneren,
- die bewaldeten Hügellandschaften und mit Wiesen bestandene Talungen.

Urlauber nach Reisegebieten (1999)

Reisegebiet	Urlauber	Aufenthaltsdauer (nach Tagen)
Rügen/Hiddensee	600000	5
Vorpommern	850000	4
Mecklenburgische Ostseeküste	820000	4
Westmecklenburg	320000	3
Mecklenburgische Schweiz und Seenplatte	500000	3

AUFGABEN

1. Beschreibe die Lage Mecklenburg-Vorpommerns auf der Deutschlandkarte und auf der Europakarte (Atlas).
2. Erläutere, ob die drei Bilder M 1 bis M 3 für Mecklenburg-Vorpommern typisch sind. Begründe deine Antwort.
3. Ordne die in den Bildern M 1 bis M 3 dargestellten Orte und Landschaften in die Karte Mecklenburg-Vorpommerns ein (M 4).
4. Mecklenburg-Vorpommern ist ein begehrtes Reise- und Urlaubsziel. Werte M 5 aus: a) Suche die genannten Reisegebiete auf einer Atlaskarte. b) Ordne die Reisegebiete nach der Anzahl der Urlauber. c) Versuche eine Erklärung für die Aufenthaltsdauer der Gäste in den Reisegebieten zu geben. d) Nenne weitere Reisegebiete in Mecklenburg-Vorpommern (M 4).
5. Entwerft ein Werbeplakat für Mecklenburg-Vorpommern. Wählt dafür Reiseziele und Produkte des Landes Mecklenburg-Vorpommern aus. Überlegt euch auch geeignete Werbesprüche.

Mecklenburg-Vorpommern früher und heute

Mecklenburg-Vorpommerns Landeswappen besteht aus einem viergeteilten Schild. Gleich zweimal trägt es den mecklenburgischen Stierkopf. Die Stierköpfe stehen für die früheren Herzogtümer Mecklenburg-Schwerin und Mecklenburg-Strelitz. Die beiden anderen Felder verweisen auf die jahrhundertelange Verbindung mit Pommern und mit Brandenburg. Sie zeigen den pommerschen Greif, das ist ein Fabeltier mit Adlerkopf und Löwenkörper, und den brandenburgischen Adler.

Slawen und deutsche Stämme siedeln sich an. Um 500 n. Chr. wurde das damals fast menschenleere Land von slawischen Stämmen besiedelt: den Obotriten im Nordwesten des heutigen Mecklenburg-Vorpommerns, den Liutizen im Süden und den Pomoranen im Osten. Die Slawen lebten hier als Bauern. Die große Burganlage (slawisch: Miklinborg) des Obotriten-Fürst NIKLOT gab dem Land *Mecklenburg* seinen Namen.

Im 10. Jahrhundert n. Chr. begannen die deutschen Stämme unter Führung der sächsischen Herzöge das Gebiet zu erobern. 1160 wurden der Obotritenfürst PRIBISLAW vollständig besiegt. Die slawischen Fürsten wurden zu Vasallen (= abhängige Fürsten) und ihr Gebiet wurde Teil des sächsischen Herrschaftsgebiets. In Mecklenburg wurde nun eine große Zahl deutsch-stämmiger Bauernfamilien aus dem Westen angesiedelt. Diese deutschen Neusiedler und die einheimischen Obotriten verschmolzen allmählich zum Stamm der Mecklenburger.

In heutigen *Pommern* lebte damals der slawische Stamm der Pomoranen. Herzog WRATISLAW, dessen Wappentier der Greif war, rief im 12. Jahrhundert n. Chr. deutsche Bauernfamilien, Handwerker und christliche Mönche in sein Land. Davon versprach er sich eine Förderung der Landwirtschaft, des Handwerks sowie eine dichtere Besiedlung des Landes. Auch in Pommern verschmolzen die deutschen Neusiedler allmählich mit den einheimischen Pomoranen.

M 1 Der Nordosten Deutschlands um 1300

M 2 Der Nordosten Deutschlands um 1710

Mecklenburg-Vorpommern früher und heute

Aus Mecklenburg und Pommern wird ein Bundesland. Das Geschlecht des Fürsten PRIBISLAW herrschte in Mecklenburg bis zum Jahr 1918. Ein Streit innerhalb der Fürstenfamilie hatte im 17. Jahrhundert zu einer Teilung in zwei getrennte Länder geführt. Daraus entstanden 1701 die Herzogtümer Mecklenburg-Schwerin und Mecklenburg-Strelitz, deren Gebiete erst 1934 wieder zusammengeführt wurden.

Auch Pommern wurde 1637 geteilt. Das Gebiet östlich der Oder fiel an das Kurfürstentum Brandenburg. Das westliche Gebiet Vorpommern mit Rügen fiel an Schweden, das bis ins 19. Jahrhundert Gebiete in Vorpommern und auch in Mecklenburg beherrschte.

Nach dem Zweiten Weltkrieg, den Deutschland begonnen und verschuldet hatte, fiel der östlich der Oder gelegene Teil Pommerns 1945 an Polen. Das westliche Pommern sowie Mecklenburg wurden Teil der sowjetischen Besatzungszone; seit 1949 gehörte es zum Territorium der Deutschen Demokratischen Republik (DDR). Als im Jahre 1990 Deutschland wiedervereinigt wurde, erfolgte die Gründung Mecklenburg-Vorpommerns als eines von 16 deutschen Bundesländern.

Wappen und Flagge Mecklenburg-Vorpommern

AUFGABEN

1. Betrachte die Karte M 1 und beschreibe die Gebiete Mecklenburgs und Pommerns um 1300. Welche Menschen und Stämme lebten damals dort?
2. Betrachte die Karte M 2 und erkläre mit ihrer Hilfe, woher die Symbole des heutigen Landeswappen stammen.
3. Ordne die Kreise des heutigen Mecklenburg-Vorpommerns (M 3) nach ihrer Einwohnerzahl je km² in einer Tabelle. Informiere dich dazu auch im Kapitel „Schlag nach".

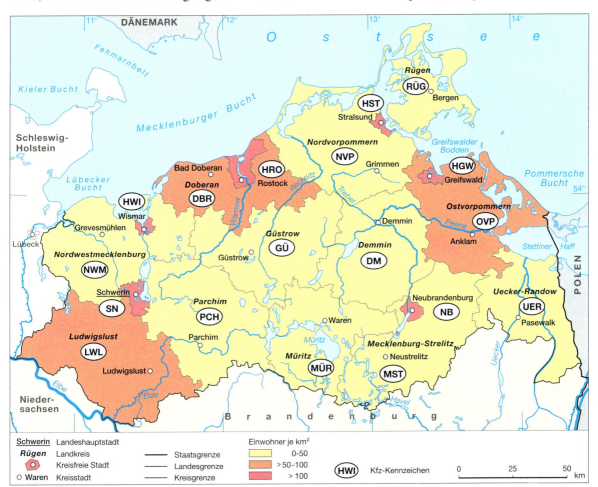

M 3 Mecklenburg-Vorpommern – Verwaltungsgliederung heute

Die Landeshauptstadt Schwerin

M 1 Am Pfaffenteich

M 2 Markt mit dem Dom

M 3 Das Schweriner Schloss

M 4 Jörn schreibt an seine Brieffreundin in Stuttgart
*Hallo Anne,
wenn du uns besuchst, hole ich dich vom Hauptbahnhof ab. Wir werden als erstes einen Stadtbummel durch Schwerin machen, den ich schon vorbereitet habe.
Vom Hauptbahnhof laufen wir hinunter zum Pfaffenteich. Schwerin liegt nämlich an sieben Seen. Den größten findest du sogar auf der Atlaskarte von Deutschland.
Am Südufer des Pfaffenteichs liegt das Innenministerium. Du siehst, Schwerin ist wie Stuttgart eine Landeshauptstadt. In der Schlossstraße werden wir an weiteren Ministerien vorbeikommen.
Wir gehen in die Mecklenburgstraße und sind im Geschäftsviertel der Altstadt. Bei uns ist dieses Viertel längst nicht so groß wie bei dir in Stuttgart. Dafür ist unsere Altstadt aber noch gut erhalten. Sie wurde im Zweiten Weltkrieg nicht so stark zerstört wie andere Städte.
Gleich hinter der Hauptpost steht der Dom. Dieser 100 Meter lange gewaltige gotische Bau wurde von 1270 bis 1416 errichtet. Seinen 117 Meter hohen Turm wirst du schon vom Zug aus sehen können. Wir werden den Turm besteigen. Bereits aus 40 Meter Höhe hat man einen tollen Ausblick. Du wirst sehen, wie schön die Stadt in die Moränenlandschaft der Umgebung eingebettet liegt.
Über den Marktplatz und die Schlossstraße kommen wir zum Alten Garten. Das ist ein großer Platz zwischen Altstadt und See. Wenn man sich einmal dreht, sieht man nacheinander das Mecklenburgische Staatstheater, das Staatliche Museum mit der Gemäldegalerie und schließlich die Schlossinsel.
Im Schloss tagen die gewählten Volksvertreter unseres Landes. Früher war es der Wohnsitz des Herzogs von Mecklenburg-Schwerin. Vor 1000 Jahren stand hier die slawische Inselburg „Zuarin", die der Obotritenfürst Niklot 1160 abbrannte, als der Sachsenherzog Heinrich der Löwe mit seinem Heer heranzog.
Vom Burggarten aus blicken wir zum Ostorfer Hals. Dahinter liegt der Zippendorfer Strand. Bei schönem Wetter fahren wir vom Alten Garten mit dem Schiff hinüber. Sollte es regnen, dann können wir uns im Schloss den Thronsaal mit den Marmorsäulen und den vergoldeten Türen ansehen.
Im Kellergewölbe haust das Petermännchen, der Schlossgeist tritt für Gerechtigkeit ein, bestraft die Bösen und belohnt die Guten.
Vielleicht hast du herausgefunden, woher der Name meiner Heimatstadt Schwerin kommt. Richtig, er lässt sich von der alten Obotritenburg „Zuarin" ableiten. Das slawische Wort „Zuerina" bedeutet: eine wald- und tierreiche Gegend.

Ich freue mich auf deinen Besuch.
Tschüss, Jörn*

Die Landeshauptstadt Schwerin 87

M 5 Schwerin – Ausschnitt aus dem Stadtplan

M 6 Aus der Geschichte Schwerins
1160 Gründung der Stadt.
1861 Die Dörfer Ostorf, Zippendorf und Lankow werden städtisch.
1918 Schwerin wird Hauptstadt von Mecklenburg-Schwerin.
1945 Schwerin wird Hauptstadt des Landes Mecklenburg-Vorpommern.
1952 Auflösung des Landes durch die Regierung der DDR; Schwerin wird Hauptstadt des neugegründeten Bezirkes Schwerin.
1972 Schwerin wird Großstadt.
1990 Schwerin wird Hauptstadt des wieder gegründeten Landes Mecklenburg-Vorpommern.

AUFGABEN

1. Orientiere dich auf dem Stadtplan von Schwerin (M 5). Suche die in M 1 bis M 3 gezeigten Gebäude und Flächen sowie weitere in M 4 genannte Gebäude, Anlagen oder Straßen im Plan M 5. Beschreibe deren Lage innerhalb der Stadt.
2. Verfolge auf dem Stadtplan den Weg, den Jörg seine Freundin Anne durch Schwerin führen will (M 4, M 5). a) Warum hat er wohl diesen Weg ausgesucht? b) Miss die ungefähre Länge des Weges (Hinweis: Maßstabsleiste beachten).
3. Suche in M 5 einen anderen Weg vom Hauptbahnhof zum Schloss. a) Beschreibe seinen Verlauf. b) Vergleiche dessen Länge mit der aus Aufgabe 2.
4. Erkläre anhand der Geschichte Schwerins (M 6), warum Mecklenburg-Vorpommern 1990 nicht *neu* gegründet sondern *wieder* gegründet wurde.

Die Landschaftsräume Mecklenburg-Vorpommerns

Mithilfe geografischer Kenntnisse kannst du dich in deinem Heimatland besser zurechtfinden. Welche Landschaftsräume prägen das Land Mecklenburg-Vorpommern?

Küstenland, Moränen, Seen, Sander und Urstromtäler. Die vielfältige landschaftliche Gliederung in Mecklenburg-Vorpommern wurde vor allem im Eiszeitalter geprägt. Die grundlegenden Oberflächenformen entstanden vor etwa 15 000 Jahren durch das Gletschereis.

An der Küste greifen flache Buchten weit ins Land hinein. Sie werden durch lang gestreckte Halbinseln und Inseln von der offenen See abgetrennt. Es gibt aber auch gerade, von der Meeresströmung ausgeglichene Küstenabschnitte. Die *Buchten* (↑) und *Bodden* (↑) entstanden, als nach dem Abschmelzen des Gletschereises das Meer in die hügelige Landschaft der Grundmoränen vordrang und sie überflutete.

M 1 Auf dem Darß

Das Küstenhinterland bildet mit seinen Lehmböden der Grundmoränen den fruchtbarsten Teil des Landes. Mit Weizen- und Rapsfeldern, Zuckerrüben- und Kartoffelfeldern zieht sich diese „Kornkammer" Deutschlands in einem breiten Streifen vom Klützer Winkel im Westen bis zur Uckermark im Osten.
Schmale und breite Talungen gliedern den Landschaftsraum. Auf saftigen Wiesen weiden schwarz-weiß gescheckte Rinder.

M 2 Burg Stargard bei Neubrandenburg

In der „buckligen Welt" des Nördlichen Landrückens liegen zwischen bewaldeten Hügelketten Hunderte von Seen. Das ist die Endmoränenlandschaft mit der Mecklenburgischen Seenplatte.
Nach Süden schließen sich die Nadelwälder und Heideflächen sowie die Weideflächen auf den nährstoffarmen Sandböden der Sander und des Urstromtals an. Zu diesen Landschaften gehören die Griese Gegend und die Lewitzniederung im Südwesten des Landes.

M 3 Im Gebiet westlich von Waren

Die Landschaftsräume Mecklenburg-Vorpommerns 89

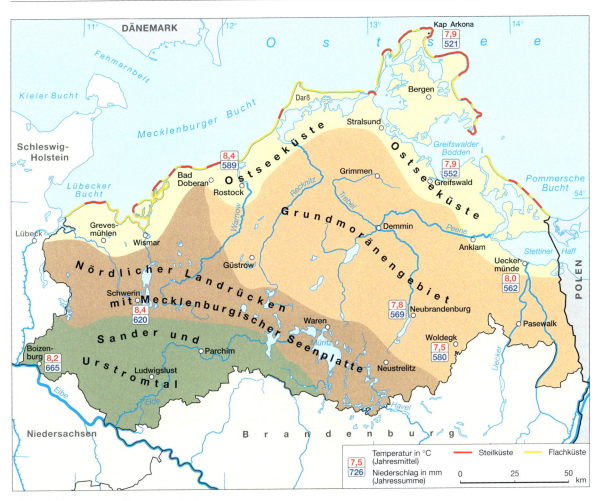

M 4 Die Landschaftsräume Mecklenburg-Vorpommerns

M 5 In der Niederung der Elde

M 6 Merkmale des Klimas in Mecklenburg-Vorpommern
- Die Jahresmitteltemperaturen weisen zwischen den einzelnen Landesteilen nur geringe Unterschiede auf.
- Die Niederschlagsmengen nehmen von West nach Ost ab. Mehr Niederschläge fallen in der Elbniederung und in den höher gelegenen Teilen Rügens, weniger im östlichen Landesteil.

AUFGABEN
1. Ordne die Fotos (M 1 bis M3 und M 5) den vier Landschaftsräumen in der Karte (M 4) zu. Nutze dazu auch den Atlas.
2. Beschreibe mithilfe der Fotos (M 1 bis M 3, M 5) die vier Landschaftsräume Mecklenburg-Vorpommerns (M 4) und ordne deinen Heimatort in den betreffenden Landschaftsraum ein.
3. Zwischen den Landschaftsmerkmalen Oberflächenform, Boden und Wasser der in M 1, M 2, M 3 und M 5 abgebildeten Gebiete und der landwirtschaftlichen Nutzung dieser Gebiete bestehen Zusammenhänge. Erkläre diese mithilfe des Textes auf Seite 88 und der Karte M 4.

Rügen – Deutschlands größte Insel

Rügen ist Deutschlands größte Insel. Aufgrund ihrer landschaftlichen Reize wird sie auch als schönste Insel Deutschlands gepriesen. Buchenwälder, Sandstrände und Boddenlandschaften sind Ziel vieler Urlauber. Rügen ist zugleich ein Bindeglied im Reise- und Güterverkehr zwischen Nord- und Mitteleuropa. Wie lassen sich Reise- und Güterverkehr, Tourismus und der Erhalt der Landschaft miteinander verbinden?

Fähren über die Ostsee. Sassnitz ist durch seinen Fährhafen weit über die Grenzen Deutschlands hinaus bekannt. 1891 erhielt die Stadt Eisenbahnanschluss, 1909 wurde der Eisenbahnfährverkehr nach Trelleborg in Schweden eröffnet. Heute verkehren vier Eisenbahnfähren. Außerdem führt eine Autofähre nach Bornholm. In Neu Mukran wurde 1986 ein neuer Eisenbahnfährhafen mit Güterverkehr nach Litauen eröffnet.

Fremdenverkehr und Naturschutz. Seit 1936 verbindet der Rügendamm die Insel mit dem Festland. Vornehmlich im Sommer rollt ein Strom von Fahrzeugen auf die Insel. Was für den Tourismus gut ist, birgt aber für die Landschaft Gefahren. Die jährlich über 4 Millionen Gäste produzieren auch viele Tonnen Müll.
Um die Landschaft Rügens schützen zu können, wurden daher besondere Schutzzonen eingerichtet: der Nationalpark Jasmund und das Biosphärenreservat Südost-Rügen. Die Kreideküste, die Boddenküste und die Buchenwälder und Orchideen gehören zu den erhaltenswerten Besonderheiten dieser Schutzzonen.

M 2 Königsstuhl auf Rügen

M 3 Fährhafen Sassnitz-Mukran

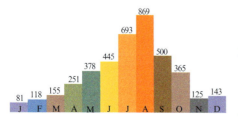

M 1 Urlauber auf der Insel Rügen (in 1 000; ohne Camping; 1999)

AUFGABEN
1. Beschreibe die Landschaft der Halbinsel Jasmund (M 4). Beziehe auch M 2 und M 3 ein.
2. Eure Klasse will auf einer Radwanderung die Halbinsel Jasmund erkunden. Überlegt, welche Vorbereitungen zu treffen sind und legt Aufträge fest. Die Arbeitsgruppe, die die Radroute ausarbeitet, sollte sich an Zielorten, an der Wegführung und an touristischen Einrichtungen orientieren.
3. „Rügen – eine Urlaubsinsel". Überprüfe mit M 1 die Richtigkeit dieses Werbespruchs. Erkläre auch, welche Probleme der Tourismus für Tiere, Pflanzen und die Landschaft mit sich bringen kann.
4. Warum kann der Massentourismus nicht der einzige wirtschaftliche Erwerbszweig Rügens sein? Beziehe M 1 und M 3 in deine Überlegungen ein.

Rügen – Deutschlands größte Insel 91

M 4 Die Halbinsel Jasmund

Rostock – eine Hafenstadt

Über Rostock sagt man auch, dass es sowohl eine Stadt am Hafen als auch eine Hafenstadt ist. Was meint man damit?

Rostock ist eine alte Stadt. Sie wurde 1218 in geschützter Lage an der Unterwarnow gegründet. Der Name ist slawischen Ursprungs. Er geht auf eine slawische Burg mit Siedlung am rechten Flussufer der Warnow zurück. „Roztoc" bedeutet Flusserweiterung.

Rostock blühte wegen des Seehandels und der Zugehörigkeit zum Städtebund der Hanse schnell auf. Davon zeugen, trotz starker Zerstörungen im Zweiten Weltkrieg, noch heute bedeutende Bauwerke. Der Niedergang der Hanse nach der Entdeckung Amerikas traf die Stadt schwer. Erst im 19. Jahrhundert setzte mit der Ansiedlung von Industrien, unter anderem Großbetriebe des Schiff- und Flugzeugbaus, ein neuer Aufschwung ein. Im Jahre 1935 hatte Rostock 100 000 Einwohner. Der Stadthafen besaß aber keine große Bedeutung.

Rostock entwickelte sich zwischen 1960 und 1980 stürmisch. Den Anstoß gab ein Beschluss der Staatsführung der DDR, in Rostock einen modernen Seehafen zu bauen. Gleichzeitig wurde die Werftindustrie ausgebaut; dort wurden Schiffe gebaut und repariert. Ein Dieselmotorenwerk sowie ein Fisch verarbeitender Großbetrieb wurden ebenfalls errichtet. Die Stadt wurde zunächst links der Warnow, später auch rechts des Flusses durch Neubauviertel planmäßig erweitert. Rostock entwickelte sich zu einem Verdichtungsgebiet mit 252 000 Einwohnern (1989).

Nach der Wiedervereinigung Deutschlands 1990 sank die Einwohnerzahl auf etwa 210 000. Die Bedeutung der Werften ging zurück. Doch Frachthafen, Fährhafen und Hafenindustrie sind weiterhin so prägend für die Stadt wie die bereits 1419 gegründete Universität und andere Forschungseinrichtungen sowie moderne Technologiezentren.

M 1 Kröpeliner Straße in Rostock

M 2 Im Rostocker Hafen

M 3 Fährverkehr Rostock – Gedser (Dänemark)		
	1993	1998
Personen	663 600	1 127 500
Pkw	131 800	178 850
Lkw	21 300	36 200
Busse	7 600	14 720
Trailer	700	760

M 4 Fährverkehr Rostock – Trelleborg (Schweden)		
	1993	1998
Personen	306 100	685 950
Pkw	60 100	159 000
Lkw	26 300	108 840
Busse	1 000	2 540
Trailer	6 600	26 700
Waggons	23 300*	53 140

(*1994)

Rostock – eine Hafenstadt

M 5 Blick auf den Rostocker Hafen

M 6 *Eine Hafenrundfahrt.*
Start ist am Stadthafen. Hier treffen sich jährlich im August Traditionssegler und historische Schiffe zur „Hanse Sail".
Links liegt das Industriegebiet Marienehe. Dann erreichen wir das Ro-Ro-Terminal und den Warnowkai, den Anleger der Autofähre. Dahinter steigen die Nebelschwaden der Kühltürme des Steinkohlenkraftwerks Rostock-Ost auf. Linker Hand liegen die Wohnblocks von Groß Klein.
Im Breitling, biegt die Barkasse nach Osten ab, damit wir nacheinander in die Hafenbecken blicken können. Der Hafen hat eine Kailänge von insgesamt 10 km. Er bietet Liegeplätze für 43 Schiffe: Hansakai für Stückgüter, Kohle- und Erzkai, Düngemittelkai, Getreidehafen und Ölhafen. Von den Öltanks führt eine Pipeline bis nach Schwedt in Brandenburg und Leuna in Sachsen-Anhalt.
Über Inter-Cargo-Güterzugverbindungen nach Berlin, Hamburg, Halle, Leipzig, Magdeburg und Hannover werden die Stückgüter transportiert. Der Lkw-Verkehr führt über die Autobahn. Aus Sicht der Industrie besteht daher dringender Bedarf für die in Bau befindliche Ostseeküstenautobahn.
Nun befahren wir den über 14 Meter tiefen Seekanal, der vom Überseehafen zur Ostsee führt. Links sehen wir die Anlagen der Werft, kurze Zeit später erreichen wir Warnemünde. Rechts von uns erstreckt sich die Hohe Düne.

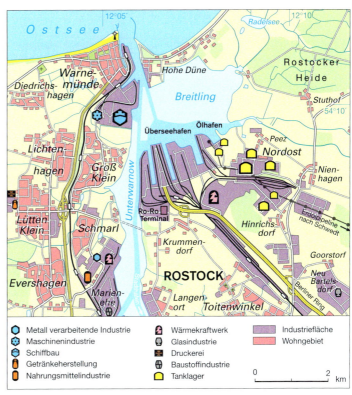

M 7 Der Rostocker Hafen

AUFGABEN

1. Entwerft ein Werbeplakat für Rostock. Berücksichtigt dabei den Text auf Seite 92 und die Materialien M 1 bis M 7. Achtet auch auf die Legende der Karte M 7.
2. Verfolge die Hafenrundfahrt (M 6) auf dem Schrägluftbild (M 5) und dem Kartenausschnitt (M 7). Suche die im Text genannten Hafenbereiche.
3. Rostock – Stadt am Hafen *und* Hafenstadt. Erläutere diese Aussage. Belege deine Erläuterung mit Beispielen.

Der Wirtschaftsraum Mecklenburg-Vorpommern

Zur Orientierung in deinem Heimatland gehören auch Kenntnisse über die Wirtschaft des Landes. Landwirtschaft, Industrie, Handel und Dienstleistungen sind über das Land verteilt. Wie durch ein Spinnennetz werden sie von Verkehrswegen miteinander verbunden. Was kann man aus Karten, Diagrammen und Tabellen über Mecklenburg-Vorpommern herauslesen?

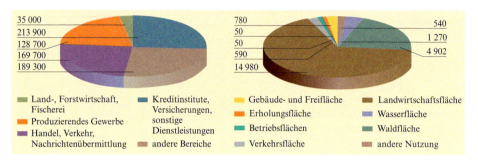

- Land-, Forstwirtschaft, Fischerei
- Produzierendes Gewerbe
- Handel, Verkehr, Nachrichtenübermittlung
- Kreditinstitute, Versicherungen, sonstige Dienstleistungen
- andere Bereiche

- Gebäude- und Freifläche
- Erholungsfläche
- Betriebsflächen
- Verkehrsfläche
- Landwirtschaftsfläche
- Wasserfläche
- Waldfläche
- andere Nutzung

M 1 Beschäftigte Mecklenburg-Vorpommerns nach Wirtschaftsbereichen (1999)

M 2 Flächennutzung in Mecklenburg-Vorpommern (in km²; 1999)

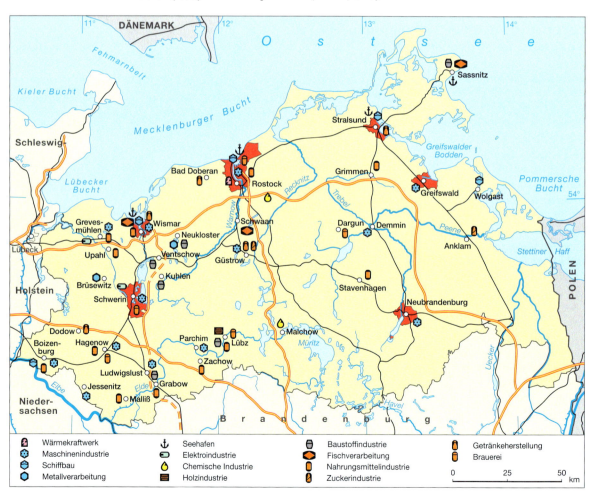

M 3 Wichtige Industriestandorte in Mecklenburg-Vorpommern

Der Wirtschaftsraum Mecklenburg-Vorpommern 95

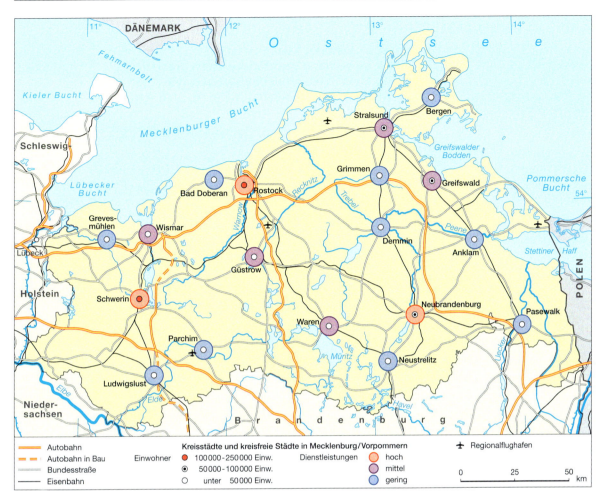

M 4 Hauptverkehrswege in Mecklenburg-Vorpommern

M 5 Verkehrsprojekte Deutsche Einheit (Auswahl)

Schiene
Projekt 1:
Lübeck/Hagenow Land – Rostock – Stralsund, Länge 242 km
Maßnahmen:
überwiegend zweigleisiger Ausbau, Elektrifizierung, moderne Sicherungstechnik

Straße
Projekt 10:
Autobahn A 20 Lübeck – Stettin, Länge 324 km
Maßnahmen:
vierstreifiger Neubau
Vorteile:
Anbindung des Ostseeküstenraumes an das europäische Verkehrsnetz, Entlastung der Bundesstraßen

AUFGABEN

1. Bildet zwei Arbeitsgruppen und beschreibt die räumliche Verteilung von Wirtschaftsstandorten: Gruppe A: für Standorte der Industrie (M 3), Gruppe B: für Standorte der Dienstleistungen (M 4). Formuliert eure Ergebnisse in knappen Sätzen.
2. Vergleiche anhand M 3 die räumliche Verteilung der Industrie in Mecklenburg-Vorpommern. In welchen Landesteilen ist mehr Industrie angesiedelt, in welchen weniger?
3. Erkläre mithilfe von M 2 und M 3, warum der Landwirtschaft in Mecklenburg-Vorpommern eine große Bedeutung zukommt.
4. Werte das Diagramm M 1 aus. Ziehe dazu die Checkliste für die Auswertung von Materialien heran (Lehrbuchseite 164).
5. Suche in einer Atlaskarte die Strecken der genannten „Verkehrsprojekte Deutsche Einheit" (M 5).
6. Wieso kann man in Bezug auf die Wirtschaftszweige sagen: Dreimal Mecklenburg-Vorpommern? Nutze auch das Kapitel „Schlag nach".

Zusammenfassung

1

Bundesland. Mecklenburg-Vorpommern ist ein Land im Norden und Nordosten der Bundesrepublik Deutschland. Die Landeshauptstadt ist Schwerin.

Landesnatur. Mecklenburg-Vorpommern liegt im Norddeutschen Tiefland. Die Oberflächenformen wurden vom Gletschereis des Eiszeitalters geprägt. Der Hauptendmoränenzug ist der Nördliche Landrücken mit der Mecklenburgischen Seenplatte.
Die Mecklenburgische Ostseeküste ist eine Buchten- und Ausgleichsküste, die Vorpommersche Küste ist eine Boddenküste.

Wirtschaft. Mecklenburg-Vorpommern ist dünn besiedelt. Die Groß- und Mittelstädte sind meist auch die Standorte von Dienstleistungs- und Handelseinrichtungen sowie Industriebetrieben.
Eine besondere Bedeutung für den Fährverkehr nach Nord- und Osteuropa haben die Ostseehäfen Rostock und Sassnitz-Mukran.
Der Fremdenverkehr ist von großer wirtschaftlicher Bedeutung. Er konzentriert sich in den Seebädern und im Müritzseengebiet.
Die Landwirtschaft bringt auf dem lehmigen Boden der Grundmoränen gute Erträge im Ackerbau. In den Endmoränengebieten nimmt der Wald einen großen Teil ein. Die Niederungen der Urstromtäler werden durch Rinderhaltung genutzt.

2

3

AUFGABEN

1. Abbildung 1 zeigt einen Kartenausschnitt aus Mecklenburg-Vorpommern. Benenne die eingezeichneten Inseln und die rot markierten Städte. Überlege dir drei Stichwörter zu Besonderheiten der größeren Insel.
2. Benenne die in der Abbildung 2 eingezeichneten Städte. Wähle drei davon aus und schreibe in Stichworten auf, was du über diese drei Städte weißt.
3. Beschreibe den Landschaftsausschnitt, den die Abbildung 3 zeigt, und ordne ihn einem Landesteil Mecklenburg-Vorpommerns zu. Begründe deine Entscheidung.

Im Mittelgebirgsland

Wir orientieren uns

M 1 Im Schwarzwald – einem deutschen Mittelgebirge

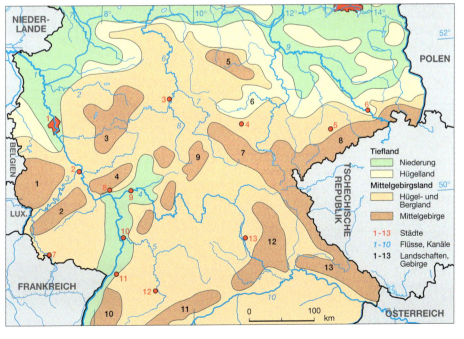

M 2 Orientierung im deutschen Mittelgebirgsland

Suche die richtigen Namen für die Objekte, die in der Karte mit Buchstaben und Zahlen benannt sind. Lege dazu eine Tabelle in deinem Arbeitsheft an. Nutze als Orientierungshilfe die Atlaskarte.
Wo findest du in der Karte die in M 1 gezeigte Landschaft?

Wie unsere Bodenschätze entstanden

Kohle. Miriam hat gehört, dass Kohle ein Gestein sein soll. Sie fragt sich nun: Wieso kann ein Gestein brennen? Suchen wir gemeinsam eine Antwort auf die Frage, indem wir einen Blick in die Geschichte der Erde werfen.

Die Zeit vor 350 Millionen Jahren wird als Steinkohlenzeit (Karbon) bezeichnet. Etwa da, wo sich heute der Nordrand des Mittelgebirgslandes erstreckt, verlief damals die Küstenlinie eines Meeres. Die Erdkruste senkte sich in Millionen von Jahren ganz langsam ab, oft weniger als einen Zentimeter in hundert Jahren. Außerdem herrschte ein feuchtes und warmes tropisches Klima.
An der Küste des Meeres und an den Ufern großer Seen wuchsen üppige Sumpfwälder. Sie wurden beim Absinken der Erdoberfläche allmählich vom moorigen Wasser überflutet. Aus dem Holz der Bäume und den Resten anderer Pflanzen bildete sich Torf. Schichten aus Sand und Ton deckten diese Torflager luftdicht ab. Oftmals verharrte die Erdkruste in ihrer Lage. Neue Sumpfwälder konnten nachwachsen. Bei erneutem Absinken des Landes bildete sich ein weiteres Torflager. Diese Vorgänge wiederholten sich während vieler Millionen Jahre bis zu 150-mal.
Unter dem hohen Druck der Sand- und Tonschichten und der dabei entstehenden Hitze verwandelte sich unter Luftabschluss der Torf ganz allmählich zu Kohle. Die Sand-, Ton- und Kohleschichten verfestigten sich zu Gesteinen. So entstand *Steinkohle* (↑).

In der Erdgeschichte gab es noch eine andere Zeit der Kohlebildung, die Braunkohlenzeit (Tertiär). Sie setzte vor etwa 50 Millionen Jahren ein. Da wuchsen Sumpfwälder in großen Mulden auf dem Festland. Das Land senkte sich teilweise über 100 m ab. Über der Braunkohle liegen weniger dicke Sand- und Tonschichten. Die Lage der Kohleschichten in geringer Tiefe zeigt, dass *Braunkohle* (↑) jünger ist als Steinkohle.

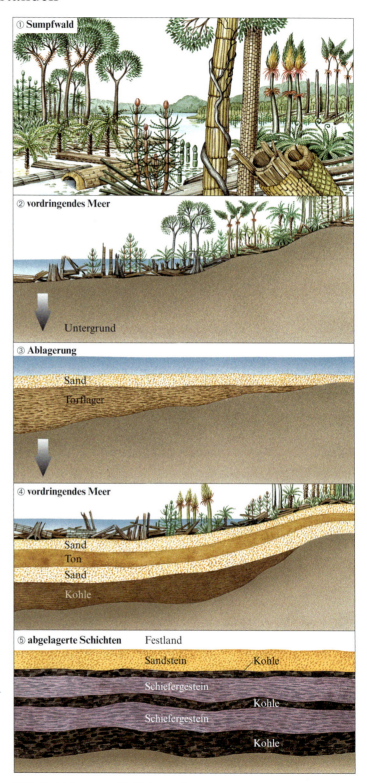

M 1 Entstehung von Kohlelagerstätten

Wie unsere Bodenschätze entstanden

M 2 In einem Salzbergwerk

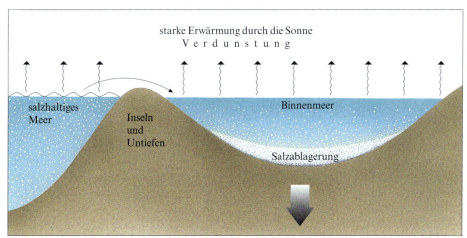

M 3 Entstehung von Salzlagerstätten

Salz. Wenn man sich der Stadt Bernburg nähert, dann sieht man schon von Weitem einen riesigen weißen Berg. Das ist die Halde des Salzbergwerks. Sie glänzt wie Schnee.

Wir fahren in das Salzbergwerk (*Tiefbau* ↑) ein. In 920 m Tiefe öffnen sich riesige, hell ausgeleuchtete Hallen. An den Wänden glitzern die Salzkristalle (M 2). Am Boden liegt zentimeterdick weißer Salzstaub. Am Abbauort bohren große Maschinen tiefe Sprenglöcher in das Salzgestein. Anschließend wird gesprengt. Schaufellader, die 15 Tonnen Last transportieren können, fahren das losgesprengte Salz zu den Brecheranlagen. Zerkleinert gelangt es dann über Transportbänder zum Förderschacht.

Salzbergwerke und Steinkohlenbergwerke sind völlig verschieden voneinander. Das liegt daran, dass Salz anders entstanden ist als Kohle.
Die Salzlagerstätte von Bernburg ist 230 Millionen Jahre alt. Damals breitete sich in diesem Raum ein Meer aus. Das Klima war heiß und trocken wie in einer tropischen Wüste. In großen Buchten und Binnenmeeren verdunstete das Wasser. Dabei setzte sich das im Meer gelöste Salz am Boden ab.

AUFGABEN

1. Unter welchen Bedingungen entstand Kohle? Beschreibe die einzelnen Abschnitte der Kohleentstehung (M 1).
2. Unterscheide die Steinkohlenzeit von der Braunkohlenzeit.
3. Beschreibe die Entstehung von Salzlagerstätten (M 3).

Gewinnung und Nutzung von Braunkohle

Wir stehen am *Tagebau* (↑) „Vereinigtes Schleenhain". „Wird hier gearbeitet?", fragt Kerstin. Tatsächlich, in dem riesigen Loch ist kein Mensch zu sehen. „Etwa 60 Facharbeiter genügen, um täglich rund 30 000 Tonnen Kohle abzubauen und 60 000 Tonnen Abraum zu bewegen", klärt uns der Betriebsleiter auf.
Die Braunkohle lagert etwa 50 Meter tief unter der Erdoberfläche. Über ihr liegen Sand- und Tonschichten und ganz oben der Mutterboden. Ein Schaufelradbagger von fast 100 Meter Höhe und über 200 Meter Länge räumt die Kohle frei. Der Bagger wird von einem Baggerführer gesteuert.

Mit dem riesigen Schaufelrad wird zuerst der Mutterboden abgetragen. Er wird besonders gelagert, damit er später wieder genutzt werden kann. Anschließend werden die Ton- und Sandschichten abgetragen, die über der Kohle lagern. Sie werden als *Abraum* (↑) bezeichnet. Über ein Transportband gelangt dieser Abraum auf die Kippe.

Nun erst kann mit dem Abbau der Braunkohle begonnen werden. Dies übernimmt auch wieder der Schaufelradbagger. Eine Bandanlage übernimmt den Transport der Braunkohle zum Kraftwerk.

Mit dem fortschreitenden Abbau wandert der Tagebau auf seiner gesamten Länge jährlich um etwa 250 Meter weiter. An der Abbauseite wird der Abraum abgegraben und Kohle gefördert. Auf der gegenüberliegenden Seite wächst die Abraumkippe.
Der Betriebsleiter spricht auch von den Schwierigkeiten, die zu überwinden sind. So muss vor Beginn der Kohleförderung das Grundwasser abgesenkt werden. Damit es den Tagebau nicht unter Wasser setzt, muss es auch während des Abbaus ständig abgepumpt werden. Strenger Frost behindert den Betrieb des Tagebaus ebenso wie Tauwetter oder starke Regengüsse.

M 1 Im Tagebau Schleenhain

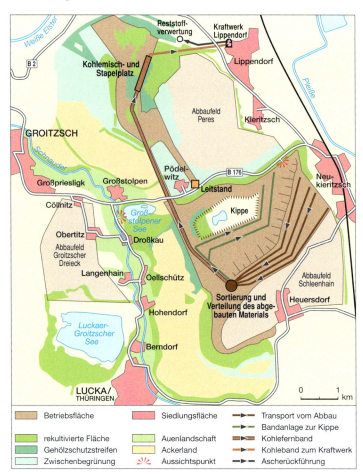

M 2 Tagebau Vereinigtes Schleenhain

Anne entdeckt auf dem Bauernhof ihrer Großeltern Braunkohlenbriketts. „Sonne-Brikett" ist darauf gepresst. Anne erinnert sich: In der Kohle steckt die Energie der Sonne. Mit Kohle heizte und kochte man früher. Aber wie verwandelt man die Energie aus der Kohle in elektrische Energie?

Braunkohle wird verstromt. Vom Tagebau „Vereinigtes Schleenhain" gelangt die Kohle über eine zehn Kilometer lange Bandanlage zum Kraftwerk Lippendorf. Das Kraftwerk muss jährlich mit 10 bis 11 Millionen Tonnen Braunkohle versorgt werden.

M 3 Braunkohlenkraftwerk Lippendorf

Braunkohlenkraftwerke sind Wärmekraftwerke. In ihnen wird die Energie, die in der Kohle gespeichert ist, in elektrischen Strom umgewandelt. Mit überschüssiger Wärme wird Wasser erhitzt, das über Rohrleitungen als Fernwärme Häuser beheizt.
Zuerst wird die Rohkohle zu Kohlenstaub gemahlen. Dieser wird mit Luft vermischt in die Kohlenstaubfeuerung eingeblasen und dort vollständig verbrannt.
Mit der Wärme wird in großen Kesseln Wasserdampf gewonnen. Dampfturbinen treiben Generatoren an, die elektrische Energie abgeben. Wasser wird aus dem Wasserdampf in gewaltigen Kühltürmen zurückgewonnen.

In Lippendorf ging 1999 eines der modernsten Kohlenkraftwerke der Erde an das Stromnetz. Lippendorf ist wie weitere neue Braunkohlenkraftwerke in Schkopau, Boxberg und Schwarze Pumpe mit umweltfreundlicher Technologie ausgestattet.

Moderne Braunkohlenkraftwerke benötigen weniger Kohle für die Erzeugung von elektrischer Energie. Damit wird aber nicht nur schonender mit dem Bodenschatz Braunkohle umgegangen. Zugleich fällt weniger Asche und Schlacke an. Auch die Belastung der Luft mit Rauch, mit anderen Abgasen und mit Staub wird enorm vermindert.

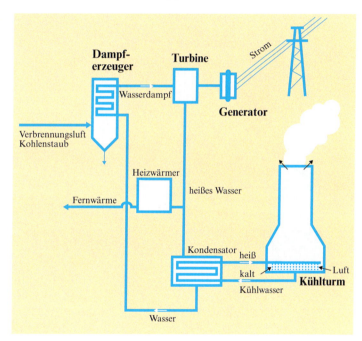

M 4 Arbeitsweise eines Braunkohlenkraftwerkes

AUFGABEN
1. Beschreibe die Arbeitsgänge in einem Braunkohlentagebau. Unterscheide nach Arbeiten vor der Förderung und während der Förderung von Braunkohle. Orientiere dich an M 2.
2. Die Kohlekumpel sagen: Der Tagebau wandert. Erläutere diese Umschreibung des Braunkohlenbergbaus.
3. Braunkohlenkraftwerke gehören zu den Wärmekraftwerken. Suche auf einer Atlaskarte Braunkohlentagebaue und Wärmekraftwerke in Sachsen und Brandenburg. Was fällt dir auf?
4. Erläutere den Vorgang der Stromgewinnung aus Kohle. Werte dazu M 4 aus.

Eine neue Landschaft entsteht

„Der Bagger frisst uns auf", klagten die Menschen in den 1970er-Jahren rings um den Tagebau Goitzsche. Unter ihren Häusern, dem unter Naturschutz stehenden Wald und den Feuchtgebieten der Muldenaue lagerte Braunkohle.

Eines Tages war es soweit: Das Dorf wurde abgerissen, die Bewohner mussten Haus und Hof verlassen. Das Naturschutzgebiet wurde aufgegeben und der Flusslauf verlegt. Der Braunkohlentagebau breitete sich weiter aus.

Schon gewusst?

Um einen Eimer Braunkohle im Tagebau Goitzsche zu fördern, mussten 4 Eimer Erde abgetragen und 5 Eimer Wasser abgepumpt werden.

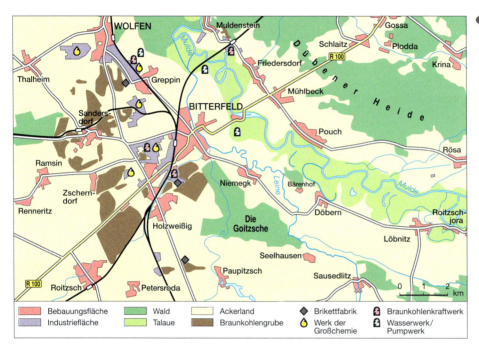

M 1 Umgebung von Bitterfeld um 1920

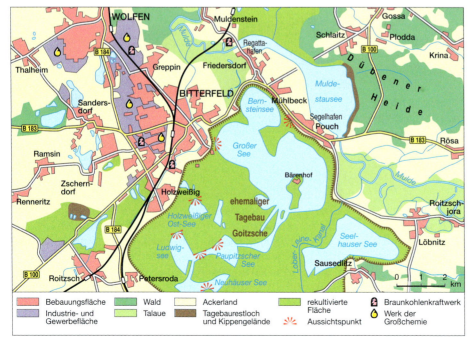

M 2 Geplante Umgestaltung der Umgebung von Bitterfeld (Endsituation um 2005)

Das Projekt „Die Goitzsche". Im Jahre 1949 wurde damit begonnen, bei Bitterfeld den Großtagebau Goitzsche aufzuschließen. Im Laufe von 40 Jahren wurden etwa 850 Millionen Kubikmeter Abraum bewegt und 317 Millionen Tonnen Braunkohle gefördert. Zurück blieb eine 60 km² große Fläche, die wie eine Mondlandschaft aussah.
Heute sieht alles schon wieder ganz anders aus. Der Mensch gestaltet inzwischen eine neue Landschaft in diesem Raum.
Bereits nach zehnjähriger Umgestaltung des ehemaligen Tagebaugeländes kann man schon die Grundzüge dieser neuen Landschaft erkennen. Durch *Rekultivierung* (↑) entsteht eine hügelige Wald- und Seenlandschaft. Ihr westlicher Teil ist für die ruhige Erholung vorgesehen, während im nördlichen und östlichen Teil die touristische Erholung überwiegen wird.

Der Muldestausee. Im Mai 1975 war das neue Flussbett der Mulde fertig. Nun konnte die Tagebaugrube geflutet werden. Ein neuer See entstand. Seine Wasserfläche umfasst 4 km². Eine 480 Meter lange Staumauer hält 100 Millionen m³ Muldewasser zurück.
Die Abraumkippe nördlich des Stausees wurde rekultiviert. Inzwischen ist das Grundwasser soweit angestiegen, dass der Wald gut wächst. Anfangs war das Baden im See nicht zu empfehlen. Heute ist auch das Wasser der Mulde wieder sauber.

M 3 Am Muldestausee

Bernstein aus dem ehemaligen Tagebau

Schon gewusst?

Im ehemaligen Tagebau Goitzsche wurde nicht nur Braunkohle gefördert. In ihm wurde auch Bernstein geborgen. Das ist hart gewordenes Harz von Nadelbäumen aus der Braunkohlenzeit. Manchmal sind in ihm Millionen Jahre alte Tiere oder Pflanzen eingeschlossen.
Zur Erinnerung an diese Funde trägt der nördliche Teil der durch Flutung entstandenen Seenlandschaft den Namen Bernsteinsee.

AUFGABEN
1. Wie greift der Braunkohlentagebau in das Leben der Menschen ein? Äußert euch als betroffene Anwohner. Lest dazu auch den Text.
2. Der Braunkohlentagebau veränderte den Landschaftsraum um Bitterfeld. Weise dies anhand von M 1 und M 2 nach. Beachte die Bundesstraßen, die Eisenbahnstrecke Berlin–Leipzig, den Flusslauf der Mulde sowie die Dörfer und Wälder.
3. Erfasse in einer Liste Maßnahmen zur Neugestaltung der ehemaligen Tagebaulandschaft. Beziehe dazu den Text von Seite 103 und das Bild M 3 ein.

Das Mittelgebirgsland – entstanden in Jahrmillionen

Die physische Karte von Deutschland vermittelt uns einen ersten Eindruck von der Vielfalt der Oberflächenformen im Mittelgebirgsland. Auffällig ist dabei, dass sich das Mittelgebirgsland aus vielen einzelnen Gebirgen zusammensetzt. Das sieht aus wie ein Mosaik. Geologen sagen, dass die *Mittelgebirge* (↑) *Bruchschollengebirge* (↑) sind. Was verbirgt sich hinter diesen Bezeichnungen?

Granit   Kalkstein   Sandstein

M 1 *Was Schaubilder erzählen können.*
Heute gehen wir in das Naturkundemuseum. Unser Geografielehrer hilft uns, die Zeichnungen zu verstehen (M 3). Er erläutert:
„Im Inneren der Erde ist es so heiß, dass alle Gesteine schmelzen. Flüssiges Gestein dringt empor und erstarrt zu Granit. Durch die erdinneren Kräfte (↑) können riesige Gebirge herausgehoben werden. In der Erdaltzeit erstreckte sich über Deutschland solch ein Hochgebirge. Diese erdinneren Kräfte sind so stark, dass sie sogar das Gestein verbiegen können. Habt ihr die Gesteinsfalten auf dem ersten Teil des Schaubildes gefunden?

Beim zweiten Teil des Schaubildes will ich euch mit einem Vergleich helfen. Wenn man auf einen Sandhügel Wasser gießt, so schwemmt es den Sand weg. Der Hügel wird kleiner und flacher.
So ähnlich ist es, wenn das Regenwasser von den Bergen allmählich das Gestein abträgt. Regenwasser gehört wie Wind, Frost und Eis zu den erdäußeren Kräften (↑). Sie zerstören das Gestein. Die Berge verlieren ihre Spitzen. Sie werden zuerst rund und dann immer flacher.

Und nun kommen wir zum dritten Bild. Die erdinneren Kräfte können die Erdkruste auch einbiegen. Die Mulden füllen sich mit Wasser. So entstanden Meere. Während der Erdmittelzeit war Deutschland zeitweise von Meeren bedeckt. Darin lagerten sich Kies, Sand und die kalkhaltigen Reste von Lebewesen ab.

Das letzte Bild könnt ihr selbst erklären."

M 2 Im Thüringer Wald bei Bad Liebenstein

AUFGABEN
1. Ordne folgende Sätze Zeitabschnitten der Entstehung des deutschen Mittelgebirgslandes zu: Gebirge und Becken bilden sich heraus. Ein Hochgebirge steigt empor. Ein Gebirgsrumpf bleibt zurück. Sandstein und Kalkstein lagern sich ab. Verwende dazu M 3.
2. Beschreibe Vorgänge während eines Abschnittes in der Geschichte des Mittelgebirgslandes (M 1, M 3).
3. Unsere Erde hat eine Geschichte mit immer neuen Bildern. Wie heißen die großen Abschnitte der Erdgeschichte (M 1, M 3)?

Das Mittelgebirgsland – entstanden in Jahrmillionen 105

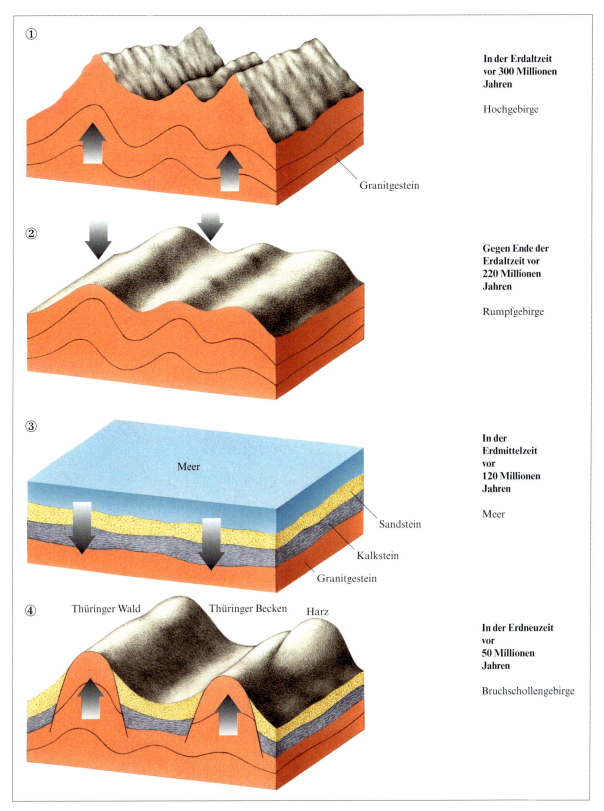

M 3 Entstehung des Mittelgebirgslandes

Das Mittelrheintal – ein Durchbruchstal

„Warum ist es am Rhein so schön? Weil die Felsen hoch droben so von Sagen umwoben.", so heißt es in einem volkstümlichen Lied.
Bei Mainz stellt sich dem breiten Strom ein Gebirge in den Weg. Von Bingen bis Bonn durchbricht der Strom die Gebirgsschwelle in einem engen Tal mit steil aufragenden Felsen. Wie ist das zu erklären?

M 1 *Eine Rheinfahrt von Bingen nach Bonn ist ein Erlebnis.*
Unterhalb von Bingen treten steil aufragende Felswände fast bis ans Ufer heran. Das enge Tal des Rheins beginnt. Auf der schmalen Talaue finden Straße und Eisenbahn kaum Platz.
Nur da, wo Bäche und Flüsse in den Rhein münden, weitet sich das Tal etwas. Dörfer und kleine Städte drängen sich hier zusammen. Sie bestehen oft nur aus einer engen Straße mit zwei langen Häuserzeilen.
Burgen und Schlösser stehen auf den bis zu 300 Meter hohen Talhängen.
Nun gleiten wir an Oberwesel vorüber. Das Tal verengt sich auf nur 120 Meter. Auf der rechten Seite springt der von Sagen umwobene Loreleyfelsen hervor. Klippen, die früher der Schifffahrt Gefahr brachten, sind gesprengt worden. Durch den Felsen führt jetzt ein Tunnel.
Dann liegt eingeklemmt zwischen dem Strom und Felsen St. Goarshausen mit den Burgen Katz und Maus. Schon diese beiden volkstümlichen Namen zeigen an, in welchem Verhältnis die Besitzer zueinander standen. Grafen und Ritter beherrschten vor langer Zeit von ihren Burgen aus den wichtigen Verkehrsweg. Dabei gerieten sie auch aneinander.
Gegenüber erhebt sich St. Goar. Die Ruine der Burg Rheinfels überragt die Stadt. Unterhalb der Lahnmündung weitet sich das Rheintal. Der Strom nimmt die Mosel auf. Wir sind in Koblenz.
Bald rücken die Talhänge wieder dicht an das Flussbett heran. Rechtsrheinisch liegt nun das Siebengebirge. Südlich von Bonn erreichen wir die Niederrheinische Bucht.

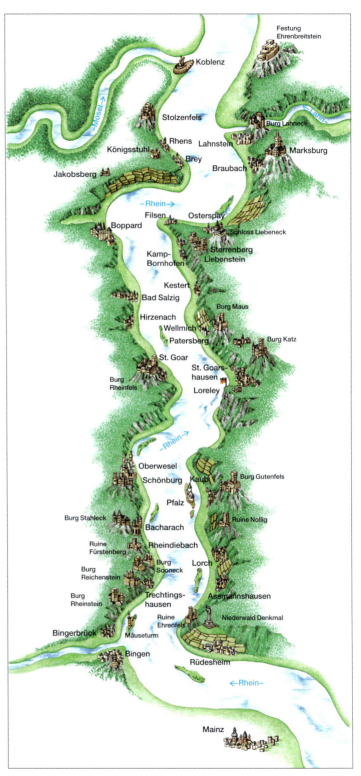

M 2 Das Mittelrheintal

Das Mittelrheintal – ein Durchbruchstal   107

M 3 Das Mittelrheintal bei St. Goar

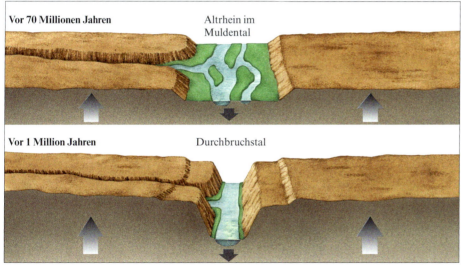

M 4 Die Entstehung des Mittelrheintales

Schon gewusst?

Die Sage berichtet, dass die wunderschöne Stromnixe Loreley im Mondenschein auf dem Felsen sitzend ihr goldenes Haar kämmt. Sie will die Blicke der Schiffer auf sich lenken, so dass sie nicht auf die Klippen im hier besonders schnell fließenden Strom achten. So manchem Schiffer wurde die „lure ley", der hinterlistige Schieferfelsen, zum Verhängnis.

AUFGABEN

1. Lies M 1 und verfolge die Rheinfahrt auf der Karte (M 2) und auf einer Atlaskarte.
2. Beschreibe die Oberflächengestalt des Rheinischen Schiefergebirges bei St. Goar. Verwende die Begriffe Hochfläche, Talhang, Talaue, Flussbett, wellig, steil, schmal (M 2, M 3).
3. Suche auf einer Atlaskarte die Gebirge, die zum Rheinischen Schiefergebirge gehören. Fertige vom Rheinischen Schiefergebirge eine Kartenskizze an. Hinweis: Beginne mit den Flüssen. Benenne die einzelnen Gebirge.
4. Erkläre die Entstehung des Mittelrheintals (M 4).

Das Oberrheinische Tiefland – ein Grabenbruch

Aus welcher Richtung man sich dem Kaiserstuhl auch nähert, seine Bergkuppe kann man schon von weitem erkennen. Ihr Aussehen erinnert an einen riesigen Lehnstuhl.
Der Kaiserstuhl ist ein ehemaliger Vulkan. Auch wenn es heute im Südwesten Deutschlands keine tätigen Vulkane mehr gibt, so kann man doch hin und wieder leichte Erdbeben verspüren, die wie Vulkane ihre Ursache in erdinneren Bewegungen haben. Woran können wir außerdem das Wirken erdinnerer Kräfte erkennen?

M 1 *Ein Mitarbeiter der Kurverwaltung in Badenweiler berichtet:*
„Badenweiler ist einer der ältesten Kurorte im Oberrheinischen Tiefland. Bereits die Römer nutzten die natürlich sprudelnde Thermalquelle im Markgrafenbad. Sie gründeten hier vor fast 2000 Jahren eine Militärsiedlung.
1784 wurden die Überbleibsel der römischen Badeanlagen unter Trümmerschutt entdeckt. Die Ruinen der Badeanlage können heute noch besichtigt werden.
Die Entwicklung Badenweilers zu einem Kur- und Badeort setzt also eine lange Tradition fort. Heute ist der Kur- und Badeort weltbekannt.
Die Römerquelle fördert täglich eine Million Liter Thermalwasser mit einer gleich bleibenden Temperatur von 26,4 °C. Seit den 1960er-Jahren wird aus einer Tiefbohrung täglich eine weitere Million Liter Thermalwasser gefördert. Die Bohrung war erfolgreich, weil wir von Geologen beraten wurden. Sie kennen die Schwächezone der Erdkruste am Rande des Schwarzwaldes.
In der Tiefe eines Risses der Erdkruste wird Wasser durch das vulkanische Gestein aufgeheizt. So entstehen Thermalwasser. Lösen sich beim Aufsteigen im Wasser noch Salze, so handelt es sich um ein Mineralwasser. Die meisten Thermalwasser sind auch Mineralwasser. Je nach dem Salzgehalt ist die heilende Wirkung verschieden. Darüber wissen unsere Ärzte genau Bescheid."

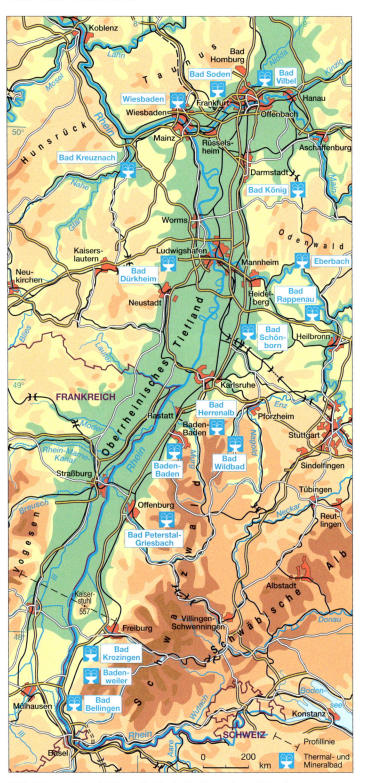

M 2 Thermal- und Mineralbäder in Südwestdeutschland

Das Oberrheinische Tiefland – ein Grabenbruch 109

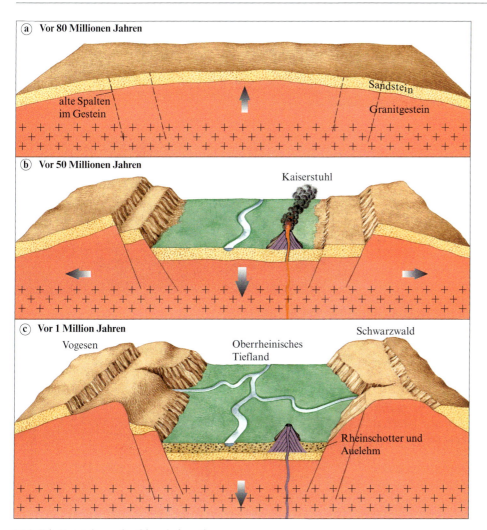

M 3 Die Entstehung des Oberrheingrabens

Was Geologen berichten. Genaue Messungen während vieler Jahre haben gezeigt, dass sich das Oberrheinische Tiefland in der Gegenwart um 0,5 bis 1,0 mm im Jahr senkt. Dieser Betrag erscheint uns als sehr gering. Das hängt vor allem damit zusammen, dass wir in Zeitvorstellungen unseres Lebens, also in Jahren, denken.
Erdgeschichtliche Vorgänge vollziehen sich aber in langen Zeiträumen. Sie werden in Millionen von Jahren gemessen. Und da zeigt sich eine völlig andere Sicht auf das Geschehen im Oberrheinischen Tiefland. In einer Million Jahre senkt sich dieses Gebiet bereits 500 Meter. Erdgeschichtlich gesehen senkt es sich also sogar sehr rasch ab. Das verwundert auch nicht, denn der Oberheingraben ist Teil eines langen Risses im Gestein der Erdkruste, der sich von Nordeuropa über die Täler der Flüsse Leine und Rhône in Mittel- bzw. Westeuropa quer durch Europa bis zum Mittelmeer zieht.

AUFGABEN
1. Miss die Länge der West-Ost- und Nord-Süd-Erstreckung des Oberrheinischen Tieflandes (M 2). Vergleiche sie mit bekannten Längen aus deinem Heimatgebiet.
2. Erläutere, wie die Menschen die geologischen Besonderheiten im Gebiet des Oberrheinischen Tieflandes nutzen (M 1, M 2).
3. Unterscheide Thermalquellen und Mineralquellen (M 1).
4. Sieh dir M 3 an. Formuliere erklärende Texte zu den Abbildungen ⓐ bis ⓒ. Beachte auch M 2 und den Text auf Seite 109.

Anbau von Sonderkulturen im Oberrheinischen Tiefland

Das Oberrheinische Tiefland wird auch als der „Garten Deutschlands" bezeichnet. Diese Umschreibung der Landschaft hängt mit der besonderen Form der landwirtschaftlichen Nutzung zusammen. Sonderkulturen bestimmen den Anbau. Was sind landwirtschaftliche Sonderkulturen? Warum herrscht ihr Anbau in dieser Region vor?

M 1 *Frühling im Oberrheinischen Tiefland.*
Der Frühling entfaltet in Deutschland seine Pracht zuerst am Kaiserstuhl. Am schönsten ist es zu dieser Jahreszeit aber an der Bergstraße. Das hängt damit zusammen, dass dieser gesamte Landschaftsraum zu allen Jahreszeiten klimatisch begünstigt ist.
Die Berge des Odenwaldes und der Schwarzwald schützen das Land vor den rauen Nordostwinden. Wo die Hänge nach Westen und Süden zum Tiefland abfallen, können die Sonnenstrahlen mit voller Kraft wirken. Pfälzer Wald und Vogesen dagegen halten die Regenwolken vom Westen zurück.
Oft strömt sehr warme Luft ungehindert aus dem Mittelmeerraum durch das Tal der Rhône und durch die Burgundische Pforte in das Tiefland. Und der fruchtbare Aue- und Lössboden ist auch im Winter nie tief gefroren. Darum regt sich in ihm zeitig im Frühjahr neues Leben. Außerdem ist das ebene Land leicht zu bearbeiten.
Schon vor 2000 Jahren schätzten die Römer das warme Klima der Bergstraße und des Tieflandes. Sie pflanzten Weinreben, wie in ihrer Heimat in Italien. Heute geben Obstgärten, Gemüsefelder und Rebkulturen der Landschaft das Gepräge.
Alljährlich berichten die Zeitungen Ende März, dass der Frühling an der Bergstraße seinen Einzug halte. Dann trifft an den Wochenenden aus vielen Gegenden Deutschlands und den Nachbarländern im Südwesten mit Pkw, Bus und Bahn ein gewaltiger Besucherstrom ein. Alle wollen die Blütenpracht genießen.

M 2 An der Bergstraße

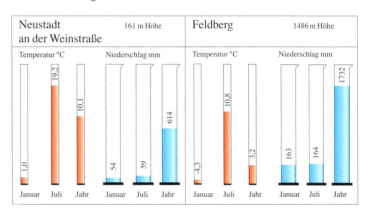

M 3 Temperaturen und Niederschläge

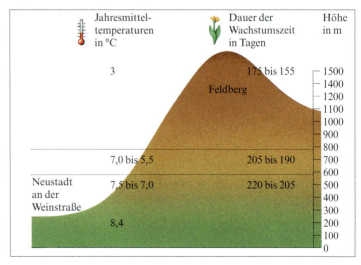

M 4 Jahresmitteltemperaturen und Wachstumszeit

Weinbau erfordert viel Arbeit. Der Winzer, so heißt der Weinbauer, ist das ganze Jahr über beschäftigt. Er benötigt etwa achtmal soviel Zeit wie der Getreide- und Zuckerrübenbauer in der Magdeburger Börde für die Bearbeitung einer gleich großen Anbaufläche.

Weinbau ist nicht nur arbeitsaufwändig, er erfordert auch viel Handarbeit. Weil die Weinrebe außerdem besondere Ansprüche an das Klima stellt, spricht man von einer Sonderkultur.

Viele Winzer sind Freizeitbauern. Etwa vier Hektar Rebfläche reichen aus, um eine Winzerfamilie zu ernähren. Wer über weniger Anbaufläche verfügt, muss einen anderen Hauptberuf ausüben. Den Nebenerwerb als Winzer verrichtet er nach Feierabend und an arbeitsfreien Tagen.

Vor allem die Nebenerwerbsbetriebe sind Mitglieder von Winzergenossenschaften. In den Genossenschaften werden die Trauben weiterverarbeitet. Der Winzer wird dadurch nicht nur zeitlich entlastet, er hat auch geringere Kosten und die Genossenschaften können günstigere Verkaufspreise erzielen.

Gemüse und Obst sind weitere Sonderkulturen. Zwar gibt es heute für den Gemüseanbau besondere Maschinen, aber Aussaat, Pflege und Ernte von Blumenkohl, Spinat, Salat, Gurken, Tomaten, Bohnen und Paprika oder Radieschen und vor allem von Spargel ist trotzdem arbeitsaufwändig.

Der Anbau erfordert für eine bestimmte Fläche vier- bis fünfmal so viel Zeit wie die Arbeit des Landwirts in der Börde, damit etwas weniger als der Weinbau. Doch der Aufwand lohnt sich. Frisches Gemüse bringt einen guten Preis. Vorteilhaft für die Gemüsebauern ist auch die Nähe zu den vielen Städten. Meistens verkauft der Erzeuger seine Ware an eine Verkaufsgenossenschaft. Dadurch spart er Zeit. Die Genossenschaft sortiert, verpackt und lagert das Gemüse und beliefert Einzelhändler und Großmärkte in der Stadt.

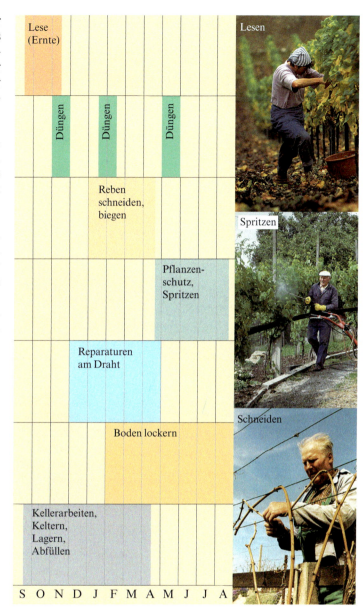

M 5 Arbeitskalender des Winzers

AUFGABEN

1. Unterscheide das Klima im Oberrheinischen Tiefland (Neustadt an der Weinstraße) vom Klima im Hochschwarzwald (Feldberg) anhand M 3 und M 4.
2. Begründe, warum das Klima im Oberrheinischen Tiefland warm und trocken ist (M 1).
3. Erläutere den Zusammenhang zwischen Temperatur, Wachstumszeit und Höhenlage über dem Meeresspiegel (M 4).
4. Beschreibe das Arbeitsjahr eines Winzers (M 5).
5. Erkläre, warum Wein, Obst und Gemüse als Sonderkulturen bezeichnet werden.

Verkehrsachse Oberrheinisches Tiefland

„Auf der A 5 zwischen Heidelberg und Karlsruhe zähflüssiger Verkehr mit zeitweiligem Stillstand." Die Verkehrsmeldung erinnert daran, dass das Oberrheinische Tiefland eine Verkehrsachse ist, in der sich Verkehrswege zu Verkehrssträngen und *Verkehrsknoten* (↑) bündeln. Warum ist das so?

Die frühe Besiedlung. Schon vor mehr als 2000 Jahren erkannten Menschen nicht nur die Vorzüge des Klimas und des fruchtbaren Bodens, sondern auch die günstige Verkehrslage dieses Gebietes. Das überwiegend ebene Land und der Rhein erleichterten den Verkehr. So wurde der Landschaftsraum früh besiedelt. Aus römischen Stadtgründungen wie Speyer, Worms und Mainz gingen die ersten Städte in Deutschland hervor.

Der Oberrhein als Verkehrsweg. Der Rhein wurde seit der Römerzeit für den Transport von Gütern und Personen genutzt.
Als im 19. Jahrhundert in den Städten am Oberrhein Industrien entstanden, benötigte man vor allem Kohle. Sie konnte vom Ruhrgebiet aus auf dem Rhein kostengünstig transportiert werden.
Verzweigte Wasserläufe und Sandbänke behinderten aber die Schifffahrt. Deshalb wurde der Rheinlauf ausgebaggert, begradigt und an den Ufern befestigt.
Heute ist der Rhein die bedeutendste Binnenwasserstraße Europas. Am Strom liegen große Binnenhäfen wie Mannheim-Ludwigshafen, Basel, Straßburg, Köln und Duisburg-Ruhrort. An der Mündung des Rheins in die Nordsee liegen die Seehäfen Rotterdam und Amsterdam.

Ballungsräume verursachen Verkehr. Anfangs war es die günstige Verkehrslage, die zum Wachstum der Städte und Industrien beitrug. Heute sind es die vielen Menschen und die zahlreichen Arbeitsplätze in Industrie und Dienstleistungen, die immer neue Verkehrseinrichtungen benötigen.

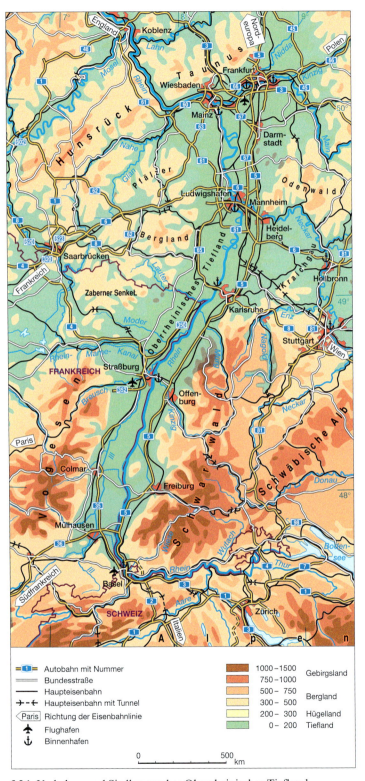

M 1 Verkehrs- und Siedlungsachse Oberrheinisches Tiefland

Verkehrsachse Oberrheinisches Tiefland   113

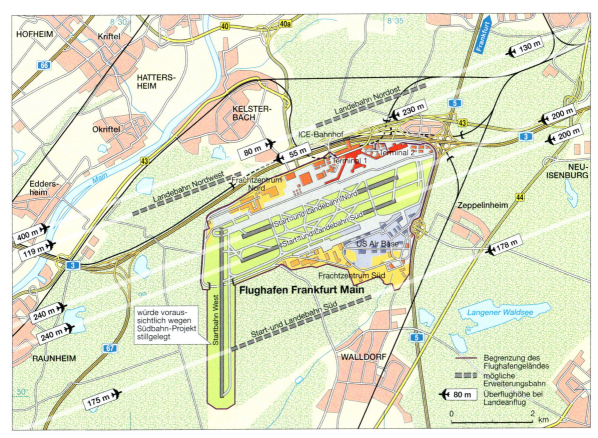

M 2 Rhein-Main-Flughafen Frankfurt

M 3 Der Pressesprecher der Flughafen Frankfurt/Main AG berichtet:

„Der Rhein-Main Flughafen Frankfurt gehört zu den bedeutendsten Luftkreuzen der Welt. Er ist der zweitgrößte Airport in Europa. Heute können stündlich 80 Flieger starten und landen. Sie befördern 46 Millionen Fluggäste im Jahr. Das wird zukünftig aber nicht ausreichen. Der Flughafen muss vergrößert werden, damit bis zu 250 000 Arbeitsplätze bei Unternehmen in ganz Deutschland, die vom Flughafen abhängig sind, erhalten bleiben.

Wir rechnen zukünftig mit 72 Millionen Passagieren im Jahr. Dazu sind statt der bisher 440 000 Flugbewegungen im Jahr 660 000 erforderlich.

Den Ausbau wollen wir mit Lärmschutzmaßnahmen verbinden: Nachtflugverbot zwischen 23 und 5 Uhr, Gebührenanreize für lärmarme Flugzeuge, Schallschutz an Gebäuden in belasteten Wohngebieten."

AUFGABEN

1. Suche Ballungsgebiete im Oberrheinischen Tiefland (M 1). Beschreibe ihre Lage.
2. Nenne Gründe für die Entwicklung des Oberrheinischen Tieflandes zu einer Verkehrsachse in Deutschland und Europa (Text Seite 112, Atlas).
3. Überlegt in Arbeitsgruppen, wie man die Verkehrsachse Oberrheinisches Tiefland in einer einfachen schematischen Kartenskizze darstellen kann. Fertigt die Kartenskizze an. Vergleicht euer Ergebnis mit dem anderer Arbeitsgruppen.
4. Beschreibe die Lage des Rhein-Main-Flughafens im Oberrheinischen Tiefland (M 1, Deutschlandkarte im Atlas).
5. Etwa 2 von 3 Flugpassagieren benutzen den Rhein-Main-Flughafen als Umsteigeflughafen bei Fernflügen. Ermittle mithilfe einer Atlaskarte, von welchen deutschen Städten aus sie gestartet sein könnten. Fertige dazu eine Kartenskizze an.
6. Besprecht miteinander den Plan zum weiteren Ausbau des Rhein-Main-Flughafens Frankfurt (M 2, M 3). Was spricht dafür, was dagegen? Berücksichtigt auch, wie die Einwohner von Zeppelinheim oder Raunheim darüber urteilen könnten.

Das Rhein-Main-Ballungsgebiet

Häufig werden in Zeitungsberichten oder im Fernsehen Schlagworte wie „Bankfurt", „Schaltzentrale des Geldes" oder „Mainhattan" benutzt, wenn es um die Kennzeichnung des Wirtschaftsstandortes Frankfurt am Main geht. Was verbirgt sich hinter derartigen Bezeichnungen?

Das Rhein-Main-Ballungsgebiet dehnt sich über eine Fläche von etwa 5000 km^2 aus. In diesem Gebiet leben und arbeiten mehr als 3 Millionen Menschen.
Allein in Frankfurt haben sich über 400 Banken und Versicherungen angesiedelt. Sie kommen aus mehr als 40 Staaten und haben rund 50000 Beschäftigte. Über ein Fünftel des deutschen Bankgeschäfts wird hier abgewickelt. Der Umfang der Geldgeschäfte beträgt jährlich mehr als 400 Milliarden Euro.

M 1 Blick auf Frankfurt am Main

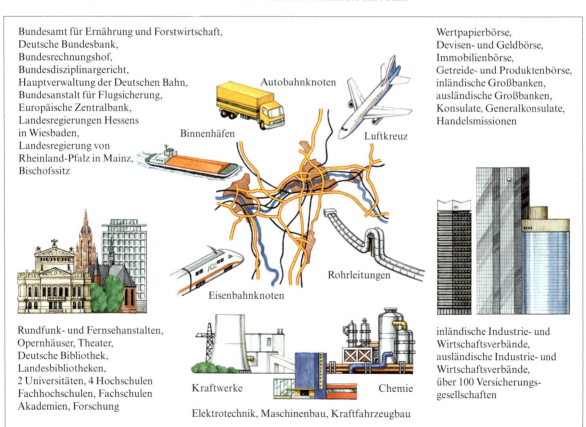

M 2 Wirtschaftliche und politische Einrichtungen im Rhein-Main-Ballungsgebiet

Das Rhein-Main-Ballungsgebiet 115

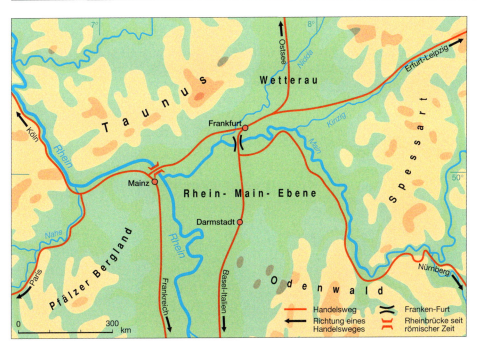

M 3 Handelswege im Rhein-Main-Gebiet um 1400

M 4 Ein Heimatforscher berichtet:
Aufgrund der günstigen Naturbedingungen war das Oberrheinische Tiefland schon frühzeitig für eine Besiedlung durch die Menschen von Interesse. Der fruchtbare Boden und das milde Klima dieses Gebietes ermöglichten sehr gute Ernteerträge.
Vor mehr als 1 000 Jahren entwickelten sich aus Dörfern oder römischen Siedlungen an den Flüssen und Handelswegen der Rhein-Main-Ebene zahlreiche Städte.
Frankfurt stieg bald zum wirtschaftlichen Mittelpunkt in der Rhein-Main-Ebene auf. Jahrhundertelang benutzten die Fernhändler die „Furt der Franken" (deutscher Volksstamm) durch den Main. Von weither kamen die Händler zu den Messen, so hießen damals die Märkte. Oft weilten deutsche Kaiser und Könige in der Stadt. So wurde Frankfurt bald eine reiche Handelsstadt.
Einen anderen Beitrag zum wirtschaftlichen Aufstieg leisteten niederländische Siedler im 16. Jahrhundert. Sie begründeten den Handel mit Geld, also den Banken- und Börsenplatz Frankfurt. Im 19. Jahrhundert folgte die Ansiedlung von Industriebetrieben in der Rhein-Main-Ebene.

Schon gewusst?
Furt bedeutet: günstige Stelle zum Durchqueren eines Flusses. Im Mittelalter spielten Furten eine große Rolle, weil der Brückenbau noch ungenügend entwickelt war. Sie bestimmten den Verlauf von Handelswegen und begünstigten die Entwicklung von Siedlungen.

AUFGABEN

1. Beschreibe, welche Betriebe und Einrichtungen sich im Rhein-Main-Gebiet angesiedelt haben. Gliedere nach Industrie, Verwaltung, Handel, Bildung und Forschung, Kultur und Verkehr (M 2). Verwende auch „Schlag nach", Seite 147.
2. Begründe, weshalb in der schematischen Darstellung des Rhein-Main-Ballungsgebietes der Verkehr in der Mitte steht (M 2).
3. Erkläre die Schlagworte „Bankfurt" und „Mainhattan".
4. Beschreibe die Lage des Rhein-Main-Gebietes mithilfe einer Karte. Beachte die Ausdehnung, die Begrenzung, die Flüsse (M 3, Atlas).
5. Vergleiche die Verkehrserschließung des Rhein-Main-Gebietes früher und heute (M 3, Atlas). Verwende auch dein Wissen aus dem Lehrbuchabschnitt „Verkehrsachse Oberrheinisches Tiefland".
6. Erkläre den wirtschaftlichen Aufstieg im Rhein-Main-Gebiet seit über 1 000 Jahren. Beachte natürliche Gegebenheiten und wirtschaftliche Ursachen (M 4).

Die Schwäbische Alb – eine Schichtstufe

Der Landschaftsraum zwischen den Flüssen Main und Donau wird Süddeutsches Stufenland genannt.
Wenn wir auf der Karte vom Spessart entlang der Autobahn A 3 in östliche Richtung und hinter Nürnberg auf der Autobahn A 6 weiter nach Osten fahren, dann können wir den Aufbau dieser Landschaft gut beobachten. Sie sieht wie eine riesige natürliche Treppe aus. Wie ist dieses Süddeutsche Stufenland entstanden?

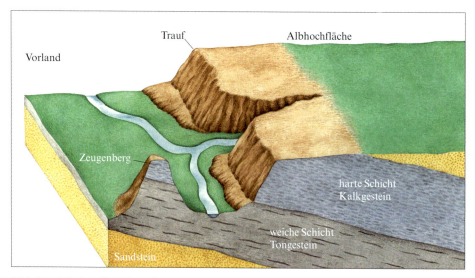

M 1 Modell einer Schichtstufe

M 2 Blick von der Albhochfläche zum Hohenstaufen

Die Schwäbische Alb – eine Schichtstufe 117

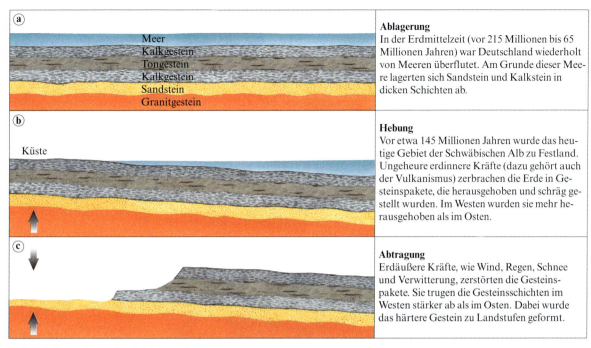

M 3 Die Entstehung der Schichtstufe

M 4 Ein alter Bauer aus einem Dorf auf der Schwäbischen Alb erzählt:

„Uns Kindern erschien der Weg von der Albhochfläche hinunter ins Unterland nach Urach nicht zu anstrengend, obwohl wir für den Hin- und Rückweg etwa eine Stunde benötigten. Im Sommer mussten wir sogar bis zu dreimal am Tag diesen Weg zurücklegen, um vom Brunnen am Markt in Kannen frisches Wasser zu holen. Natürlich tranken wir aus Sparsamkeitsgründen kräftig von dem kostbaren Wasser, denn bei uns auf der Albhochfläche gab es kein Trinkwasser. Das Kalkgestein lässt das Regenwasser wie ein Sieb einfach durchlaufen. Deshalb wurde in den Sommermonaten mit Wasser äußerst sparsam umgegangen.

Die Bauern hatten auf ihren Höfen Zisternen. Das sind gemauerte Wasserbehälter. Darin sammelten sie das Regenwasser. Zum Tränken des Viehs und zum Waschen reichte das Wasser nicht. Dafür nutzten wir den Dorfteich.

Aber das Wasser aus den Zisternen und Teichen war als Trinkwasser ungeeignet. Es enthielt Krankheitskeime. Jährlich starben viele Albbewohner an der Infektionskrankheit Typhus. Verheerende Folgen hatte der Wassermangel auch, wenn es im Dorf brannte."

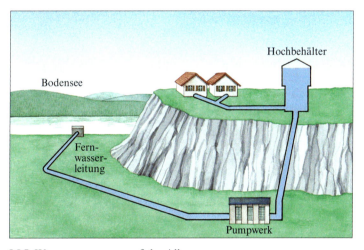

M 5 Wasserversorgung auf der Alb

AUFGABEN

1. Verfolge auf der Atlaskarte die Strecke vom Spessart nach Osten. Welche Landstufen bzw. Höhenzüge liegen dazwischen?
2. Nenne die Bauteile einer Schichtstufe (M 1).
3. Beschreibe das Aussehen der Bauteile einer Schichtstufe. Vergleiche Foto (M 2) und Modell (M 1).
4. Erläutere die Entstehung der Schichtstufenlandschaft (M 3). Benutze auch dein Wissen über die Entstehung des Mittelgebirgslandes.
5. Die Alb, ein Wassernotstandsgebiet: Ursachen und Folgen. Fertige dazu einen kleinen Bericht an.

Das Ballungsgebiet Mittlerer Neckar

Das Neckarland kann wie das Ruhrgebiet auf eine etwa 150-jährige industrielle Entwicklung zurückblicken. Beide Gebiete gehören damit zu den Altindustriegebieten Deutschlands. Sie weisen aber trotzdem unterschiedliche Merkmale auf. Warum verlief die industrielle Entwicklung im Neckarland anders als im Ruhrgebiet?

Das Ballungsgebiet Mittlerer Neckar ist etwa so groß wie die Fläche des östlichen Ruhrgebietes. Hier wohnen und arbeiten rund eine Million Menschen. Reichlich die Hälfte der Erwerbstätigen ist in der Industrie beschäftigt. Mit rd. 600 000 Einwohnern ist der Raum Stuttgart wirtschaftlicher Mittelpunkt. Fast zwei Drittel der Erwerbstätigen arbeiten hier in Dienstleistungsberufen.

Vom Bauern zum Arbeiterbauern. Das Neckarland war früh und dicht von Bauern besiedelt. Der fruchtbare Boden und günstiges Klima bringen gleich bleibend gute Ernten. An den Talhängen gedeihen Obst und Wein. Diese „Kornkammer" ernährte auch die Handwerker und Händler zahlreicher Städte in den umliegenden Tälern.

Im Neckarland galt seit langer Zeit das Erbrecht der Realteilung. Der Bauer vererbte seinen Besitz nicht allein an den ältesten Sohn, er verteilte ihn gleichmäßig auf alle Kinder. Dadurch wurde der Besitz immer kleiner und oft zu klein, um eine Familie ernähren zu können. Viele Schwaben wanderten deshalb im 18. und 19. Jahrhundert aus.

Andere dieser so genannten „Zwergbauern" lernten spinnen, weben oder Holz schnitzen und betrieben Heimarbeit. Dadurch gab es im Neckarland handwerklich gut ausgebildete Arbeitskräfte. Als im 19. Jahrhundert aus vielen Handwerksbetrieben kleine und mittlere Industriebetriebe hervorgingen, fanden die „Zwergbauern" in den Städten Arbeit. Sie behielten ihren kleinen Landwirtschaftsbetrieb im Nebenerwerb und wurden so Arbeiterbauern.

M 1 Ein Mitarbeiter der Industrie- und Handelskammer berichtet:
1 „Im Neckarland gab es weder Erz- noch Kohlevorkommen. So entstanden Betriebe der Veredelungsindustrie. Man fertigte aus möglichst wenig Grund-
5 stoffen und Halbfertigwaren hochwertige Maschinen und Verbrauchsgüter. Handwerklich ausgebildete Arbeitskräfte standen ja zur Verfügung.
Notwendig war aber, die Grundstoffe
10 möglichst billig heranzuschaffen und die Fertigwaren ebenso kostengünstig zu versenden. Deshalb wurde der Neckar zur Wasserstraße ausgebaut und die Täler wurden durch Straßen und Eisen-
15 bahnen erschlossen."

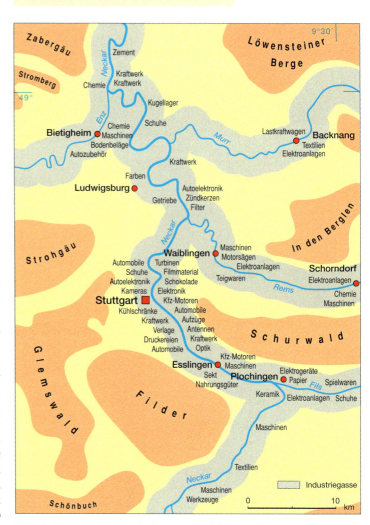

M 2 Industriegassen im Ballungsgebiet Mittlerer Neckar

Das Ballungsgebiet Mittlerer Neckar   119

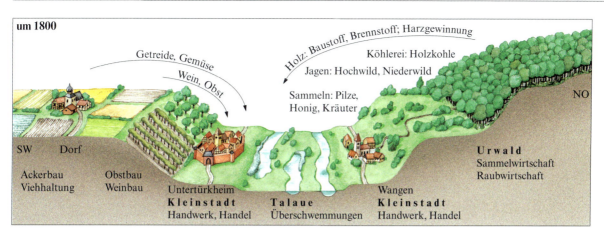

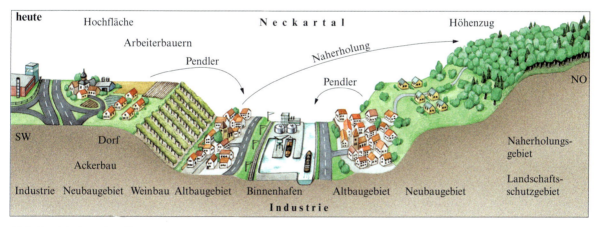

M 3 Das Neckartal südlich von Stuttgart

Schon gewusst?

GOTTLIEB DAIMLER (geboren in Schorndorf 1834, gestorben in Cannstatt 1900) ist neben CARL BENZ Erfinder des modernen Autos. Er gründete 1882 zusammen mit MAYBACH in Cannstatt eine Versuchswerkstätte. Sie entwickelten einen Benzinmotor. 1890 wurde mit dem „Mercedes"-Kraftwagen das erste Automobil gebaut.

AUFGABEN
1. Beschreibe die Industriestruktur im Ballungsgebiet Mittlerer Neckar (M 2). Ordne die Standorte in einer Tabelle nach Erzeugnisgruppen (z. B. Nahrungsmittel, Kraftfahrzeuge usw.).
2. Stelle das Besondere in der Verteilung der Industrie im Landschaftsraum Mittlerer Neckar fest (M 2, M 3).
3. Arbeitet in Gruppen: Worin unterscheidet sich die Wirtschaftsstruktur des Ballungsgebietes Mittlerer Neckar vom Ruhrgebiet? Erläutert die Gründe für die Unterschiede.

Der Kreislauf des Wassers

Ist der Spiegel an der Wand unsauber und du hast kein Wasser zur Hand, so hauchst du ihn zum Putzen an. Warum wird das Glas feucht?

Die Wandtafel hast du mit einem nassen Schwamm gesäubert. Nun ist sie feucht. Wieso trocknet die Tafelfläche nach einiger Zeit?

Ein Versuch:
In einem Kessel wird Wasser erwärmt. Nach einiger Zeit kocht es. Über der Öffnung des Kessels bildet sich eine weiße Wolke.

> **Schon gewusst?**
>
> Die gesamte Wassermenge der Erde umfasst etwa 1 400 000 000 Millionen Liter. Das ist eine unvorstellbare Menge. Trotz dieser riesigen Menge ist Wasser ein kostbares Gut: Ohne Wasser gibt es kein Leben! Nahezu das gesamte Wasser der Erde befindet sich als Salzwasser in den Ozeanen. In den Seen, Flüssen und Kanälen des Festlandes befindet sich dagegen nur ein kleiner Teil (ein Vierzigstel) als Süßwasser. Aber noch viel kleiner ist die Wassermenge, die in der Luft enthalten ist (ein Hunderttausendstel).

M 1 Erhitzen von Wasser

M 2 Abkühlen an der Fensterscheibe

Verdampfen nennt man den Übergang von Wasser aus dem flüssigen in den gasförmigen Zustand. Auch schon bei normaler Zimmertemperatur geht stets etwas Wasser vom flüssigen in den gasförmigen Zustand über. Diesen Vorgang bezeichnet man als *Verdunstung*.

Kondensation ist der entgegengesetzte Vorgang: der Übergang des Wassers aus dem gasförmigen in den flüssigen Zustand. In der Natur geschieht das bei der *Wolkenbildung*: Wasserdampf kondensiert zu kleinen Wassertropfen. Werden die Wassertropfen zu groß, fallen sie aus den Wolken auf die Erde herab: Es regnet!

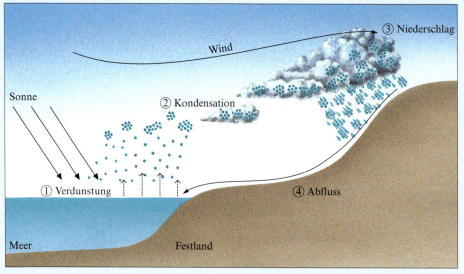

M 3 Der Kreislauf des Wassers

M 4 *Wasserdampf – Wasser – Eis: Zustandsformen des Wassers.*
Auch die Luft, die uns umgibt, enthält Wasser – aber nicht in flüssiger Form, sondern als unsichtbaren Wasserdampf. Erst wenn der Wasserdampf zu kleinen Tröpfchen zusammengedrängt ist, können wir das Wasser sehen: z. B. bei Nebel oder in der Sauna.
Beim Erhitzen des Wassers entweicht aus dem Kessel unsichtbarer Wasserdampf, aus dem sich Nebel bildet (M 1). Wenn Luft abkühlt, drängen sich die darin enthaltenen Wasserteilchen des Dampfes zu Tröpfchen zusammen. Man sagt dann: Der gasförmige Wasserdampf kondensiert zu flüssigem Wasser.
Wenn Wasser unter 0° Celsius abgekühlt wird, erstarren die flüssigen Teilchen zu Eis. Im Eis hat jedes Wasserteilchen seinen festen Platz. Deshalb ist auch das Eis fest. Erst beim Erwärmen über 0° Celsius werden die Wasserteilchen wieder beweglich. Das Eis schmilzt, das Wasser ist wieder flüssig.
Aus der Oberfläche des flüssigen Wassers treten ständig einzelne kleine Wasserteilchen heraus und verteilen sich in der Luft. Man sagt, das Wasser verdunstet. Es ist dann wieder als unsichtbarer Wasserdampf in der Luft.

Vom Kreislauf des Wassers. Über dem Meer verdunstet viel Wasser. Unsichtbar steigt es als Wasserdampf aufwärts. Die Wasserteilchen verdichten sich (= kondensieren) zu Wassertröpfchen und werden als Wolken sichtbar. Wenn die Wolken aufsteigen und dabei abkühlen, drängen sich die Wassertröpfchen weiter zusammen und werden dicker und schwerer – bis sie als Regen auf die Erde fallen. Das kann schon über dem Meer geschehen. Doch viele Regenwolken trägt der Wind bis zum Festland. Ein Teil der Regentropfen verdunstet gleich wieder. Andere gelangen in Flüsse und Seen. Die übrigen versickern im Boden. Dort sammeln sie sich über undurchlässigen Ton- oder Lehmschichten. An Quellen treten sie wieder zu Tage und fließen in Bächen und Flüssen zurück zum Meer.

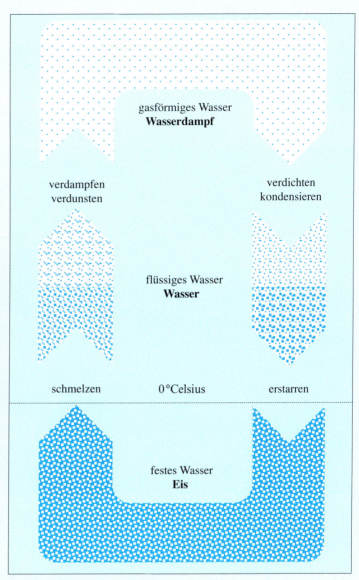

M 5 Modell der drei Zustandsformen des Wassers

AUFGABEN
1. Beschreibe deine Beobachtungen beim Erhitzen von Wasser im Kessel (M 1) und beim Abkühlen an der Fensterscheibe (M 2).
2. Nenne die drei Zustandsformen des Wassers (M 4 und M 5). Erkläre nun mithilfe der unterschiedlichen Zustandsformen des Wassers deine Beobachtungen bei M 1 und M 2.
3. Beschreibe und erkläre den Kreislauf des Wassers (M 3). Gliedere deine Beschreibung dabei in die Abschnitte: Verdunstung, Wolkenbildung, Niederschlag und Abfluss des Wassers zum Meer.
4. Wenn du alles sehr gut verstanden hast, dann kannst du vielleicht folgende zwei Fragen beantworten: a) Warum regnet es auch über dem Meer? b) Wie entsteht Hagel?

Talsperren im Harz

Die Kraft des fließenden Wassers nutzen die Menschen seit langer Zeit. Wasserräder trieben Getreidemühlen an oder bewegten Eisenhämmer. Heute erzeugen Turbinen in Wasserkraftwerken elektrischen Strom. Hohe Mauern aus Beton oder Steinen stauen Wasser in großen Stauseen. Täler, Wälder und Siedlungen wurden dazu überflutet. Aus dem Stausee wird das Wasser durch Turbinen geleitet. Warum wurden im Harz viele *Talsperren* (↑) gebaut?

M 1 Blick von Osten auf das Rappbode-Talsperren-System
❶ Rappbode-Talsperre
❷ Oberbecken des Pumpspeicherkraftwerks
❸ Pumpspeicherkraftwerk

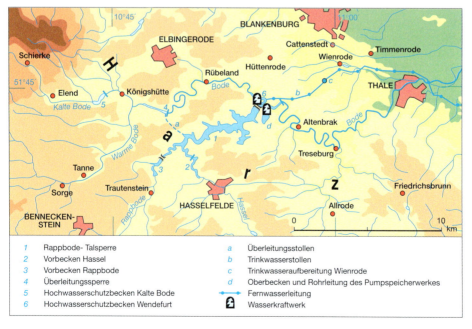

1	Rappbode-Talsperre	a	Überleitungsstollen
2	Vorbecken Hassel	b	Trinkwasserstollen
3	Vorbecken Rappbode	c	Trinkwasseraufbereitung Wienrode
4	Überleitungssperre	d	Oberbecken und Rohrleitung des Pumpspeicherwerkes
5	Hochwasserschutzbecken Kalte Bode		Fernwasserleitung
6	Hochwasserschutzbecken Wendefurt		Wasserkraftwerk

M 2 Das Rappbode-Talsperren-System

Talsperren im Harz

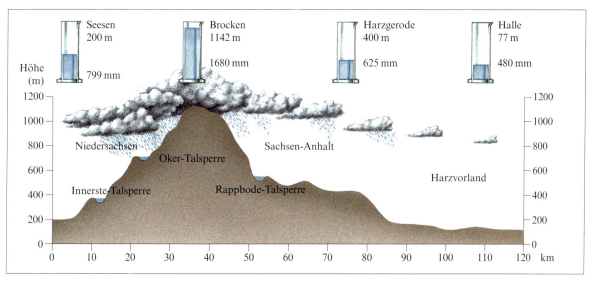

M 3 Der Harz – ein Regenfänger (Die Regenmenge gibt den Jahresniederschlag an.)

Talsperren sammeln das Wasser und regeln den Wasserstand von Flüssen. Im Winter liegt eine bis zu 3 Meter hohe Schneedecke im Harz. Bei starkem Tauwetter oder sommerlichen Unwettern kam es früher im Harzvorland zu schweren Schäden. Bäche und Flüsse wurden zu reißenden Wildwassern. Das schäumende Wasser riss Geröll, große Steine und entwurzelte Bäume mit sich fort. Im Vorland überschwemmte es Wiesen, zerstörte Brücken, überflutete Keller, Straßen und Eisenbahngleise.
Seit der Gründung der Harzwasserwerke (1928) und mit dem Bau der Rappbode-Talsperren wurde das Wasser gebändigt und die Überflutungsgegefahr drastisch reduziert. Über Fernwasserleitungen werden die Städte Halle, Magdeburg, Wolfsburg, Braunschweig, Hildesheim, Hannover und Bremen mit Trinkwasser aus dem Harz versorgt.

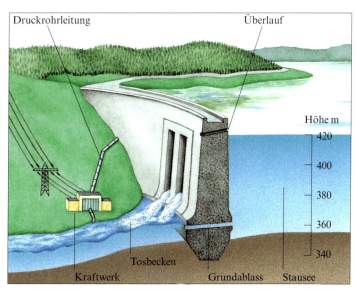

M 5 Schnitt durch eine Staumauer

M 4 Talsperren im Harz (Auswahl)

Talsperre	Rapp-bode	Oker	Innerste
Stauraum (in Mio. m³)	109,1	47,4	20,0
Fläche (in km²)	3,9	2,2	1,5
Stauhöhe (in m)	87,0	66,0	35,0
Fertigstellung	1959	1956	1966
Hauptnutzung	T,H,E	H,N,E,EH	H,EH

Erläuterung zur Hauptnutzung:
E = Energiegewinnung, EH = Erholung,
H = Hochwasserschutz,
N = Niedrigwasseraufhöhung,
T = Trinkwasserversorgung

AUFGABEN

1. Ordne das Schrägluftbild M 1 in die Karte M 2 ein. Achte dabei auf die Lage von Kraftwerken und den Verlauf von Bode und Rappbode.
2. Warum wurden im Harz Talsperren errichtet (M 3, M 4)? Beziehe den Begriff „Steigungsregen" ein (siehe „Schlag nach").
3. Talsperrenbauten greifen stark in Landschaften ein. Sind diese Eingriffe zu rechtfertigen? Tauscht eure Meinungen dazu aus.

Das Erzgebirge – eine Pultscholle

Wenn du vom Vorland des Erzgebirges in das Erzgebirge hinauf fährst, dann kannst du beobachten, wie sich die Nutzung des Bodens verändert: Du wirst auch feststellen, dass die Oberflächenformen des Erzgebirges eine andere Gestalt aufweisen als die im Harz.

Wieso wird der Boden im Erzgebirgsvorland anders genutzt als im Erzgebirge?
Und warum unterscheiden sich die Oberflächenformen des Erzgebirges von denen anderer deutscher Mittelgebirge?

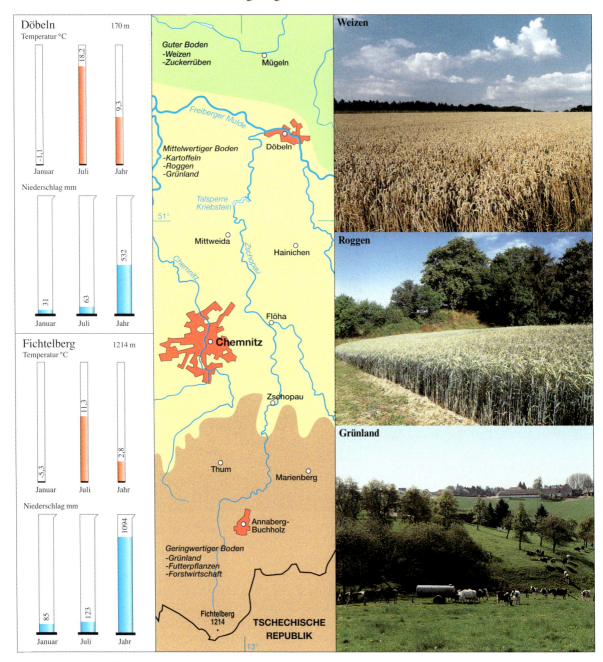

M 1 Landwirtschaft im Mittelgebirgsland

Das Erzgebirge – eine Pultscholle 125

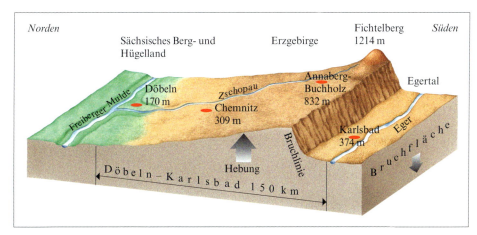

M 2 Die Pultscholle des Erzgebirges

M 3 Blick vom Fichtelberg auf Oberwiesenthal

Wie du weißt, ist die Art der Bodennutzung durch die Landwirtschaft immer von den vorhandenen natürlichen Bedingungen abhängig.

Bei der Festlegung des Anbauplans muss der Landwirt beachten, dass die Pflanzen ausreichend mit Nährstoffen, Wasser und Wärme versorgt werden können. Er ist bei seiner Entscheidung also auf das Klima und den Boden angewiesen.

Im Gebirge ist die Oberflächenform (das Relief) ein weiterer wichtiger Faktor, der auf die Bodennutzung Einfluss nimmt. An steilen Hängen ist Ackerbau nicht mehr möglich. Große Maschinen können nicht eingesetzt werden. Handarbeit wäre aber zu aufwändig. An steilen Hanglagen steht meist Wald oder sie werden als Grünland genutzt.

M 4 Ansprüche von Nutzpflanzen an natürliche Bedingungen

Weizen, Zuckerrüben	guter Boden, Wärme
Roggen, Kartoffeln	mittlere bis geringe Bodengüte, wenig Wärme, viel Wasser
Futterpflanzen, Gräser	geringe Bodengüte, wenig Wärme, viel Wasser

AUFGABEN

1. Ordne den Kartenausschnitt aus M 1 in eine physische Karte von Deutschland ein (Atlas).
2. Erläutere Veränderungen in der Bodennutzung vom nördlichen Vorland des Erzgebirges zu den höchsten Erhebungen des Gebirges. Begründe die Veränderungen. Nutze M 1 und M 4.
3. Geografen sagen, dass das Erzgebirge eine Pultscholle (Pult = schräg gestellte Platte) ist. Erkläre die Entstehung der Pultscholle des Erzgebirges. Verwende dazu M 2. Hinweis: Achte auf die Pfeile in der Abbildung.

Umweltschäden im Erzgebirge

„Der Kahleberg im Osterzgebirge macht seinem Namen alle Ehre. Wo vor Jahren noch dunkelgrüne Fichtenwälder standen, ragen heute verdorrte Baumstümpfe in die Luft oder biegt sich dürres Gras."

Diese Nachricht konnte man 1991 in der „Sächsischen Zeitung" lesen. Wie steht es heute um den Wald im Erzgebirge? Welche Ursachen liegen den Waldschäden zugrunde?

Baumsterben im Erzgebirge. Waldschäden, die bis zum Absterben von Bäumen führen können, treten in fast allen Wäldern Deutschlands auf, auch im Erzgebirge. Hier sind besonders die Kammlagen des Gebirges betroffen, auf denen reine Fichtenwälder standen.

M 2 Am Kahleberg

M 1 Zu Besuch beim Bürgermeister von Deutschneudorf.
1 Der Bürgermeister zeigt auf ein Bild, das an der Wand seines Amtszimmers hängt. So sah es hier früher aus: Dichter, grüner Nadelwald. Heute, fährt der Bürger-
5 meister fort, herrscht dort unten im tschechischen Industriegebiet wieder Smogalarm. Wer über die Grenze fährt, kann das trübe Gemisch aus Nebel und Schadstoffen sehen.
10 Ein süßlich-brennender Geruch sticht in die Nase. Der Wind trägt ihn aus dem tschechischen Industriegebiet die Täler herauf. Der Nebel ist mit Schadstoffen angereichert. Er ist sauer wie Essig.
15 Vorige Woche war der Landwirtschaftsminister bei uns, um sich vor Ort umzusehen. Er sagte uns, dass 1995/96 rund 50 000 ha Wald im Mittel- und Osterzgebirge geschädigt waren, 3000 ha Fich-
20 ten starben im Sommer 1996.
Mit großen Mengen Kalk versucht man gegen die Versauerung der Waldböden durch die Schadstoffe anzugehen. Bisher sind etwa 140 000 Tonnen Kalk aus-
25 gebracht worden.
Auf 30 Millionen Euro schätzte der Minister allein den wirtschaftlichen Schaden für die Forstwirtschaft. Die Folgen für die Reinheit von Luft und
30 Wasser oder für den Tourismus lassen sich kaum beziffern.

Gefahren für den Wald
- Schadstoffe in der Luft dringen in die Pflanzen
- Schadstoffe in der Luft werden durch Regen in den Boden gespült
- Saurer Regen verändert den Boden

Hilfe für den Wald
- Weniger Schadstoffe aus Industriebetrieben gelangen in die Luft
- Weniger Schadstoffe aus dem Straßenverkehr gelangen in die Luft und den Boden
- Weniger Schadstoffe aus Feuerungsanlagen aus der Wirtschaft und den Haushalten gelangen in die Luft

M 3 Baumsterben

Schon gewusst?

Bis in das 19. Jahrhundert war Holz neben der Wind- und Wasserkraft die wichtigste Energiequelle und außerdem ein wichtiger Rohstoff.
Der Wald wurde ausgeraubt. Viele Wälder waren in den Mittelgebirgen vor 150 Jahren regelrecht verwüstet worden. Dem Grundsatz, nur soviel Holz zu schlagen wie nachwachsen kann, folgte man damals noch nicht.

Umweltschäden im Erzgebirge   127

Uranerzbergbau im Erzgebirge. Seit über 800 Jahren wurde im Erzgebirge Silbererz gewonnen. Im Abbaugebiet Aue-Schlema gehörte zu den tauben Gesteinen, die kein Silber enthielten, auch das Uranerz. Es wurde mit dem anderen Gestein ebenfalls auf Halden gekippt. Dort gab das Haldengestein seither radioaktives Radon, ein unsichtbares und geruchloses Gas, an die Luft ab.

Zwischen 1946 und 1990 wurde in Sachsen und Thüringen bei den Städten Aue-Schlema, Freital, Königstein und Ronneburg Uranerz abgebaut.
Ein Staatsbetrieb der damaligen Sowjetunion, die „Wismut", war der Betreiber. Etwa 220 000 Tonnen Uran wurden zu „Yellow Cake" verarbeitet. Das ist ein Zwischenprodukt für den Betrieb von Kernkraftwerken und den Bau von Atomwaffen.
An allen Abbauorten wurde der Gesteinsabfall aus dem Uranerzbergbau über Tage abgelagert.

Seit 1991 sind über und unter Tage die Bergwerksanlagen saniert worden. Auf die geglätteten Hänge der Halden wurde Boden aufgetragen. Der Boden und die dichte Pflanzendecke verhindern nun ein Entweichen von Radon. Die unterirdischen Grubenanlagen wurden mit Grundwasser geflutet, die Schachtöffnungen durch dicke Betonpfropfen verschlossen.

Kurbad Schlema. Im Rahmen der Weltausstellung EXPO 2000 in Hannover machte Schlema auf seine frühere wirtschaftliche Bedeutung als Kurort aufmerksam.
Zeitgleich mit der Sanierung der ehemaligen Bergbauanlagen erfolgte der Wiederaufbau von Kuranlagen in Schlema. Der Kurbereich mit dem Kurmittelhaus und dem Gesundheitsbad „Actinon" wurde neu gestaltet.
Schlema will mit den neuen Kureinrichtungen an seinem ehemaligen Ruf, „stärkstes Radonbad der Welt" zu sein, wieder anknüpfen.

1960

1993

1997

M 4 Die Hammerberghalde – Gesteinsabfall aus dem Uranerzbergbau in Schlema

AUFGABEN
1. Beschreibe anhand des Fotos (M 2) neuartige Waldschäden.
2. Warum spricht man von „neuartigen" Waldschäden? Lies dazu unter „Schon gewusst?" nach.
3. Nenne Ursachen, die zu neuartigen Waldschäden führen (M 1, M 3).
4. Erläutere Maßnahmen zur Einschränkung der Waldschäden. Beachte auch deinen Beitrag daran (M 1, M 3). Was können wir alle dazu beitragen?
5. Suche die ehemaligen Standorte des Uranerzbergbaus in Sachsen und Thüringen auf der Atlaskarte.
6. Beschreibe die Beseitigung von Umweltschäden des Bergbaus. Lies den Text auf dieser Seite und benutze M 4.

Zusammenfassung

1

2

3

Steinkohle und Braunkohle sind in verschiedenen Zeiten der Erdgeschichte entstanden. Durch Absenkungen der Erdoberfläche wurden Sumpfwälder von Sand, Kies und anderen Materialien bedeckt. Unter Luftabschluss und dem großen Druck der Deckschichten bildete sich allmählich aus dem Holz der abgestorbenen Bäume und anderen Pflanzen zuerst Torf und später Kohle.

In Deutschland wird Steinkohle im Tiefbau und Braunkohle im Tagebau gewonnen. Beide Kohlearten werden verstromt. Aufgelassene Tagebaue werden rekultiviert.

Bewegungen der Erdkruste führten auch zur Entstehung von Mittelgebirgen. Hebungen und Absenkungen von Teilen der Erdkruste ließen im Zusammenspiel mit Wind, Wasser und Verwitterung die vielfältigen Formen des Mittelgebirgslandes entstehen.

Das Oberrheinische Tiefland hat ein mildes Klima und eine günstige Verkehrslage. Hier werden Sonderkulturen angebaut. In diesem Durchgangsgebiet haben sich Ballungsgebiete herausgebildet.

Die höheren Lagen des Mittelgebirgslandes haben ein kälteres und feuchteres Klima. Die Landwirtschaft passt sich diesen ungünstigen Bedingungen an.

Mittelgebirge sind auch Regenfänger. Talsperren dienen der Strom- und Wasserversorgung sowie der Erholung. Sie schützen vor Überschwemmungen.

AUFGABEN
1. Warum liegen Steinkohlenvorkommen tiefer als Braunkohlenvorkommen?
2. Vergleiche die Gewinnung von Steinkohle und Braunkohle miteinander.
3. Unterscheide Durchbruchstal, Grabenbruch, Schichtstufe und Pultscholle.
4. Beschreibe die im Bild 1 gezeigte Form des Anbaus.
5. Nenne Merkmale eines Ballungsgebietes (Bild 2).
6. Erläutere anhand Bild 3, welche Naturbedingungen ein Landwirt beachten muss.

Die Alpen und ihr Vorland

Wir orientieren uns

M 1 Die Alpen bei Garmisch-Partenkirchen

Lege in deinem Arbeitsheft eine Tabelle mit drei Spalten an (Städte; Flüsse, Kanäle und Seen; Landschaften und Gebirge). Schreibe nun die richtigen Namen für die Objekte, die in der Karte mit Buchstaben und Zahlen benannt sind, in dein Arbeitsheft. Nutze als Orientierungshilfe die Atlaskarte.
Wo findest du in der Karte die in M 1 gezeigte Landschaft?

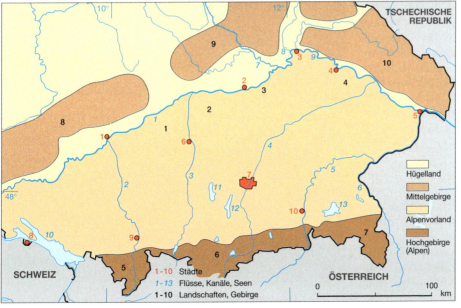

M 2 Orientierung in den Alpen und im Alpenvorland

Das Alpenvorland

M 1 Im Alpenvorland am Starnberger See

Die Alpen sind das mächtigste Gebirge Europas. Im nördlichen Vorland der Alpen liegen viele große Seen. Der Chiemsee wird sogar als „Bayerisches Meer" bezeichnet. Warum gibt es dort so viele große Seen?

Eis prägte das Moränenland. In den Kaltzeiten des Eiszeitalter, das in Mitteleuropa erst vor etwa 12 000 Jahren endete, drangen gewaltige Gletscher aus den Tälern der Alpen in das Alpenvorland vor. Dort schürften sie tiefe, lang gestreckte Becken aus, die sich nach dem Abschmelzen des Eises mit Wasser füllten. So entstanden z. B. der Ammersee, der Bodensee, der Chiemsee und der Starnberger See. Vor der Nordseite dieser Seen liegen die Hügel der Endmoränen.

Nördlich davor schütteten die Ströme des Schmelzwassers weite, meist ebene Schotterfelder aus Sand und Kies auf. Das Lechfeld und die Münchener Ebene sind so entstanden. Vom Wind wurden feiner Sand und Staub aus den Grund- und Endmoränen ausgeblasen. Als fruchtbarer Lössboden lagerte er sich z. B. in der Hallertau und im Dungau ab.

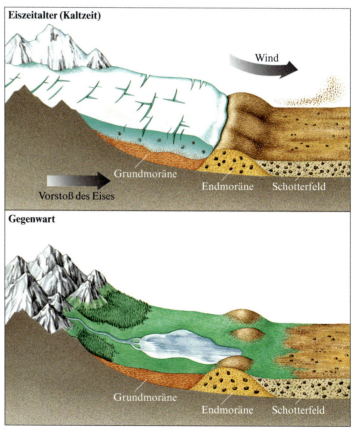

M 2 Entstehung des Alpenvorlandes

Hopfenanbau in der Hallertau. Weithin bestimmen die 6 bis 8 m hohen Gerüstanlagen der Hopfengärten das Bild der Landschaft. In über 50 Gemeinden werden von rund 2400 Betrieben fast 18000 ha Lössboden durch Hopfenkulturen genutzt.

Die Kultivierung von 1 ha Anbaufläche Hopfen verlangt etwa 1200 Arbeitsstunden im Jahr. Im Frühjahr werden die Jungtriebe bis auf zwei oder drei zurückgeschnitten. Sie wachsen an den Steigdrähten heran. Mitte August werden die Blütenstände geerntet. Hopfen dient zum Würzen des Biers, und er macht es für längere Zeit haltbar.

Die Anlage und Erhaltung eines Hopfengartens ist aufwändig. Die Bodenbearbeitung sowie die Ernte verlangen viel Zeit und verursachen hohe Kosten. Zur Schädlings- und Pilzbekämpfung muss die anfällige Pflanze mehrmals gespritzt werden.

Milchwirtschaft im Allgäu. Der Steigungsregen bringt ausreichend Feuchtigkeit. Das Gras wächst gut, dreimal kann es im Jahr geschnitten werden.

Der Hof des Landwirts Brucker liegt inmitten einer geschlossenen Grünlandfläche von 48 ha. Vier Hektar sind mit Futterpflanzen bebaut. Der Rest ist Dauergrünland, also Grasland. Davon können etwa 35 Kühe ernährt werden.

Im Sommer grasen die Kühe auf den Koppeln. Landwirt Brucker teilt die Weideflächen durch elektrische Zäune ab. In dieser Zeit ist neben dem täglichen Melken das Mähen des Grases zur Heugewinnung seine wichtigste Arbeit, denn für den Winter muss ausreichend Futter vorrätig sein. Immerhin braucht jede Kuh etwa 1800 kg Heu im Winter. Er hat sich deshalb eine Heutrocknungsanlage und einen Grünfuttersilo (= Speicheranlage) angeschafft.

Täglich holt ein Kühlwagen die Milch ab und fährt sie in die Molkerei nach Kempten. Hier wird die Milch zu Käse, Butter, Quark oder Jogurt verarbeitet. In anderen Betrieben werden aus der Frischmilch z. B. Kondensmilch und Trockenmilchpulver hergestellt.

M 3 Hopfengarten in der Hallertau

M 4 Grünlandwirtschaft im Allgäu

AUFGABEN

1. Suche den in M 1 gezeigten See und weitere Seen des Alpenvorlandes auf einer Atlaskarte. Beschreibe ihre Lage und Gestalt.
2. Erkläre die Entstehung der Oberflächenformen im Alpenvorland (M 2). Nutze auch dein Wissen über die Oberflächenformen im Norddeutschen Tiefland (Seite 66/67).
3. Woran kannst du erkennen, dass die Voralpenseen als Ausschürfungen der Erdoberfläche durch Gletscher gebildet wurden?
4. Begründe, weshalb in der Hallertau Hopfen angebaut wird, während im Allgäu Grünlandwirtschaft dominiert (Text auf dieser Seite, M 3, M 4).

Das Ballungsgebiet München

München ist Deutschlands drittgrößte Stadt und Hauptstadt Bayerns. Nach einer Umfrage unter Führungskräften der deutschen Wirtschaft ist München einer der begehrtesten Wohnorte in ganz Europa. Es rangierte noch vor Paris, London oder Dresden. Weshalb ist München eine so bevorzugte Stadt?

M 1 München – Hauptstadt des Freistaates Bayern

- rd. 1,3 Millionen Einwohner
- eine der schönsten Städte Europas
- Universitäten, Hochschulen, Theater
- moderne Wirtschaftsunternehmen
- zentrale Verkehrslage in Europa

M 2 Blick auf die Innenstadt von München

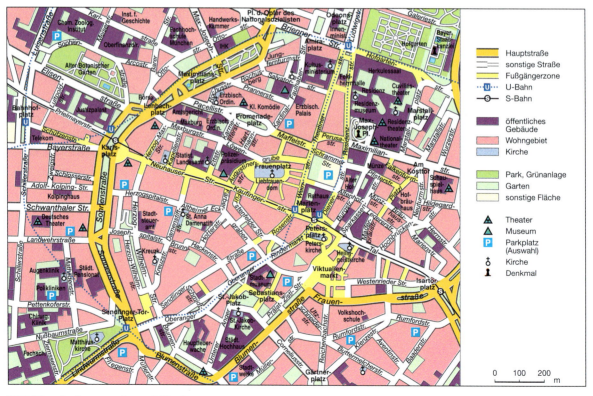

M 3 Plan der Innenstadt von München

Das Ballungsgebiet München

Tradition und Wandel. München ist eine sehr alte Stadt. Urkundlich ist belegt, dass die damals noch kleine Siedlung im Jahre 1158 das Markt- und Münzrecht erhielt. Etwa 100 Jahre später wurde die Siedlung Stadt und Residenz des Fürstengeschlechts der Wittelsbacher. Wertvolle Bauwerke aus dieser und späteren Zeiten kann man noch heute in der Münchner Altstadt bewundern. Im Zweiten Weltkrieg wurden zwar viele alte Bauwerke zerstört, aber später neu aufgebaut.

Heute ist München die Hauptstadt des Freistaates Bayern mit zahlreichen Ministerien und Behörden. Die moderne Millionenstadt ist zugleich eines der führenden Wirtschafts- und Wissenschaftszentren in Deutschland.

Da die Wirtschaft Bayerns lange Zeit fast ausschließlich agrarwirtschaftlich geprägt war, setzte in München die Industrialisierung vergleichsweise erst spät ein. Dadurch gibt es hier nur wenige alte Industriezweige und die modernen Industriebereiche dominieren.

Die Computerindustrie und Mikroelektronik sind Teilbereiche der Hightech-Industrie. In München gibt es sehr viele Firmen dieses Industriezweiges, der wegen der wachsenden Bedeutung der Datenverarbeitung und der modernen Kommunikationsmedien als Wachstumsindustrien gilt. Es entstehen viele neue, meist hochqualifizierte Arbeitsplätze in diesem Bereich.

Aber der Wirtschaftsstandort München zeichnet sich nicht nur durch die Computerindustrie aus. München und sein Umland sind auch Standort vieler Firmen des Fahrzeugbaus, des Maschinen- und Gerätebaus, des *Dienstleistungsbereichs* (↑) und der Medien (z. B. Versicherungen, Buchverlage, Film-, Fernseh-, Rundfunk- und Musikproduktion, Werbeagenturen).

M 4 Beschäftigte Münchens nach Wirtschaftsbereichen (1999)

Land- und Forstwirtschaft	1903
Produzierendes Gewerbe	168895
Handel, Gastgewerbe und Verkehr	142215
Sonstige Dienstleistungen	325226

M 5 *Mikrochips und moderne Medien. Computer gehören heute zum täglichen Leben. Ob zu Hause, in der Schule oder am Arbeitsplatz, ohne Computer läuft nichts mehr. Damit sie funktionieren sind winzig kleine Bauteile erforderlich, auf denen enorm viele Informationen gespeichert sind: die Chips oder genauer die Mikrochips. Solche Bausteine sind in allen modernen elektronischen Geräten eingebaut. Ohne Mikrochips funktioniert heute beispielsweise kein Fernsehgerät, keine Ampelanlage und auch kein Flugzeug. In München sind zahlreiche Produktionsbetriebe für Mikrochips und elektronische Geräte angesiedelt.*

M 6 High-Tech-Industrie in der Autoindustrie

AUFGABEN

1. M 2 zeigt einen Blick über die Stadt München von Nord nach Süd. Ordne den Bildausschnitt in den Plan der Innenstadt (M 3) ein. Suche Einrichtungen aus Verwaltung und Kultur. Hinweis: Das Gebäude mit den drei Bögen in Bildmitte ist die Feldherrnhalle.
2. a) Weise anhand einer Atlaskarte nach, dass München ein Verkehrsknoten in Süddeutschland ist. b) Fertige eine Skizze vom Verkehrsknoten. Gliedere nach unterschiedlichen Verkehrsträgern und nach möglichen Zielorten.
3. Begründe, weshalb München als Wohnort begehrt ist. Nutze dazu den Lehrtext und die Materialien auf dieser Doppelseite. Beziehe auch den Atlas ein.

Die Alpen – ein Hochgebirge

Vom Alpenvorland aus kann man an klaren Tagen die gewaltige Gebirgskette der Alpen sehen. Sie sind mit ihren Gipfeln und Gletschern das Ziel vieler Touristen. Welche Merkmale kennzeichnen das *Hochgebirge* (↑)? Welche Gefahren drohen dem Menschen?

M 1 *Wandern im Hochgebirge.*
Bei Bergwanderungen sollte man sich einem erfahrenen Bergführer anschließen. Nur er vermag zu prüfen, ob der Weg sicher ist, ob der kleine Felsvorsprung fest genug ist, um das Gewicht des Wanderers zu tragen. Es könnte auch sein, dass der Stein auf den man treten will, durch den häufigen Wechsel von Wärme und Kälte bereits gelockert ist.

Schon so mancher Ortsunkundige hat sich in den Felsen verstiegen, so dass er weder vor noch zurück konnte. Wenn er Glück hatte, hörte man seine Hilferufe und benachrichtigte die Bergwacht. Für so manchen kam aber jede Hilfe zu spät.

Viele Wanderer sind in den Bergen erfroren. Auf das schöne Wetter vertrauend, wagten sie den Aufstieg, ohne vorsorglich warme Kleidung mitzunehmen. Ein plötzlicher Wetterumschwung überraschte sie. Schneestürme oder Nebel nahmen die Sicht. Sie irrten umher, bis sie nicht mehr weiter konnten.

An Hängen lösen sich im Winter besonders häufig nach starkem Neuschnee große Schneemassen. Donnernd stürzen sie als Lawinen zu Tal. Dabei reißen sie alles mit, was ihnen im Weg steht. Bereits der Luftstrom, der einer Lawine vorangeht, kann Bäume entwurzeln und Häuser zerstören. Schon der Tritt eines Menschen oder Tieres oder ein kleiner Schneeball kann eine Lawine auslösen.

Noch gefährlicher aber sind Grundlawinen, die bei Tauwetter entstehen. Dabei löst sich die dicke Schneedecke vom Untergrund. Wer in eine Grundlawine gerät, ist rettungslos verloren.

An lawinengefährdeten Stellen soll der Wald als natürlicher Schutz die Kraft von Lawinen brechen. Künstliche Hindernisse (z. B. Zäune) sollen das Abgleiten von

M 2 Klettern am Seil

Lawinen verhindern. Straßen und Eisenbahnlinien erhalten oftmals Schutzmauern mit Dächern.

In den schneefreien Jahreszeiten bedrohen Bergrutsche und Steinschläge Verkehrswege und Siedlungen, Waldarbeiter und Touristen.

Gletscher des Eiszeitalters formten die Alpen. In den Kaltzeiten erreichte das Eis eine Mächtigkeit von mehr als 1000 Metern. Es bedeckte nicht nur die Gipfelregionen.

Durch die Täler der Alpenflüsse schob sich das Eis bis in das Alpenvorland. Dabei erweiterte es die Quellgebiete der Flüsse zu großen Mulden mit schroffen Felswänden. Enge Kerbtäler wurden zu breiten, aber steilwandigen Trogtälern ausgeschürft.

Die Alpen – ein Hochgebirge 135

M 3 Auf einem Gletscher

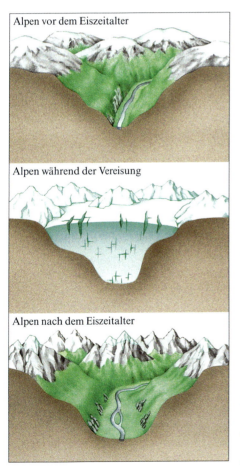

M 4 Gletscher formen die Alpen

M 5 *Gletscherwanderung.*
Wir haben für unsere Gletscherwanderung einen erfahrenen Bergführer genommen. Ein beschwerlicher Weg führt uns aufwärts. Dabei passieren wir die Stelle, aus der ein Gletscherbach aus dem Eis herausströmt. Der Bergführer sagt, dass man diese Stelle als Gletschertor bezeichnet.
Nach einem Aufstieg über Schotterwälle der Moränen erreichen wird den Gletscherrand mit seinen tiefen Spalten. Wir schnallen Steigeisen unter die Schuhe und seilen uns an. Unter dem Eis rauscht Wasser. Plötzlich stehen wir vor einer tiefen Spalte. Nur der Bergführer kennt den Übergang über den tiefen und steilen Abgrund. Wir waren alle froh, als wir heil den Fels erreicht hatten.

AUFGABEN
1. Beschreibe die Oberflächenformen der Alpen (M 2, M 3). Verwende die Begriffe Spitze, Grat, Felswand, Bergkette.
2. Beschreibe die Abtragungsarbeit des Gletschereises in den Alpen (M 4).
3. Suche auf einer Atlaskarte die großen Gletschergebiete der Alpen und zeige sie an der Wandkarte.
4. Ihr plant eine Bergwanderung in die Alpen. Stellt eine Liste mit Verhaltensregeln zusammen. Lest dazu auch M 1.

Höhenstufen des Pflanzenwuchses in den Alpen

M 1 Laubwald

M 2 Nadelwald

M 3 Matten und Latschenkiefern

Die Hochgebirgslandschaft der Alpen unterscheidet sich wesentlich von den Landschaften der Mittelgebirge, die wir bisher kennengelernt haben.
Von den Höhenunterschieden zwischen beiden Gebirgstypen wissen wir schon. Darüber hinaus gibt es aber weitere grundsätzliche Unterschiede.
Sehen wir uns bei einer Wanderung zum Watzmannhaus etwas genauer an, welche Besonderheiten die Pflanzenwelt des Hochgebirges aufweist. Und überlegen wir, warum die Pflanzenwelt so beschaffen ist.

M 4 Der Aufstieg zum Watzmannhaus.

1 Es war früh am Morgen, als wir unser Wanderquartier verließen. Noch hat die Sonne nicht den Hohen Göll (2522 m) im Osten von Berchtesgaden überstiegen. Wir wandern von Schönau bergan. Über uns wölben Rotbuchen ihr glänzendes Laubdach. Moose
5 und Flechten umhüllen die buntfleckige Borke.
Jetzt verlassen wir den Fahrweg und steigen den steileren Waldweg im Klingerbachtal hinauf. Der Buchenwald hört auf, auch die Ahornbäume bleiben zurück.
Dunkler Fichtenwald nimmt uns auf. Der Morgenruf der Finken
10 verstummt, Tannenmeisen lassen sich hören. Annähernd zwei Stunden steigen wir durch den Nadelwald immer bergauf. In 1400 Meter Höhe erreichen wir die Kührointalm. Saftige Kräuter und Gras wachsen hier. Rinder grasen auf einer Weidefläche.
Dann wird der Weg noch steiler. Anfangs schützen uns die Bäume
15 vor der Sonne, die seit geraumer Zeit die Ostflanke des Watzmannmassivs kräftig erwärmt. Aber bald hat der geschlossene Wald ein Ende. Fichten und Zirbelkiefern tragen jetzt buschig verworrene Kronen. Andere unterlagen dem Kampf mit dem Sturm und dem hohen Schneefall. Die Äste dieser abgestorbenen Bäume
20 sind kahl.
Ein breiter Gürtel von Buschdickicht umsäumt auf der Höhe der Falzalm die Schultern des Berges. Bergkiefern, auch Latschen genannt, Zwergwacholder, Bergerlen und Zwergweiden mischen sich untereinander. Am meisten erfreuen uns die purpurnen Alpen-
25 rosen. Oberhalb des Latschengürtels treten bunte Alpenblumen auf. Sie bilden hellgrüne Kräutermatten und ziehen sich an den Hängen und Kämmen ziemlich hoch hinauf.
Die Sonne quält uns nun sehr. Nach kurzer Rast klettern wir weiter. Der Weg windet sich in vielfach gebogenen Zickzacklinien
30 steiler und steiler hinauf. Kahles Felsgeröll beginnt, zwischen dem nur hier und da noch spärlich Kräuter und Gräser wachsen.
Jetzt ist mit 1928 Meter Höhe das Watzmannhaus erreicht. Nach drei Seiten geht es hier schroff hinunter.
Vielleicht steigen wir morgen den schmalen Grad zur Mittelspitze
35 im Süden hinauf. Von dort blicken wir in die Tiefe auf den Watzmanngletscher. Bei gutem Wetter leuchten die Schnee- und Eisfelder der HohenTauern im Süden.

Höhenstufen des Pflanzenwuchses in den Alpen 137

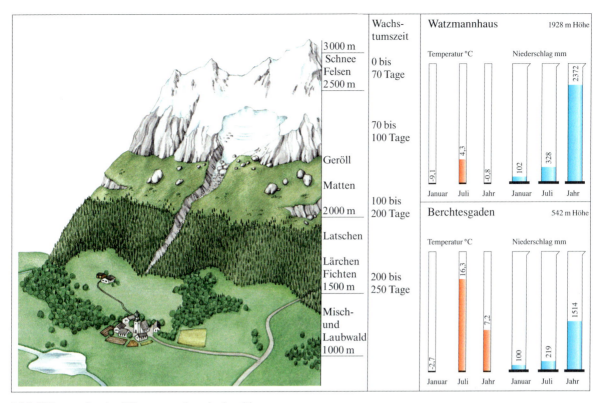

M 5 Höhenstufen des Pflanzenwuchses in den Alpen

Die Fichtenwälder liefern Nutzholz. Weitaus schwerer und gefährlicher als in den Forsten im Norddeutschen Tiefland oder in den Mittelgebirgen ist die Holzarbeit in den naturnahen Bergwäldern der Alpen. Die Wälder sind aber eine bedeutende Einnahmequelle der Bauern und des Staates.

Der Förster kennzeichnet die Bäume. Die Waldarbeiter fällen sie mit der Motorsäge. Jeder gefällte Baum wird sofort mit dem Beil und dem Putzmesser entästet und entrindet, damit Schädlinge das Holz nicht wertlos machen.

Zum Herausziehen des Langholzes aus dem Wald bis zum Fahrweg verwendet man oftmals noch Pferde, zumeist aber Traktoren.
Mit Lastkraftwagen wird das Holz zum Lagerplatz im Tal gefahren. Die Sägewerke liegen an Gebirgsbächen, da sie früher allein auf die Wasserkraft angewiesen waren. Heute treibt vielfach elektrischer Strom die Maschinen.

Alpenrosen

Murmeltier

AUFGABEN
1. Lies die Schilderung vom Aufstieg zum Watzmann (M 4). Gliedere anschließend den Aufstieg zum Watzmann in Wegabschnitte, indem du dich an Änderungen des Pflanzenwuchses orientierst (M 1 bis M 5).
2. Erkläre, warum sich mit zunehmender Höhe der Pflanzenwuchs ändert. Gehe so vor: Veränderungen der Temperatur – Veränderungen im Niederschlag – Veränderungen der Wachstumszeit (M 5). Denke auch an den Boden.
3. Begründe, warum Forstwirtschaft im Hochgebirge trotz technischer Hilfsmittel besonders schwer und gefährlich ist. Vergleiche mit dem Holzeinschlag und der Holzabfuhr in den Forsten des Norddeutschen Tieflandes.
4. Stelle Merkmale von Hochgebirgen und Mittelgebirgen in einer Tabelle einander gegenüber. Vergleiche miteinander.

Ein Alpental im Wandel – Ramsau

Das Leben der Menschen in den Alpentälern war früher sehr hart und entbehrungsreich. Das raue Klima und der karge Boden erschwerten die landwirtschaftliche Produktion. Erst im 20. Jahrhundert brachte der Fremdenverkehr Wohlstand in die Bergregion. Wie passten sich die Bergbauern den besonderen Naturverhältnisssen im Hochgebirge an?

> **M 1** Stefan Wurm berichtet aus dem Tagebuch seines Urgroßvaters:
>
> 1 „In der Nähe des Bauernhofes lagen die kleinen Kartoffel- und Roggenfelder. Damit versorgte sich die Familie. Die Ernte reichte auch, um zwei bis drei
> 5 Schweine zu füttern. Für die Kühe und die Jungrinder reichte aber das Futter der Talweiden nicht aus. Deshalb entwickelten unsere Vorfahren schon vor Jahrhunderten die Almwirtschaft.
> 10 Alle Bauern im Dorf haben hoch oben in gemeinsamer harter Arbeit auf flachem Gelände den Wald gerodet und Bergwiesen angelegt. Auf diesen Gemeinschaftsalmen hüteten Senner und Senne-
> 15 rinnen (Hirten) im Sommer die Rinder. In den Sennhütten wurde die Milch zu Butter und Käse verarbeitet."
>
> Stefan Wurm ergänzt: „Heute wird nur noch das Jungvieh auf die Hochalm
> 20 getrieben. Zu den Voralmen führen Straßen, so dass die Milch täglich zur Molkerei gefahren werden kann. Mein Sohn fährt mit dem Auto zum Melken auf die Weide."

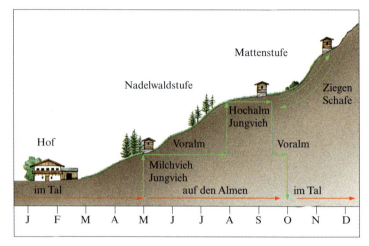

M 2 Almwirtschaft

Vom Bergbauerndorf zum Wanderparadies. Ramsau ist eine Gemeinde in den Berchtesgadener Alpen. Das Dorf wurde im 13. Jahrhundert gegründet. Jahrhundertelang lag der kleine Ort abgeschieden im Tal der Ramsauer Ache. Etwa 60 Bergbauernhöfe prägten das Siedlungsbild.

Die Entwicklung Ramsaus zu einer Gemeinde mit Fremdenverkehr setzte erst mit dem Bau der Deutschen Alpenstraße in den 1930er Jahren ein. Der Ort erlebte in der zweiten Hälfte des 20. Jahrhunderts einen enormen Aufschwung.

Heute sind die Landwirtschaft und der Fremdenverkehr eng miteinander verknüpft. Die Landwirtschaft stellt hochwertige Lebensmittel bereit und erhält zugleich mit ihrer Bewirtschaftungsweise das natürliche Landschaftsbild.

M 3 Ramsau im Jahre 2000

Ein Alpental im Wandel – Ramsau 139

M 4 Panoramabild von Ramsau und Umgebung. Die farbigen Linien geben Wanderwege an.

Heute gibt es in der Gemeinde Ramsau 18 Hotels und Gasthöfe, 55 Gästehäuser, über 200 Ferienwohnungen, zum Teil auf den Bergbauernhöfen, einen Campingplatz und einen Bergkurgarten mit einer Solerieselanlage (erzeugt salzhaltige Luft). Um die Saison zu verlängern, erschloss man das Skigebiet am Hochschwarzeck mit Schleppliften und einer Doppelsesselbahn.

AUFGABEN
1. Beschreibe den Ablauf der Almwirtschaft während eines Jahres (M 2). Verwende die Begriffe Auftrieb und Abtrieb.
2. Überlege: Warum wird heute nur noch das Jungvieh auf die Hochalm getrieben (M 1, M 2)?
3. Begründe, wieso die Almwirtschaft eine dem Hochgebirge angepasste Form der Landwirtschaft ist (M 1).
4. Stelle Gründe und Auswirkungen des Wandels vom Bergbauerndorf zum Wanderparadies Ramsau in einer Tabelle zusammen (Lehrtext, M 3, M 4).

Nationalpark Berchtesgaden

Der Nationalpark Berchtesgaden umschließt den landschaftlich schönsten Teil des deutschen Alpengebietes. Er liegt im Süden des Berchtesgadener Landes und nimmt fast 210 km² ein. Welche Ziele werden mit dem 1979 gegründeten Nationalpark verfolgt?

Vom Leiter der Nationalparkverwaltung erfahren wir: Der Gedanke, in Berchtesgaden einen Nationalpark einzurichten, ist alt. Naturfreunde klagten über den Verlust von Wildarten wie Bartgeier, Luchs, Bär und über die Gefährdung einiger Blütenpflanzen wie Edelweiß, Enzian und Alpenveilchen. Das 1921 eingerichtete „Naturschutzgebiet Königssee" zielte deshalb auf den Schutz der durch den aufkommenden Tourismus gefährdeten Pflanzen.

Ein grundsätzliches Anliegen des Nationalparks ist es, die Schönheit der Hochgebirgslandschaft zu bewahren.

Es ist schon beeindruckend, wie sich der Watzmann aus dem Talgrund und dem mehr als 600 Meter über dem Meeresspiegel liegenden Königssee bis auf 2713 Meter emporhebt, Hoher Göll (2522 m) und Hochkalter (2607 m) kommen hinzu.

Die Höhenunterschiede bedingen eine erstaunliche Vielfalt von Pflanzen und Tieren. Sie gilt es zu erhalten. Es gibt inzwischen Befürworter, aber auch Gegner einer Rückkehr von Luchs, Bär, Wolf oder Bartgeier.

Der Nationalpark will die unmittelbare Berührung mit der Natur ermöglichen. Deshalb bietet die Verwaltung des Nationalparks Wanderungen, vor allem auch für Kinder und Jugendliche, an. Der für Fußgänger gebaute Weg ist also nicht nur ein Erholungsangebot. Er gibt dem Besucher Sicherheit und mit etwas Erfahrung die Möglichkeit, von ihm aus Wildtiere beobachten zu können.

Große Flächen bleiben frei von Wanderwegen. Sie dienen als Rückzugsgebiete für die Wildtiere. Im Umkreis von Wanderwegen haben sich die Tiere aber meist schon an Menschen gewöhnt.

M 1 Blick über den Königssee nach Westen (St. Bartholomä)

M 2 Parkplatz am Königssee

Nationalpark Berchtesgaden

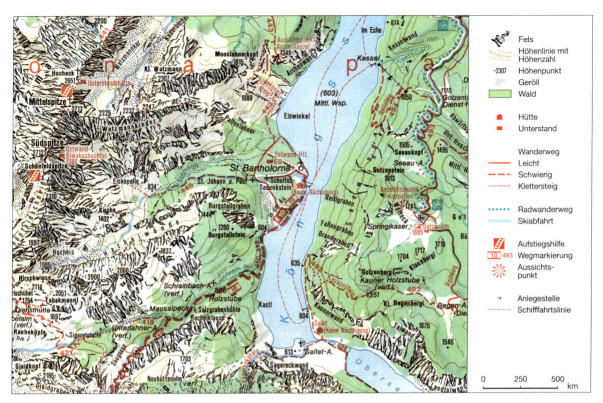

M 3 Ausschnitt aus der Karte vom Nationalpark Berchtesgaden

Der Großparkplatz am Königssee hat ein Fassungsvermögen von 400 000 Pkw im Jahr. Die Königsseeflotte verfügt über 21 umweltfreundliche Schiffe, die von Elektromotoren angetrieben lautlos über das Wasser gleiten. Sie bieten insgesamt täglich für etwa 1700 Fahrgäste Platz.

M 4 Aus einem Wanderwegweiser „Bartholomä-Rundweg und Eiskapelle".
1 Wanderung auf dem Schuttkegel des Eisgrabens, der die Halbinsel St. Bartholomä bildet. Von St. Bartholomä zur Kapelle St. Johann und Paul. Dort über
5 den Eisgraben und steil durch den Wald aufwärts, am Ende flacher zum großen Lawinenschneefeld am Fuß der Watzmann-Ostwand.
Die Eiskapelle ist kein Bauwerk, der
10 Name wurde von dem im Spätsommer unterhalb des Schneefeldes erscheinenden torartigen Ausfluss des Eisbaches abgeleitet.
Vorsicht: Das Betreten der Eiskapelle ist
15 lebensgefährlich.

Schon gewusst?

Wo heute die Zacken des Watzmannstocks aufragen, soll der Sage nach das Schloss des Riesenkönigs Watzmann gestanden haben. Er war sehr grausam. Bei der Jagd tötete er auch das Vieh der Bauern auf der Weide. Wer sich ihm widersetzte, musste sterben.
Als König Watzmann die Familie eines Hirten umbrachte, verfluchte der Hirte im Sterben seinen Mörder. Darauf versank das Schloss im Berg. Die Königsfamilie wurde in Stein verwandelt.

AUFGABEN

1. Welche Zielsetzungen nennt der Leiter der Nationalparkverwaltung Berchtesgaden (Text Seite 140)? Sprecht in der Klasse darüber. Berücksichtigt auch die Fotos (M 1, M 2).
2. Orientiert euch auf der Wanderkarte vom Nationalpark Berchtesgaden (M 3). Beschreibt anhand der Höhenlinien und Höhenpunkte die Oberflächengestalt des Gebietes.
3. Verfolgt den in M 4 beschriebenen Wanderweg auf der Karte vom Nationalpark Berchtesgaden (M 3).

Die Alpen in Gefahr

„Neue Liftanlagen, mehr Schneekanonen", verkünden die Medien. Alljährlich strömen Millionen Touristen in die Alpen. Man spricht vom *Massentourismus* (↑). Ohne den Fremdenverkehr wären viele Alpengemeinden heute nicht mehr überlebensfähig. Doch die große Zahl von Erholung Suchenden belastet nicht nur die Natur, sondern bringt auch wirtschaftliche Probleme mit sich.

Einrichtungen zur Wasser- und Energieversorgung, Abwasserentsorgung und Müllbeseitigung verursachen hohe Kosten. Straßen und Parkhäuser müssen zur Bewältigung von immer mehr Autoverkehr gebaut werden.
Zu Stoßzeiten zieht eine endlose Blechkarawane über die Straßen, vor allem in den Durchgangstälern. Ist das Gebirge gefährdet?

M 1 Belastung des Landschaftsraumes Alpen

Leitsätze des Deutschen Alpenvereins:
1. In der Felsstufe dürfen keine neuen Hütten mehr gebaut werden.
2. Seilbahnen dürfen nur in den bereits erschlossenen Gebieten errichtet werden.
3. Keine weiteren Zweitwohnungen dürfen in den Alpen zugelassen werden.
4. Im Alpenraum sind weitere Asphaltierungen verboten.
5. Die Berglandwirtschaft wird besonders gefördert.
6. Es dürfen keine neuen Wasserkraftwerke in den Alpen gebaut werden.
7. Weitere Naturschutzgebiete sind einzurichten.

M 2 Aus einem Gespräch, das die Zeitung „Die Zeit" mit dem Bergsteiger und Naturschützer REINHOLD MESSNER führte.

DIE ZEIT: Herr MESSNER, fast täglich gibt es Meldungen von Bergunfällen in den Alpen. Woran liegt das?
MESSNER: Die Zahl der Bergsteiger nimmt zu, damit auch die Zahl der Toten.
DIE ZEIT: Wie können Bergunfälle vermieden werden?
MESSNER: Die Berge taugen nicht für den Massentourismus.
DIE ZEIT: Bedeutet dies ein Verbot für Ferien in den Alpen?
MESSNER: Es kann weiterhin jeder in die Berge gehen, so hoch, wie es seine Kraft, sein Können erlauben. Aber die höheren Stufen sollten die Menschen so lassen, wie sie waren.
DIE ZEIT: Mit Trendsportarten wie Freeclimbing oder Gleitschirmfliegen sollen jungen Urlaubern die Alpen schmackhaft gemacht werden.
MESSNER: Lassen wir doch künftig die Fun-Sportarten in den Ballungsgebieten stattfinden, wo man in großen Hallen auf perfekt inszenierten Bergkopien herumklettern kann. Außerdem spart man sich dann noch den Anfahrtsweg in die Alpen.
DIE ZEIT: Orte wie Ischgl oder Sölden sind so erfolgreich, weil sie die Gestaltung von Urlaub vor dem Hintergrund der Bergwelt am weitesten treiben.
MESSNER: Diese Orte werden früher oder später Pleite sein, weil sie nicht mehr ein und aus wissen. Die Reihenfolge ist: In, mega-in, out. Dann erschließt man den nächsten In-Ort. Ich bin dafür, dass wir mit jeder weiteren Form der Erschließung aufhören. Wir sollten in den Bergen nicht weiter aufrüsten.
DIE ZEIT: Aber wer darf dann noch hinauf und wer nicht?
MESSNER: Ohne die entsprechenden Hilfsmittel würde sich schnell die Spreu vom Weizen trennen. Der Wanderer ist nicht schlechter als der Everest-Besteiger. Nur derjenige gefällt mir nicht, der den Berg mit bleibenden Strukturen verändert.

Quelle: DIE ZEIT vom 31.10.1997.

M 3 *Nicht alle denken gleich.*
Personen, die den Massentourismus fördern wollen, sagen:
– *Die Gäste bringen uns Arbeit und Geld.*
– *Wir müssen mehr Unterkünfte, Straßen, Parkplätze, Lifte und anderes bauen.*
– *Ohne Fremdenverkehr hätten wir heute keine Kläranlagen und keine Wasserleitungen.*
– *Die Gäste wollen mit dem Mountainbike fahren, Golfspielen, Paragliding, in Diskos gehen.*
– *Wir sollten den Gletscher für den Skilauf erschließen, dann haben wir Gäste im Frühsommer, Spätherbst und in schneearmen Wintern.*
– *Die Touristen bringen fremde Lebensweisen ins Dorf.*

Personen, die den Massentourismus einschränken wollen, sagen:
– *Wir betonieren die Landschaft zu, so dass von der Natur nichts mehr übrig bleibt.*
– *Wenn immer mehr Gäste kommen, steigen der Energie- und Wasserverbrauch sowie der Müllanfall.*
– *Wir möchten uns vom Stress in den Ballungsgebieten erholen und suchen Ruhe.*
– *Wenn sich 9000 Menschen auf einem Gletscher bewegen, bleiben Schäden zurück: Sonnencremereste, sonstiger Abfall, Ölreste der Pistenfahrzeuge.*

Besonders gefährlich ist das Salz, mit dem man die Oberfläche des Gletschers skifahrerfreundlich macht.

Schon gewusst?

Die Naturschutzgruppe „Arbeitsgemeinschaft Alpenländer (Arge Alp)" bietet die Broschüre „Du bist nicht allein" an, in der Regeln für einwandfreies Benehmen in den Alpen zusammengestellt sind.

AUFGABE
1. Führe mit deinen Mitschülern eine Diskussion zum Thema: Die Alpen in Gefahr. Beziehe M 1, M 2 und die Leitsätze des Deutschen Alpenvereins ein.
2. In M 3 werden unterschiedliche Meinungen zum Massentourismus in den Alpen vorgestellt. Welcher Auffassung würdest du dich anschließen? Begründe.

Zusammenfassung

Vom Alpenrand bis zur Donau erstreckt sich das Alpenvorland. Ein großer Teil wurde vom Gletschereis geformt. Es gleicht in seinem Aufbau dem Nördlichen Landrücken. Im Stau der Alpenmauer bringt Steigungsregen viel Niederschlag. Deshalb überwiegt die Grünland- und Milchwirtschaft. Das nördliche Hügelland hat fruchtbare Lössböden. In der Hallertau liegt das größte Hopfenanbaugebiet Deutschlands.

München ist die drittgrößte Stadt in Deutschland. Das Ballungsgebiet ist durch Zukunftsindustrien, Wissenschafts- und Kultureinrichtungen gekennzeichnet.

Die Alpen sind das höchste Gebirge Europas. Der Anteil Deutschlands umfasst nur einen schmalen Saum der Nördlichen Kalkalpen.
Die gegenwärtige Oberflächengestalt erhielten die Alpen vor allem durch die Gletschertätigkeit im Eiszeitalter. Höhenstufen der Pflanzenwelt gliedern den Landschaftsraum.
Die Bergbauern entwickelten in Anpassung an die Naturverhältnisse die Almwirtschaft. Das Holz der Fichtenwälder wird genutzt.
Heute leben die Alpenbewohner überwiegend vom Fremdenverkehr. Inwieweit der Massentourismus in den Alpen gefördert oder wegen des notwendigen Umweltschutzes zurückgenommen werden soll, ist umstritten.

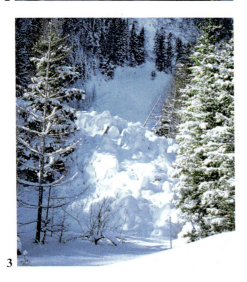

AUFGABEN
1. Kennst du dich aus im Alpenvorland? Zeichne eine Faustskizze dieses Gebietes mit wichtigen Flüssen und Städten. Probiere es erst aus dem Gedächtnis, bevor du eine Karte zuhilfe nimmst.
2. Bild 2 wurde in der größten Stadt des Alpenvorlandes aufgenommen. Warum bezeichnet man diese Stadt auch als „wirtschaftliches und wissenschaftliches Kraftpaket zwischen Alpen und Donau"?
3. Bild 3 zeigt den Abgang einer Lawine. Berichte über den Zusammenhang von Lawinen und dem Leben der Menschen in den Alpen.

Schlag nach

Unser Leben ist an die Erdoberfläche gebunden
und mit deren Landschaftsräumen verflochten.
Bei der Erkundung und Gestaltung unseres Lebensraumes bedienen wir uns
geografischer Arbeitsweisen.

Deutschland-Lexikon

Agrargebiete in Deutschland

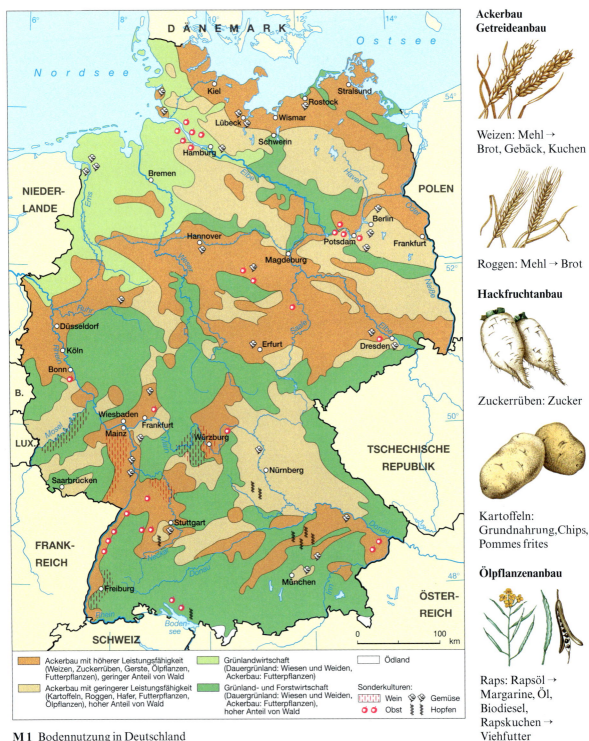

M 1 Bodennutzung in Deutschland

Agrargebiete in Deutschland 147

M 2 Weidewirtschaft

M 3 Zuckerrübenanbau

M 4 Kartoffelanbau

M 5 Obstanbau

In Deutschland wird etwa die Hälfte der Fläche landwirtschaftlich und fast ein Drittel forstwirtschaftlich genutzt. Der Anteil des Waldes an der Gesamtfläche hat seit etwa 400 Jahren nur wenig abgenommen.
Bei der landwirtschaftlichen Nutzung des Bodens unterscheidet man zwischen Ackerbau, Grünlandwirtschaft und Sonderkulturen. Welche Form der Nutzung ein Landwirt wählt, hängt von vielen Faktoren ab. Wichtige natürliche Voraussetzungen für die landwirtschaftliche Produktion sind das Klima, der Boden und die Oberflächengestalt.
Für den Ackerbau sind möglichst ebene Gebiete mit fruchtbaren Böden günstig. Wir finden sie in den Börden am Nordrand des Mittelgebirgslandes, in Süddeutschland sowie in den Grundmoränenlandschaften Norddeutschlands.
Die Grünlandwirtschaft nutzt Flächen, die für den Ackerbau wenig oder gar nicht geeignet sind. Das sind nasse Böden, Böden in kühleren und feuchteren Bereichen, aber auch steilere Hanglagen im Gebirge.
Sonderkulturen stellen besondere Ansprüche an das Klima und den Boden. In der Regel benötigen sie alle mehr Wärme.
Wälder werden etwa je zur Hälfte vom Staat und von Vereinigungen bzw. von privaten Nutzern, meist einzelnen Landwirten, bewirtschaftet. Forstwirtschaft wird vorwiegend in den Gebieten betrieben, wo weder Ackerbau noch Grünlandwirtschaft lohnend oder möglich ist.

Grünlandwirtschaft
Dauergrünland

Viehhaltung: → Milch, Fleisch

Sonderkulturen

Gemüseanbau

Obstanbau

Weinanbau

Hopfenanbau

AUFGABEN
1. Beschreibe verschiedene Formen der landwirtschaftlichen Nutzung (M 2 bis M 5).
2. Suche in der Karte (M 1) Agrargebiete auf, in denen die in den Fotos (M 2 bis M 5) gezeigte landwirtschaftliche Produktion betrieben wird.
3. Kennzeichne das Tiefland, das Mittelgebirgsland, die Alpen und ihr Vorland nach ihrer vorherrschenden Bodennutzung. Lege dazu eine Tabelle mit zwei Spalten an: Großlandschaft, vorherrschende Bodennutzung.
4. Stelle die Gebiete mit Sonderkulturen (siehe M 1) in einer Liste zusammen. Was erkennst du anhand der Verteilung dieser Gebiete über Deutschland?

148 Deutschland-Lexikon

Industriegebiete in Deutschland

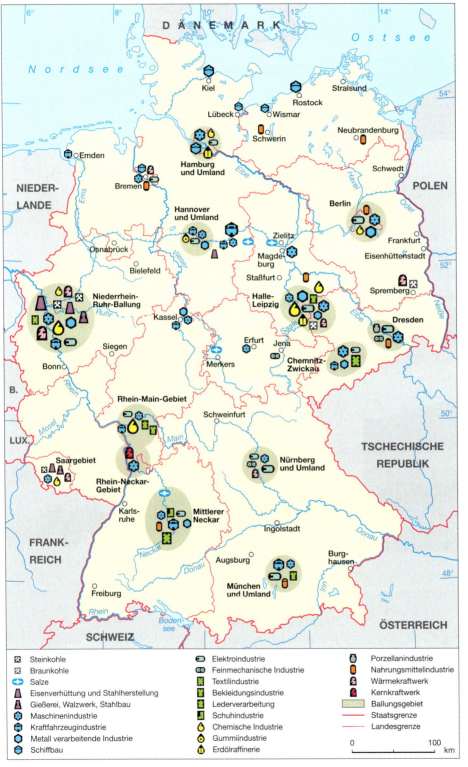

Wappen von Geising im Osterzgebirge

Wappen von St. Ingbert im Saarland

Wappen von Gelsenkirchen in Nordrhein-Westfalen

Wappen von Todtnau in Baden-Württemberg

M 1 Industrielle Ballungsgebiete und Industriegebiete in Deutschland

Deutschland gehört zu den führenden Industrieländern der Erde. Von 100 Beschäftigten im *Produzierenden Gewerbe* (↑) arbeiten 2 im Bergbau, 4 in der Energie- und Wasserwirtschaft, 17 im Baugewerbe und 77 in der Industrie. Dabei musst du aber beachten, dass die Anzahl der Beschäftigten eines Wirtschaftsbereiches allein noch nichts über dessen Bedeutung für die Wirtschaft eines Staates aussagt.

Deutschland verfügt heute nur über wenige Vorkommen an Bodenschätzen. Zu den wichtigsten Vorkommen zählen Braunkohle, Steinkohle, Kalisalz und Steinsalz. Außerdem gibt es ausreichend Rohstoffe für das Baugewerbe, wie Kalk, Kies und Steine.

Der Bedarf der Wirtschaft an anderen wichtigen Rohstoffen, wie zum Beispiel an Erdöl und Erdgas, kann nur durch Einfuhr aus anderen Ländern gedeckt werden.

In der Vergangenheit spielte der Erzbergbau eine große Rolle. Heute sind die meisten Lagerstätten abgebaut oder die Abbaubedingungen sind so erschwert, dass der Abbau wirtschaftlich nicht mehr lohnenswert ist. Der Rohstoffbedarf an Erzen wird heute ebenfalls durch Einfuhr gedeckt.

Eine zunehmende Bedeutung bei der Versorgung der Industrie mit Rohstoffen besitzt inzwischen die Wiederverwertung von Altmaterialien, wie z. B. von Schrott oder Kunststoffen. Sie schont nicht nur die Rohstoffvorkommen, sondern hilft auch, die Umwelt vor der großen Belastung mit Abfallprodukten zu schützen.

Industriegebiete bildeten sich anfangs meist dort heraus, wo Bodenschätze abgebaut wurden. Inzwischen hat aber der Abbau von Bodenschätzen seine Rolle als Standortfaktor verloren. Heute dominieren andere Faktoren, wie zum Beispiel das Angebot an qualifizierten Arbeitskräfte, die günstige Lage zu Absatzmärkten, die gute Anbindung an das Verkehrsnetz und an andere Dienstleistungseinrichtungen.

M 2 Von 100 in Deutschland erarbeiteten Euro kommen aus den genannten Bereichen (1999)

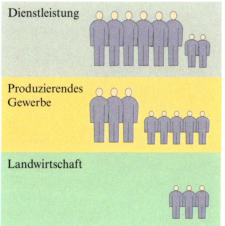

M 3 Von 100 Erwerbstätigen in Deutschland sind in den genannten Bereichen beschäftigt (1999). Eine große Figur steht für 10, eine kleine für 1 Beschäftigte.

AUFGABEN

1. Arbeite mit der Karte M 1 und dem Atlas:
   a) Beschreibe die Verteilung der industriellen Ballungsgebiete über das Gebiet Deutschlands.
   b) Beschreibe die Lage folgender Ballungen auf der Karte Deutschlands: Niederrhein-Ruhr-Ballung, Hamburg und Umland, Halle-Leipzig, München und Umland. Verwende dabei Himmelsrichtungen, Bundesländer, Großlandschaften, Oberflächenformen und das Gewässernetz.
   c) Nenne die wichtigsten Industriezweige der genannten Ballungen. Lege dazu eine Tabelle an.
   d) Welche der genannten industriellen Ballungsgebiete entstanden deiner Meinung nach auf der Grundlage des Abbaus von Bodenschätzen? Erläutere deine Auffassung.
   e) Die Karte M 1 enthält auch kleinere Industriestandorte. Ermittle deren Branchen.
2. Die Wappen nennen dir einige Bergbauorte, die früher eine große Bedeutung hatten. Suche diese Gebiete im Atlas.
3. Deutschland – ein Industriestaat. Begründe diese Aussage anhand von M 2 und M 3.

Verdichtungsräume in Deutschland

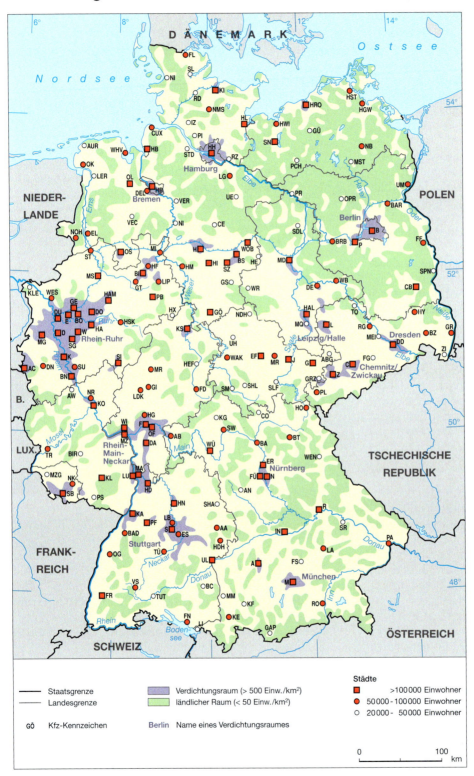

M 1 Verdichtungsräume und ländliche Räume in Deutschland

Verdichtungsräume in Deutschland

M 2 In Leipzig – dem Teil eines industriellen Ballungsgebietes

M 3 In Vorpommern – einem ländlichen Raum

Mit einer Bevölkerungszahl von rund 82 Millionen ist Deutschland der bevölkerungsreichste Staat innerhalb der Europäischen Union. Außerdem ist Deutschland dicht besiedelt. Die durchschnittliche *Bevölkerungsdichte* (↑) beträgt rund 230 Einwohner je km².

Die Verteilung der Bevölkerung über das Territorium ist jedoch sehr unterschiedlich. Das ist auf das seit etwa 150 Jahren anhaltende Wachstum industrieller Ballungsräume zurückzuführen. Heute nehmen allein die städtischen Verdichtungsräume mehr als den zehnten Teil der Fläche Deutschlands ein. Hier lebt die Hälfte der Bevölkerung in 84 Großstädten.

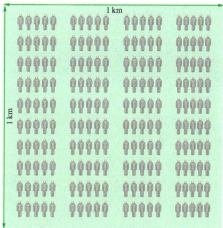

M 4 Bevölkerung in einem Verdichtungsraum (Beispiel: 200 Einwohner je km²)

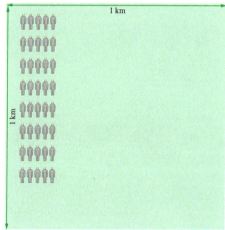

M 5 Bevölkerung in einem ländlichen Raum (Beispiel: 40 Einwohner je km²)

M 6 Erläuterung zu Bevölkerungsangaben

AUFGABEN

1. Beschreibe nach der Karte (M 1) die Verteilung der Bevölkerung im Gebiet Deutschlands.
2. Nenne einige Verdichtungsräume und einige ländliche Räume (M 1). Benutze auch die physische Karte von Deutschland.
3. Unterscheide Bevölkerungszahl und Bevölkerungsdichte (M 6).
4. Ergänze folgende Aussagen durch die Angabe: geringe, hohe oder sehr hohe Bevölkerungsdichte.
   a) großes Gebiet – kleine Bevölkerungszahl = ?
   b) großes Gebiet – große Bevölkerungszahl = ?
   c) kleines Gebiet – große Bevölkerungszahl = ?
5. Erläutere Merkmale von Verdichtungsräumen und von ländlichen Räumen. Beachte Arbeitsplätze, Bildungs-, Kultur-, Verkehrs-, Einkaufs- und Freizeiteinrichtungen (M 2 bis M 5).
6. Wodurch unterscheiden sich die Verdichtungsräume Rhein-Ruhr und Dresden? Finde weitere Beispiele (M 1).

Erholungsgebiete in Deutschland

Logos von Nationalparks in Deutschland

Nationalpark Schleswig-Holsteinisches Wattenmeer

Nationalpark Vorpommersche Boddenlandschaft

Nationalpark Sächsische Schweiz

Nationalpark Bayerischer Wald

Nationalpark Berchtesgaden

M 1 Fremdenverkehrsgebiete in Deutschland

Erholungsgebiete in Deutschland

Deutschland ist mit *Erholungsgebieten* (↑) und Fremdenverkehrsgebieten reichlich ausgestattet. Viele ausgedehnte Waldgebiete, Nationalparks und Naturparks laden zum Erholen in der Natur ein. Wandern, Radfahren, Schwimmen, Museen besuchen oder einfach mal so richtig faulenzen – das alles kann man oftmals gar nicht so weit weg von zu Hause. Zahlreiche Kurorte, Seebäder und Fremdenverkehrsorte stehen Erholung und Heilung suchenden Menschen zur Verfügung.

Wissens- und Sehenswertes bieten nahezu alle Städte und viele Dörfer im ganzen Lande mit ihren historischen Bauwerken, Museen, Zoo- und Parkanlagen. Es gibt so viele schöne Reiseziele in Deutschland, dass man sie gar nicht alle aufzählen kann.

Zwar reisen alljährlich mehr Deutsche in andere Länder, aber die Gästezahlen in den deutschen Beherbergungsstätten liegen trotzdem bei 92 Millionen im Jahr. Viele Familien fahren mit ihren Kindern an die Strände der Nordsee oder der Ostsee. Andere bevorzugen die abwechslungsreichen naturnahen Landschaften des Mittelgebirgslandes. Aber auch die bizarre Hochgebirgslandschaft der Alpen ist das Ziel vieler Urlauber.

Hochsaison ist an der Nord- und Ostsee von Juni bis Anfang September. In den Alpen macht man Ferien im Sommer wie im Winter. Aber auch das Frühjahr und der Herbst sind reizvoll. Wintersport ist auch in einigen Hochlagen der Mittelgebirge möglich.

Etwa 100 Ferienstraßen verbinden sehenswerte Orte miteinander und erschließen Landschaftsräume. Über lange Strecken verlaufen in Nord-Süd-Richtung die „Deutsche Märchenstraße", die „Deutsche Ferienroute Alpen-Ostsee" und die „Deutsche Alleenstraße".

Auf einzelne Gebiete beschränkte Rundferienstraßen sind z. B. die „Deutsche Fehnroute", die „Märkische Eiszeitstraße", die „Straße der Romanik", die „Straße der Klassiker", die „Straße der Staufer" oder die „Hohenzollernstraße".

Deutsche *Nationalparks* sind mindestens 1 000 ha große Gebiete. Sie liegen in besonders schönen naturnahen Landschaftsräumen. Es gelten strenge Schutzbestimmungen, um die Pflanzen- und Tierwelt in ihrem natürlichen und naturnahen Lebensraum zu erhalten und sie vor menschlichen Eingriffen zu schützen. Die Gebiete können zu Erholungszwecken und zur landwirtschaftlichen Nutzung eingeschränkt genutzt werden.

Die *Naturparks* sind großflächige Landschaftsräume von besonderer Eigenart und Schönheit. Sie dienen überwiegend der Erholung. Nutzungen durch Land- und Forstwirtschaft sowie Gewerbe sind mit Einschränkungen erlaubt. Innerhalb der Naturparks gibt es Gebiete, die einem besonderen Landschafts- und Naturschutz unterliegen.

Biosphärenreservate sind von der UNESCO (eine Sonderorganisation der Vereinten Nationen) unter Schutz gestellte Gebiete. Biosphärenreservate werden seit 1968 im Rahmen des Programms „Der Mensch und die Biosphäre" eingerichtet. Das weltweite Netzwerk soll Naturlandschaften umfassen. Die Biosphärenreservate in Deutschland haben eine Ausdehnung, die etwa der Hälfte aller Verkehrsflächen Deutschlands entspricht.

AUFGABEN

1. Beschreibe die Lage von Erholungsgebieten auf der Deutschlandkarte (M 1).
2. Plant einen Wandertag in ein Erholungsgebiet der näheren Umgebung eurer Schule. Arbeitet in Gruppen die Planung aus: a) Erkundigt euch, welche Erholungsgebiete sind vorhanden. b) Legt die Wanderroute zum Zielort fest. c) Stellt fest, welche Besonderheiten im Erholungsgebiet ihr aufsuchen wollt (Gewässer, Tiere, Pflanzen, Erholungseinrichtungen u. a.).
3. Kennzeichne die Nationalparks Niedersächsisches Wattenmeer und Müritz nach ihrer Lage auf der Deutschlandkarte, nach Oberflächenformen, Gewässern, Pflanzen und Tieren. Lege eine Tabelle an.
4. Beschafft euch Prospekte über Ferienstraßen in Deutschland. Fertigt Poster an, mit denen ihr andere Schüler über ausgewählte Ferienstraßen informieren wollt.

Geografische Arbeitsweisen

Beschreiben von Bildinhalten

Bilder sollen die Wirklichkeit vermitteln, wie man sie vor Ort anschauen kann. Sie geben oft eine genauere Auskunft über einen geografischen Sachverhalt als Texte. Im Unterschied zur Karte sprechen sie uns unmittelbar an.

Man muss allerdings wissen, wie man mit einem Bild umgeht, um all das herauszulesen, was in ihm verborgen ist.

Wie bei jeder Materialauswertung folgst du bei einer Bildbeschreibung der Schrittfolge: Einordnung – Form der Darstellung – Beschreibung des Sachverhalts.

Geografische Sachverhalte können vom Erdboden oder aus der Luft aufgenommen werden.

Bodenbilder sind Fotos, die vom Erdboden aus aufgenommen wurden. Sie sind besonders geeignet, um einzelne Sachverhalte deutlich festzuhalten, wie z. B. ein Gesteinsstück.

Luftbilder. Aufnahmen aus der Luft sind für größere Ausschnitte eines Landschaftsraumes geeignet. Auf ihnen kann man besonders gut die Hauptbestandteile von Landschaften abbilden. Luftbilder können als Senkrecht- oder Schrägaufnahmen gemacht werden.

Checkliste für eine Bildbeschreibung

1. Schritt
Informiere dich über das Bildthema.

2. Schritt
Prüfe die Darstellungsart (Foto, Zeichnung o. ä.).

3. Schritt
Lege die Gesichtspunkte fest, nach denen du den Bildinhalt beschreiben willst. Orientiere dich dabei an den Hauptbestandteilen von Landschaftsräumen (siehe Lehrbuchseiten 8/9).

4. Schritt
Gliedere das Bild in die Ausschnitte Vordergrund, Mittelgrund und Hintergrund, in linke Seite und rechte Seite.

5. Schritt
Beschreibe nacheinander die Bildausschnitte nach den festgelegten Gesichtspunkten.

6. Schritt
Fertige bei geeigneten Sachverhalten eine Faustskizze des Bildinhalts an. Vergiss nicht, eine Legende anzulegen.
Hinweis: Du kannst auch eine Folie über das Bild legen und die wesentlichen Linien nachzeichnen.

7. Schritt
Ordne nach Möglichkeit das Bild in eine Karte ein (Lehrbuch, Atlas). Beschreibe die Lage des im Bild gezeigten Ausschnitts innerhalb der Karte.

Zur Beschreibung des Bildes M 1

1. Schritt: Das Thema des Bildes heißt „Im Norddeutschen Tiefland (bei Verden)".
2. Schritt: Die Darstellungsart ist ein Schrägluftbild.
3. Schritt: Hauptgesichtspunkte der Beschreibung sind Oberflächenformen, Gewässer, Pflanzenwelt, Siedlungen, wirtschaftliche Nutzung.
4. Schritt: siehe Linienraster auf M 1
5. Schritt: Insgesamt hat das Gebiet eine flache bis wellige Oberfläche. Die Landschaft wird durch Ackerbau genutzt. Sie ist von kleinen Siedlungen durchsetzt.
Im Vordergrund befinden sich auf einer Bodenwelle einzeln stehende Gehöfte. Sie sind von Baumgruppen und kleinen Waldstücken umgeben. Straßen (Wege), die von Baumreihen begleitet werden, durchziehen die Landschaft. Wiesen und Felder sind in Form von Quadraten oder Rechtecken angelegt.
Durch den Mittelgrund schlängelt sich von links nach rechts ein kleiner Fluss. Bäume oder Büsche wachsen an seinen Ufern.
Im Hintergrund erkennt man die Schleife eines breiteren Flusses.
6. Schritt: siehe M 2
7. Schritt: Die Einordnung in die Karte (Atlas) lässt erkennen, dass es sich bei dem größeren Fluss im Hintergrund um die Weser handeln könnte.

Beschreiben von Bildinhalten 155

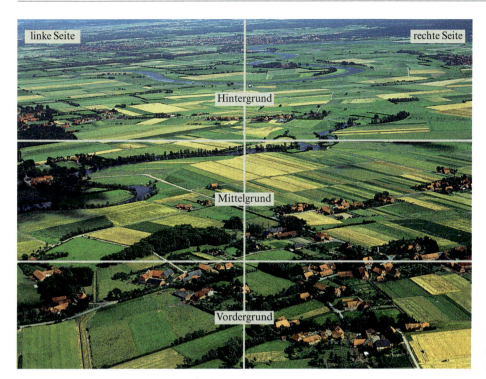

M 1 Im Norddeutschen Tiefland (bei Verden)

einzelne Gehöfte und geschlossene Siedlungen
Wald
Ackerland
Straßen
Gewässer

M 2 Faustskizze zum Schrägluftbild M 1

Einteilen der Wirtschaft

Jeder von uns hat Wünsche, die er gern erfüllt haben möchte: gute Freunde, Glück und Gesundheit für die Familie, in ferne Länder reisen, mit dem Computer spielen, modern gekleidet sein, in einer gut ausgestatteten Schule lernen zu können usw. Einige dieser Wünsche lassen sich durch den Kauf von Gütern oder durch die Nutzung von Dienstleistungen erfüllen. Beides, Herstellen von Gütern und Dienstleistungen, sind Bereiche der Wirtschaft.

Doch die Wirtschaft eines Landes ist aus viel mehr Teilbereichen zusammengesetzt, und alle sind eng miteinander verflochten. Um den Überblick zu wahren, muss man wissen, welche Teilbereiche es gibt und wie sie miteinander im Zusammenhang stehen (M 3).

M 1 *Schlaraffenland*

Kommt, wir wollen uns begeben
jetzo ins Schlaraffenland!
Seht, da ist ein lustig Leben
und das Trauern unbekannt!

Keiner darf sich mühn und bücken,
alles stellt von selbst sich ein.
O, wie ist das ein Entzücken!
Ei, wer möchte dort nicht sein!

Ja, das mag ein schönes Leben
und ein herrlich Ländchen sein!
Mancher hat sich hingegeben,
aber keiner kam hinein.
      Heinrich Hoffmann v. Fallersleben

Am Anfang gewinnt man die zur Herstellung der Güter notwendigen Rohstoffe. Elektrische Energie wird erzeugt.
Diesen Bereich der Wirtschaft nennt man *Urproduktion*.

In der Chemiefabrik und in den verschiedenen Textilfabriken verarbeitet man die Rohstoffe. In der Spinnerei verspinnt man die Fasern zu Garn und Zwirn.
In der Weberei, der Wirkerei oder der Strickerei entstehen Stoffe.
Die Stoffe verarbeitet man in der Kleiderfabrik, in Schneiderwerkstätten oder Modeateliers zu Textilien.
Diesen Bereich nennt man *Güterproduktion*.

In allen Bereichen der Wirtschaft werden Rohstoffe oder Güter verkauft und gekauft. Es wird gehandelt. Der *Handel* ist das Bindeglied zwischen Erzeuger und Verbraucher.

Rohstoffe und Güter müssen fast immer vom Erzeuger zum Verbraucher befördert werden. Durch *Verkehr* überwinden Güter Entfernungen im Landschaftsraum.

Modekünstler entwerfen Modelle für Kleidungsstücke. Sie verrichten eine *Dienstleistung*.

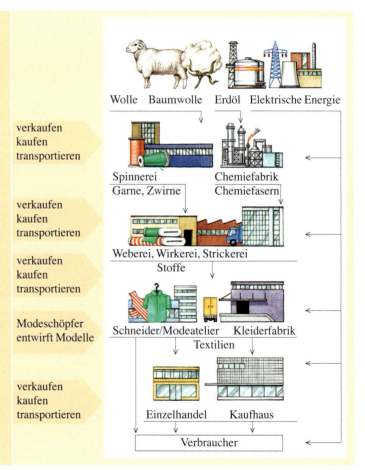

M 2 Vom Rohstoff zum Verbraucher

Einteilen der Wirtschaft

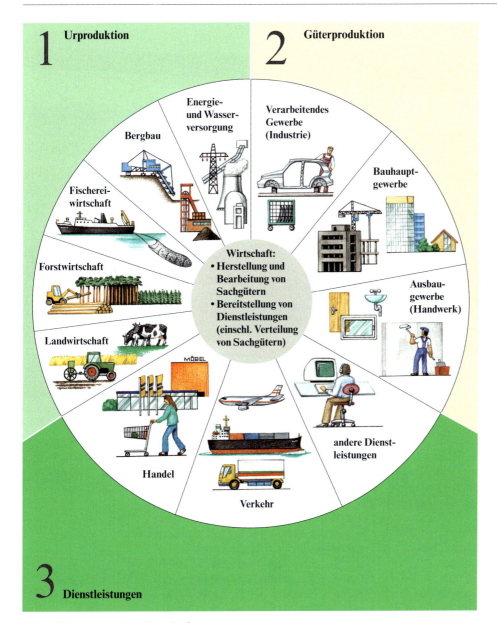

M 3 Gliederung der Wirtschaft

Fast alle Güter müssen hergestellt und alle Dienstleistungen müssen bereitgestellt werden. Nur wenige Arten von Gütern werden von der Natur dem Menschen ohne sein Zutun und in ausreichender Menge zur Verfügung gestellt.
Frei verfügbar sind eigentlich nur Luft und Sonnenlicht. Selbst Wasser ist in vielen Gebieten der Erde eine Mangelware, und muss dort unter großem Aufwand an Arbeit und Geld bereitgestellt werden.

AUFGABEN
1. Lies das Gedicht vom Schlaraffenland (M 1). Erkläre, warum es auf der Erde kein Schlaraffenland geben kann.
2. Verfolge den Weg eines Kleidungsstücks vom Rohstoff bis zum Käufer (M 2). Nenne möglichst alle Personen / Berufe die nötig sind, damit aus Schafwolle ein Pullover wird, den du im Kaufhaus erwerben kannst.
3. Erläutere die Einteilung der Wirtschaft in Urproduktion, Güterproduktion und Dienstleistungen (M 3). Gib für die einzelnen Bereiche Beispiele aus deinem Heimatgebiet an.
4. Nenne fünf Beispiele für Berufe des Dienstleistungsbereichs. Denke dabei auch an deine tägliche Umgebung.

Arbeiten mit Karten und Maßstäben

M 1 Wirklichkeit und Modell

Kerstins Vater ist in seiner Freizeit Modelleisenbahner. Wie alle Eisenbahnfans träumt er davon, dass seine Modellbahn dem Original möglichst genau entspricht. Obwohl das oft nur teilweise möglich ist, können Modelle die Objekte, Landschaften und Vorgänge der Wirklichkeit veranschaulichen.

Kleiner Maßstab und großer Maßstab. Auch Karten sind Modelle; es sind immer verkleinerte Abbildungen der Wirklichkeit. Auskunft über das Maß der Verkleinerung gibt der Kartenmaßstab. Bei einem großen Maßstab wird die Wirklichkeit weniger stark verkleinert. Auf diesen Karten kann man viel mehr Einzelheiten erkennen, als auf Karten mit einem kleinen Maßstab.
Karten mit einem kleinen Maßstab zeigen zwar weniger Einzelheiten als Karten mit einem großen Maßstab. Man kann aber auf einem gleich großen Kartenblatt einen viel größeren Ausschnitt aus der Wirklichkeit abbilden als bei einem großen Maßstab.

Der Maßstab ist bei jeder Karte angegeben. Meist ist er in zweifacher Form vermerkt, nämlich als Maßstabszahl und als Maßstabsleiste.

Die *Maßstabszahl* gibt das Zahlenverhältnis der Verkleinerung auf der Karte gegenüber der Wirklichkeit an.
Ein Beispiel: Der Maßstab 1 : 100 000 (lies: eins zu einhunderttausend) bedeutet, dass 1 cm auf der Karte 100 000 cm in der Wirklichkeit entspricht.
Nun rechnet man die tatsächliche Entfernung nicht nach Zentimetern, sondern nach Kilometern (km). Bei der Umrechnung in km musst du demzufolge die letzten fünf Stellen wegstreichen.

Die *Maßstabsleiste* ist eine Skala. Du kannst an ihr ein Lineal anlegen, um abzulesen, welche Entfernung einem Zentimeter auf der Karte in der Wirklichkeit entspricht. Oder du kannst für eine in der Karte gemessene Strecke die tatsächliche Länge direkt an der Maßstabsleiste ablesen.

Arbeiten mit Karten und Maßstäben

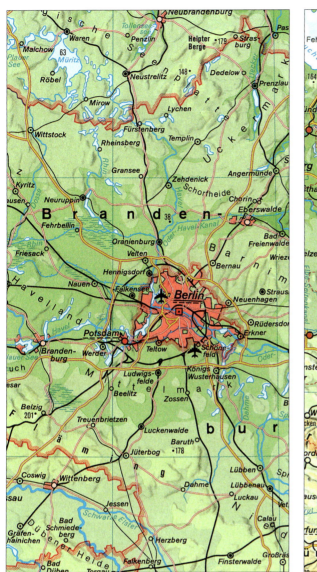

M 2 Ausschnitt aus der Karte Deutschland, physisch
Maßstab 1 : 1 500 000

M 3 Ausschnitt aus der Karte Deutschland, physisch
Maßstab 1 : 3 000 000

Was Maßstabszahlen bedeuten:

1 : 25 000
1 cm auf der Karte entspricht
25 000 cm = 250 m in der Wirklichkeit

1 : 50 000
1 cm auf der Karte entspricht
50 000 cm = 500 m in der Wirklichkeit

1 : 100 000
1 cm auf der Karte entspricht
100 000 cm = 1 000 m = 1 km in der Wirklichkeit

AUFGABEN

1. Erläutere anhand der Fotos in M 1 den Unterschied zwischen einem Modell und der Wirklichkeit.
2. Vergleiche die Karten (M 2, M 3). Suche dabei Einzelheiten heraus, die in der einen Karte enthalten sind, in der anderen aber nicht.
3. Erläutere anhand der Karten (M 2, M 3) die Formulierung „kleiner Maßstab, großer Maßstab". Beachte, dass beide Karten gleich groß sind.
4. Wie groß müsste die Karte M 2 sein, damit auf ihr der gleiche Ausschnitt aus der Wirklichkeit wie auf der Karte M 3 abgebildet werden könnte?

Arbeiten mit der physischen Karte

Karten helfen nicht nur bei der Suche nach einem Ort. Sie können dir auch viel über ein Gebiet erzählen. Dazu musst du sie aber lesen können. In ihnen ist die Wirklichkeit in eine Bildersprache umgesetzt. Zeichen und Farben sind die Bildersprache von Karten.
Eine Legende erklärt die Bedeutung der Bildersprache.
Du musst dir die Bedeutung der Zeichen und Farben merken. Dann wirst du sie auf den Karten wiederentdecken und deren Bildersprache verstehen.

Aus physischen Karten kannst du ablesen, wie die Erdoberfläche beschaffen ist, ob eben oder bergig, tief oder hoch gelegen.
Die Oberflächenformen, also die Berge und Täler, lassen sich nicht so darstellen, wie sie in der Wirklichkeit zu sehen sind. Das hat Gründe: Die Karte zeigt die Landschaft von oben als Draufsicht. Sie ist auf ebenem Papier abgedruckt. Die Oberflächenformen werden in physischen Karten mittels Höhenschichten und Höhenpunkten dargestellt.

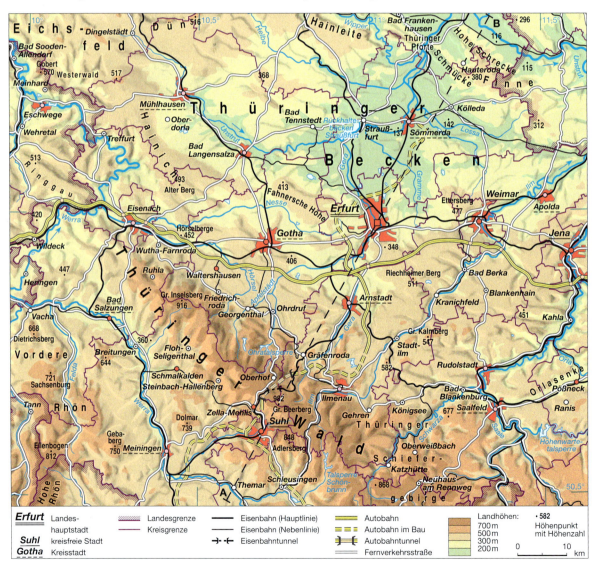

M 1 Ausschnitt aus der Karte Deutschland, physisch

Arbeiten mit der physischen Karte 161

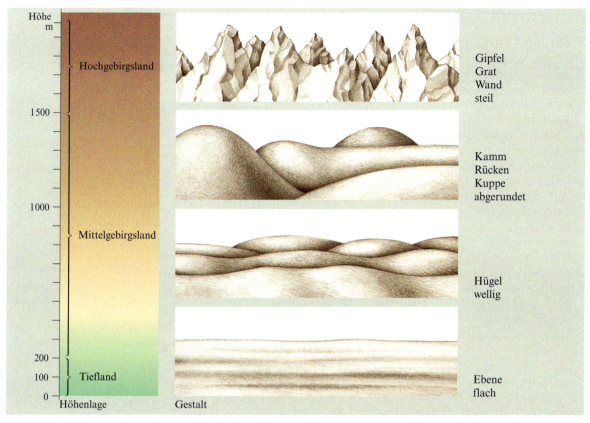

M 2 Begriffe zu Oberflächenformen des Festlandes

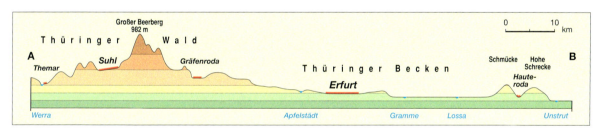

M 3 Höhenschichtenprofil. Beachte die Bedeutung der Höhenschichtenfarben (M 1).

Höhenschichten in physischen Karten sind farbig ausgelegte Flächen zwischen zwei Höhenlinien. Die Höhenschichtenfarben reichen von grün (Tiefland: bis 200 m) über gelb (mittlere Höhen: 200 m bis 500 m) bis braun (hohe Lagen: über 500 m).

Durch die farbliche Abstufung gibt die physische Karte einen Eindruck von der Oberflächengestalt eines Gebietes. Innerhalb einer Höhenschicht kann das Gelände verschieden sein. Höhenschichtenfarben sagen aber nichts über die Vegetation aus.

AUFGABE
1. Welche Inhalte werden in der physischen Karte (M 1) dargestellt? Erstelle eine Liste und suche Beispiele in der Karte. Nutze als Hilfe die Legende der Karte.
2. Kennst du andere Kartenarten als physische Karten? Schlage auf Seite 148 nach und gib dieser Kartenart einen Namen.
3. Gib Zahlenwerte für Höhenlinien und Höhenschichten in M 3. Ziehe dazu die Legende von M 1 heran.
4. Erkläre den Unterschied zwischen Höhenlinien und Höhenschichten. Nimm die Karte M 1 und die Profildarstellung M 3 zur Hilfe.
5. Beschreibe die Oberflächengestalt Thüringens (M 1). Nutze auch Begriffe aus M 2.

Arbeiten mit dem Atlas

Am 21. April 1500 entdeckte der portugiesische Seefahrer PEDRO ÁLVARES CABRAL Brasilien. Ein Mitreisender berichtet darüber an den König DOM MANUEL von Portugal:

In den Abendstunden war Land in Sicht. Zuerst sahen wir einen großen Berg, hoch und rund; danach erblickten wir südlich von ihm niedrigere Gebirgsrücken und flaches Land mit großen Hainen. Diesen hohen Bergen gab der Kapitän den Namen Monte Pascoal (Osterberg) und dem Lande den Namen Terra de Vera Cruz (Land des wahren Kreuzes).

Am Morgen des Donnerstags (23. 4.) fuhren wir auf das Land zu, die kleinen Schiffe an der Spitze, durch siebzehn, sechzehn, fünfzehn, vierzehn, dreizehn, zwölf, zehn und neun Faden Tiefe, bis auf eine halbe Meile zum Festland, wo wir alle Anker warfen, gegenüber der Mündung eines Flusses. Diesen Ankerplatz erreichten wir gegen zehn Uhr morgens.

Von Bord aus konnten wir Menschen am Strand erkennen. Boote wurden nun zu Wasser gelassen. Bald darauf kamen alle Kapitäne an Bord des Flaggschiffes zur Besprechung. Der Kapitän befahl NICOLAU COELHO, den Fluss mit einem Boot zu erkunden. Als dieser sich dem Land näherte, liefen Eingeborene zu zweit und dritt zum Strande, so dass sich dort, als das Boot zur Mündung des Flusses kam, schon achtzehn oder zwanzig aufhielten.

Braun, nackt, hielten sie in den Händen Bogen und Pfeile. So liefen sie geradewegs auf die Boote zu. COELHO bedeutete ihnen durch Zeichen, die Waffen niederzulegen. Sie taten es. Eine Verständigung war bei der starken Brandung nicht möglich. COELHO schleuderte ihnen ein rotes Barett, eine leinerne Pudelmütze, die er trug und einen schwarzen Hut zu. Einer von ihnen warf darauf seine Kopfbedeckung aus langen Vogelfedern zurück. Ein anderer schwenkte eine Schnur mit weißen Muscheln. Darauf kehrte COELHO zum Schiff zurück, da es schon spät war.

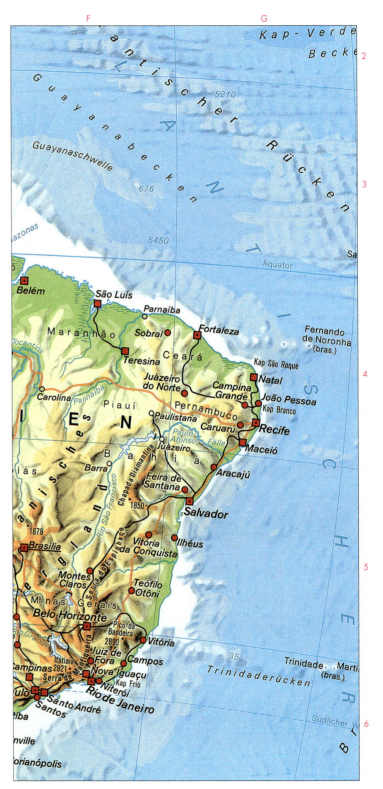

M 1 Südamerika: Physische Karte (Ausschnitt)

Wo liegt Ilhéus? CABRAL suchte nach der ersten Begegnung mit Indianern eine geschützte Bucht auf. Er nannte sie Porto Seguro („sicherer Hafen"). Der Ort ist heute unbedeutend und deshalb im Schulatlas nicht zu finden. Er liegt 180 km südlich von Ilhéus. Aber wer weiß, wo Ilhéus liegt?

Der Atlas ist ein Buch, in dem viele Karten zusammengebunden sind. Die Karten haben verschiedene Themen zum Inhalt. Zur Grundausstattung eines Atlas gehören physische Karten, Wirtschaftskarten und politische Übersichtskarten. Du wirst mit ihnen im Geografieunterricht arbeiten.
Auf den ersten Seiten des Atlas findest du das Karten- oder Inhaltsverzeichnis und den Kartenweiser, auch Kartenübersicht genannt.

Im Kartenverzeichnis sind alle Karten mit Seitenangaben aufgeführt. Die meisten Atlanten beginnen mit den Karten zu Deutschland. Darauf folgen die Karten zu Europa, Asien, Australien, Nord- und Mittelamerika, Südamerika sowie zu den Polargebieten und Ozeanien. Am Ende stehen Übersichtskarten der Erde.

Ein Kartenweiser (die Kartenübersicht) auf dem vorderen und dem hinteren Buchdeckel oder im Inhaltsverzeichnis ergänzt das Kartenverzeichnis. Dort sind in die Umrisse der Kontinente die Kartenausschnitte mit Seitenangaben eingetragen. Diese Veranschaulichung der Kartenblätter erleichtert die Orientierung über den Inhalt des Atlas. Man muss aber ungefähr wissen, wo sich das gesuchte Gebiet befindet.

Das Namenregister oder Sachwortregister befindet sich hinter dem Kartenteil. Hier sind die Namen aller in die Atlaskarten eingetragenen Orte, Staaten, Gebirge, Flüsse, Seen, Landschaften, Inseln, Halbinseln und Meere in alphabetischer Reihenfolge und mit Seitenverweis aufgeführt. Es sind etwa 15 000. Wer soll sie alle kennen?

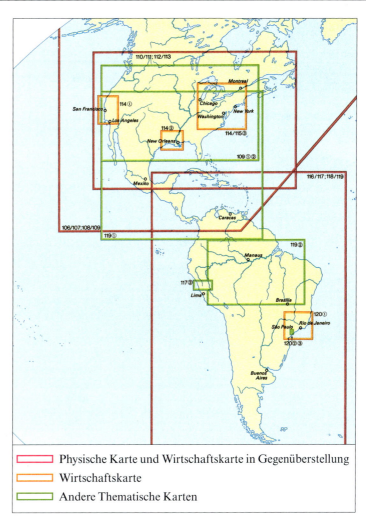

M 2 Auszug aus dem Kartenweiser und Inhaltsverzeichnis eines Atlas

AUFGABE
1. Lies den Text auf der Seite 162. Sprich mit deinen Mitschülern über die Entdeckung Brasiliens und die erste Begegnung der Portugiesen mit Einheimischen.
2. Das Sachregister im Atlas hilft dir, Ilhéus auf Anhieb zu finden. Suche den Namen im Register. Dort könnte z. B. stehen: Ilhéus 168/169 G 5. Das ist eine Lageangabe. Sie nennt zuerst die Seitenzahl der Karte. Danach gibt sie in Großbuchstaben und Ziffern an, in welchem Gradnetzfeld (hier: G 5) der Karte der Name zu finden ist. Suche nun Ilhéus (M 1).
3. In welchem Gradnetzfeld liegen in der Karte (M 1) Salvador, Recife, Rio de Janeiro, Belo Horizonte?
4. Schreibe alle Städtenamen heraus, die im Gradnetzfeld F 4 liegen (M 1).
5. Schreibe nach dem Register deines Atlas die Kartenseiten und die Gradnetzfelder von Berlin, Moskau, New York, Kairo, Delhi, Tokio und Canberra auf.

Auswerten und Vergleichen von Materialien

Im Geografieunterricht arbeitest du mit unterschiedlichsten Materialien (z. B. Bilder, Karten, Grafiken), die auszuwerten und zu vergleichen sind. Beide Tätigkeiten sind untrennbar miteinander verbunden.

Checkliste für die Auswertung von Materialien

1. Schritt
Wie lautet das Thema?
Ist das Material neu, veraltet oder zeitlos?

2. Schritt
Kennzeichnung der Materialart.
Welche Materialart soll ausgewertet werden? (z. B. Karte, Foto, Grafik, Text)
Welche Form der Materialdarstellung liegt vor? (z. B. Linien, Flächen, Symbole)

3. Schritt
Beschreibung des Sachverhalts.
Beachte: Die Beschreibung erfolgt mit deinen eigenen Worten unter Einbeziehung deines Vorwissens.
Was sind die wichtigsten Aussagen des Materials?
Welche Besonderheiten werden deutlich?
Welche Begriffe müssen geklärt werden?
Was ist unverständlich?

Beispiel: Auswertung von M 1

1. Schritt
Das Thema des Materials lautet „Großräume und Staaten in Europa".
Das Material ist aktuell.

2. Schritt
Materialart ist eine Karte. In der Legende werden die Darstellungsformen erklärt (z. B. schwarze Linien für Staatsgrenzen, Autokennzeichen für Staatennamen).

3. Schritt
Dargestellt sind die Großräume und die Staaten Europas.

Wichtigste Aussagen sind:
- Europa ist in Großräume gegliedert.
- In Europa gibt es viele Staaten. Sie sind unterschiedlich groß.
- Russland ist der größte Staat in Europa. Er reicht über Europas hinaus.

Checkliste für das Vergleichen geografischer Sachverhalte

1. Schritt:
Beschreibe die zu vergleichenden Sachverhalte anhand ausgewählter Merkmale immer nacheinander.

2. Schritt
Stelle die Gemeinsamkeiten und Unterschiede zwischen den zu vergleichenden Sachverhalten heraus.

3. Schritt
Erläutere (Beurteile) die erkannten Gemeinsamkeiten und Unterschiede.

Beipiel: Vergleich der Inseln Sylt und Rügen (M 3)

1. Schritt
- Sylt ist eine Insel.
- Sylt liegt in der Nordsee vor der Nordfriesischen Küste.
- Die größte Höhe der Insel Sylt beträgt 52 m über NN.
- Die Insel hat eine Eisenbahnverbindung zum Festland.

- Rügen ist eine Insel.
- Rügen liegt in der Ostsee vor der Vorpommerschen Küste.
- Die größte Höhe der Insel beträgt 161 m.
- Die Insel hat eine Eisenbahnverbindung zum Festland.

2. Schritt
- Sylt und Rügen sind Inseln.
- Beide Inseln liegen an unterschiedlichen Abschnitten der deutschen Küste.
- Beide Inseln haben unterschiedliche Landhöhen. Rügen erreicht größere Höhen als Sylt.
- Beide Inseln haben eine Eisenbahnverbindung zum Festland.

3. Schritt
- Rügen ist wesentlich größer als Sylt.
- Ein Blick auf die Deutschlandkarte zeigt, dass Rügen die größte deutsche Insel ist.

AUFGABE

Werte M 2 aus und vergleiche die Sachverhalte a) bis c) miteinander. Orientiere dich dabei an den beiden Checklisten auf dieser Seite.

Auswerten und Vergleichen von Materialien 165

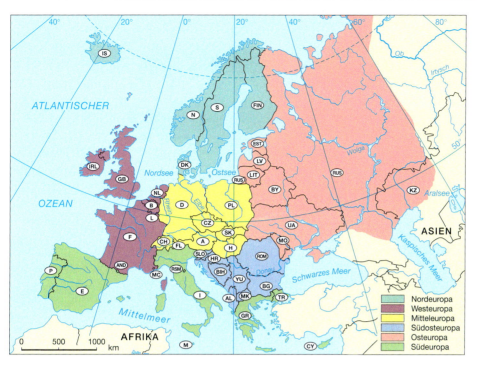

M 1 Großräume und Staaten in Europa (2000)

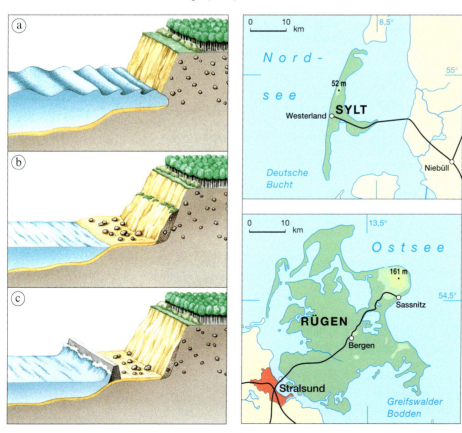

M 2 Vorgänge an der Steilküste   M 3 Sylt und Rügen

Projektarbeit

Heikes Großvater hat gehört, dass es in der Schule Projektarbeit gibt. Er meint, dass es zu seiner Schulzeit diese Form von Unterricht nicht gegeben habe und aus ihnen trotzdem etwas geworden sei. Heike erwidert ihm, dass Projektunterricht bei Schülern beliebt sei. Woran denkt sie?

Was ist ein Projekt? Bei einem Projekt arbeitet eine Gruppe selbstständig an einem Thema. Denn Projekt bedeutet: ein Vorhaben planen und es umsetzen, Einfälle sammeln und gliedern. Viele tragen ihre Gedanken zum Gelingen bei. Deshalb wird die Projektmethode oft in der Wirtschaft angewandt. Das Ziel ist dabei, zu besonderen Arbeitsergebnissen zu kommen. Es wird in Gruppen gearbeitet. Diese dürfen ungewöhnliche Wege zur Erreichung eines vorgegebenen Zieles gehen. So brauchen z. B. die Mitglieder einer Projektgruppe keine festen Arbeitszeiten einzuhalten. Sie sind in ihren Entscheidungen auch weitgehend frei von den üblichen Vorschriften am Arbeitsplatz. Wichtig ist aber, dass das Ergebnis stimmt und möglichst besser ist, als das mit herkömmlichen Methoden Erreichte.

Organisation der Projektarbeit. Der Projektunterricht ist möglichst selbstständig von allen Schülern zu gestalten. Es gibt bei der Planung vieles zu bedenken und zu entscheiden. Die Lehrer stehen aber beratend zur Seite. Ihr müsst euch für ein Thema entscheiden, Arbeitsgruppen bilden und könnt einen Projektleiter wählen. Dann müsst ihr auswählen, welchen Aspekt eures Themas ihr erarbeiten wollt, welche Vorgehensweise ihr benutzen wollt, welche Hilfsmittel ihr heranzieht. Nachdem sich eine Gruppe zur Bearbeitung eines Themas zusammengefunden hat, ist noch manches zu planen, zu entscheiden und vorzubereiten.
Ihr seht, Projekte benötigen längere Arbeitsphasen. Deshalb verlangt die Projektarbeit auch Durchhaltevermögen von jedem Einzelnen.

Für die Projektarbeit können die Stunden verschiedener Fächer zusammengelegt werden. Ob für den Projektunterricht alle Unterrichtsstunden einer Woche, täglich einige Stunden oder nur bestimmte Stunden über eine längere Zeit verwendet werden, ist von der Schule zu entscheiden. Dazu könnt ihr Vorschläge unterbreiten, die ihr vorher in der Klasse diskutiert habt.

Gesprächsregeln

1. Wer etwas sagen will, meldet sich durch Erheben einer Hand.
Wer dringend zum gerade Besprochenen etwas sagen will, der meldet sich mit beiden Händen. Das darf man aber nur einmal im Gespräch.

2. Die Gesprächsleiterin oder der Gesprächsleiter führen eine „Rednerliste". Es spricht immer nur ein Gesprächsteilnehmer. Alle anderen hören zu. Keiner ruft dazwischen.

3. Alle Redner bemühen sich, beim Thema zu bleiben und sich kurz zu fassen. Andere wollen auch sprechen.
Jeder spricht nur für sich, z. B. „Ich vermute, dass ...".

4. Sprich zuerst über deine Beobachtungen. Deutungen, Schlussfolgerungen oder Wertungen werden erst danach geäußert.

5. Die Projektleiter und die Sprecher der Arbeitsgruppen haben das Schlusswort.
Die Leiterin (oder der Leiter) des Gesprächs formuliert das Gesprächsergebnis. Anschließend werden die Gesprächsteilnehmer gefragt, ob sie dem vorgestellten Ergebnis zustimmen.

Wie Projektarbeit abläuft

Vorbereitung
1. Themen sammeln
Was könnte untersucht werden? Auf welches Thema kann sich die Gruppe festlegen, so dass alle bereitwillig mitarbeiten?
2. Teilnehmer des Projektes festlegen
Es könnte sein, dass ihr Lehrer anderer Fächer oder andere Experten beteiligen möchtet, um deren Rat einzuholen; gegebenenfalls einen Projektleiter wählen.
3. Zeitplan des Projektes festlegen
Erstellen eines Arbeitsplans vor Beginn der Projektarbeit, um die Arbeit überschauen zu können.
4. Arbeitsergebnisse vorstellen
Macht euch vor Beginn des Projekts Gedanken darüber, wie ihr eure Ergebnisse präsentieren wollt. Es bieten sich mehrere Verfahren an: eine Wandzeitung im Klassenraum, eine Dokumentation oder Ausstellung in der Schule, eine Veröffentlichung in der lokalen Presse.

Durchführung
1. Arbeitsgruppen bilden.
Legt fest, wer mit wem arbeitet. Verteilt die Arbeit auf die Gruppen. Klärt innerhalb der Gruppen, wer wofür verantwortlich ist, so dass es immer einen Ansprechpartner für die einzelnen Aufgabenstellungen gibt.
2. Material besorgen und sichten. Material findet ihr z. B. in Fachbüchern, Tageszeitungen, Wochenzeitungen, Illustrierten oder im Internet.
3. Durchführung von Erkundungsaufgaben, Geländeuntersuchungen, Befragungen usw.
4. Arbeitsergebnisse überprüfen.
Zwischendurch solltet ihr mehrmals in der Klasse die Ergebnisse vorstellen und diskutieren. Fragen und Hinweise aus anderen Gruppen helfen euch, Schwachpunkte der Arbeit zu erkennen.

Vorstellung der Ergebnisse
1. Präsentation
Aus den Gruppenbeiträgen muss ein Gesamtergebnis mit aufeinander abgestimmten Beiträgen entstehen.
2. Überlegt, ob die Ergebnisse für eine breitere Öffentlichkeit von Bedeutung sein könnten. Informiert die Lokalzeitung, damit sie berichten kann.

Auswertung der Projektarbeit.
Nach der Präsentation solltet ihr in der Klasse über eure Arbeit sprechen. Was lief gut? Wo gab es Probleme? Was hätte man besser machen können?

Worauf müsst ihr bei einer Befragung achten?
1. Worüber sollen Auskünfte eingeholt werden.
Verständigt euch untereinander darüber, was ihr erfragen wollt. Legt das genaue Thema der Befragung fest.
2. Verständig euch darüber, wen ihr befragen wollt. Ihr könnt auswählen z. B. nach Beruf, Alter, Geschlecht, Nationalität der Person.
3. Gestaltet einen Fragebogen.
Tragt die Fragen ein, die ihr stellen wollt. Beachtet: „Offene" Fragen lassen unterschiedliche Antworten zu, bei „geschlossenen" Fragen müsst ihr mögliche Antworten vorgeben.
4. Ihr könnt den Fragebogen von den befragten Personen ausfüllen lassen. Andernfalls lest ihr die Fragen vor und schreibt die Antworten selbst auf oder nehmt sie mit einem Kassettenrekorder auf.
5. Zum Schluss müsst ihr die Antworten auswerten.
Die Antworten auf „offene" Fragen fasst ihr in treffenden Sätzen zusammen. Die Antworten auf „geschlossene" Fragen wertet ihr mit Strichlisten aus (Zählung von Häufigkeiten der Nennungen).

AUFGABE
Diskutiert über die Regeln, die zur reibungslosen Durchführung eines Projektes erforderlich sind. Schreibt euch die Regeln, die ihr in eurer Gruppe für unbedingt notwendig haltet, auf ein Plakat und hängt es in eurem Klassenraum auf. So könnt ihr immer wieder auf sie zurückgreifen, auch in anderen Unterrichtsfächern.

Sich erinnern – vergleichen – ordnen

M 1 Im Geografieunterricht hast du grundlegende Kenntnisse über Deutschland erworben. Die Fotos zeigen dir noch einmal die Vielfalt des Lebens und Wirtschaftens in den verschiedenen Landschaftsräumen.

M 2 Du hast eine Vielfalt von Sachverhalten kennengelernt. Dazu gehören:
a) Almwirtschaft und Höhenstufen
b) Braunkohlenbergbau
c) Einrichtungen im Ballungsgebiet
d) Erzgebirge – eine Pultscholle
e) Flach- und Steilküste an der Ostsee
f) Mittelrheintal – ein Durchbruchstal
g) Oberrheintal – ein Grabenbruch
h) Rekultivierung einer Landschaft
i) Schwäbische Alb – eine Schichtstufe
j) Sonderkulturen in Deutschland
k) Steigungsregen im Harz
l) Steinkohlenbergbau im Ruhrgebiet
m) Südlicher Landrücken
n) Tourismus im Nationalpark
o) Umweltschäden durch Industriebetriebe
p) Zuckerrübenanbau in der Börde

M 3 Alle Betriebe des produzierenden Gewerbes und des Dienstleistungsbereichs beanspruchen für ihren Standort eine Fläche. Es ist aber nicht gleichgültig, wo der Standort eines Betriebes liegt.

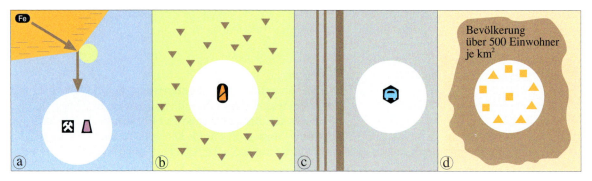

Sich erinnern – vergleichen – ordnen 169

M 4 Begriffe
Ackerbau
Almwirtschaft
Äquator
Ausgleichsküste
Ballungsgebiet
Becken
Bevölkerungsdichte
Börde
Bruchschollengebirge
Buchtenküste
Bundeshauptstadt
Bundesrepublik
Dienstleistung
Durchbruchstal
Endmoräne
Flachküste
Fördenküste
Gebirgsland
Gezeiten
Gletscher
Grabenbruch
Gradnetz
Grundmoräne
Hochgebirge
Höhenstufen der Pflanzenwelt
Industrie
Kanal
Kontinent
Land der Bundesrepublik Deutschland
Landeshauptstadt
Landwirtschaft
Massentourismus
Mittelgebirge
Mittelgebirgsland
Nullmeridian
Ozean
Planet
Pol
Produzierendes Gewerbe
Regenschatten
Rekultivierung
Rotation
Sander
Steigungsregen
Steilküste
Tagebau
Tiefbau
Tiefland
Urstromtal
Watt
Wattküste

AUFGABEN

1. Beschreibe der Reihe nach jede der 8 Abbildungen aus M 1 unter folgenden Gesichtspunkten:
   a) Welchen Landschaftsraum oder welche Landschaftsräume stellt das Foto dar?
   b) Wie war die Naturlandschaft vor dem Eingriff des Menschen beschaffen? Benutze die Begriffe Flachküste, Strandversetzung, Tiefland, glaziale Serie, Börde, Löss, Mittelgebirgsland, Durchbruchstal, Hochgebirgsland, Höhenstufen des Pflanzenwuchses.
   c) Welche Form der Nutzung herrscht in den dargestellten Kulturlandschaften vor? Benutze die Begriffe Tourismus, Landwirtschaft, Ackerbau, Bergbau, Energiegewinnung, Wasserversorgung, Verkehrsachse.

2. Jeder geografische Sachverhalt ist einmalig. Ihn kennzeichnen bestimmte Merkmale. Zugleich ähnelt er anderen geografischen Sachverhalten. Er hat mit ihnen einige Merkmale gemeinsam. Das kannst du durch den Vergleich der in M 2 genannten Sachverhalte erkennen.
   a) Schau dir die Themen a) bis p) an. Welche Inhalte lassen sich vergleichen, welche sind nicht vergleichbar? Begründe deine Entscheidungen.
   b) Wähle ein Thema aus und berichte darüber.

3. Die Darstellungen ⓐ bis ⓓ in M 3 veranschaulichen jeweils die geografische Lage eines Wirtschaftsstandortes in Deutschland. Nutze die Legende des Atlas.
   a) Beschreibe die Inhalte der Darstellungen. Beachte jeweils den vorherrschenden Wirtschaftsbereich: Landwirtschaft, Bergbau, Handel, Verkehr, Dienstleistungen.
   b) Erläutere anhand eines Landschaftsraumes den Standort der dargestellten Betriebe.

4. Die in M 4 genannten Begriffe hast du im Verlauf des Geografieunterrichts kennengelernt. Es sind sogenannte Grundbegriffe. Sie helfen dir, deine Umwelt und die Welt zu beschreiben und zu erklären. Mit ihrer Hilfe kannst du auch zunehmend wirtschaftliche Vorgänge und politische Ereignisse besser verstehen und beurteilen.
   a) Wähle zehn Begriffe aus und erläutere sie. Du kannst auch bei den Begriffserklärungen im Lehrbuch noch einmal nachlesen.
   b) Führt in der Klasse mit den Begriffen ein Quiz durch. Überlegt euch gemeinsam dazu Spielregeln.
   c) Ordne die Begriffe nach übergreifenden Gesichtspunkten, z. B. Oberflächenform, Landwirtschaft. Finde weitere Gesichtspunkte.

Quer durch Deutschland – ein Würfelspiel

Quer durch Deutschland – ein Würfelspiel

 Rote Route

1 Stau in Wittenberg: Eine neue Brücke über die Elbe wird gebaut. Nach einer 1 weiter auf der roten Route über die alte Brücke, sonst wahlweise die gelbe oder die grüne Route.
2 Stadtbummel durch Leipzig: 3x aussetzen oder nach einem Kurzvortrag über Leipzig sofort weiter.
3 Braunkohlenrekultivierung: Baden im Tagebausee Kulkwitz: 4x aussetzen.
4 Erfurt: Besichtigung der Krämerbrücke und des Doms: 3x aussetzen.
5 Beste Aussicht vom Großen Beerberg (982 m) im Thüringer Wald: Weiter auf der grünen Route.
6 Nürnberg. Besichtigung der Burg und Nürnberger Würstchen essen: Weiter nach einer 4 auf der roten Route, nach einer 5 auf der gelben Route, nach einer 6 auf der grünen Route.
7 Weiter nach einem Vortrag über Sonderkulturen, sonst 3x aussetzen.
8 Weiter nach einem Vortrag über Arbeitsplätze in München, sonst 2x aussetzen.
9 Im Allgäu schmeckt die Milch: 1x aussetzen und einen Abstecher in die Allgäuer Alpen: grüne Route.
10 Mit der Fähre von Lindau nach Konstanz über den Bodensee: 1x aussetzen.
11 Wandern im Schwarzwald zum Feldberg (1493 m): 3x aussetzen.
12 Verkehrsachse Oberrheinisches Tiefland: 2 Felder vorrücken.
13 Ballungsraum Rhein-Neckar: Umleitung über gelbe Route.
14 Rhein-Main-Ballungsgebiet. Auf die falsche Autobahn gefahren: 2 Felder zurücksetzen.
15 Dombesichtigung in Köln: 1x aussetzen.
16 Düsseldorf. Besuch im Landtag von Nordrhein-Westfalen: 2x aussetzen.
17 Niederrhein-Ruhr-Ballung: Weiter auf der gelben Route.
18 Weiter nach einem Vortrag über die Entstehung der Kohle, sonst 1x aussetzen.
19 Ab Osnabrück freie Fahrt im Norddeutschen Tiefland: 4 Felder vorrücken.
20 Seehafen Bremen: 1x aussetzen, danach weiter auf der grünen Route.
21 Große Hafenrundfahrt in Hamburg: 3x aussetzen.
22 Besichtigung der Altstadt von Wismar: 1x aussetzen.
23 Hafenrundfahrt in Rostock, neugierig auf Vorpommern: 1x aussetzen, weiter gelbe Route.
24 Drei Tage Erholung an der Müritz: 3x aussetzen.

 Gelbe Route

25 Kahnfahrt im Spreewald: 2x aussetzen.
26 Besuch im Sorbischen Museum: 1x aussetzen.
27 Rundgang in Dresden und Abstecher in das Elbsandsteingebirge: 2x aussetzen.
28 Aufstieg zum Fichtelberg (1214 m) im Erzgebirge: 2x aussetzen
29 Rundgang im Nationalpark Bayerischer Wald: 1x aussetzen.
30 Felssturz im Berchtesgadener Land: 2 Felder zurück.
31 Bergwerksbesichtigung im Saargebiet: 2x aussetzen.
32 Braunkohlentagebau an der Ville besichtigen: 2x aussetzen.
33 Erholung auf Juist: 3x aussetzen.
34 Strandwanderung auf Usedom: 2x aussetzen.
35 In der Endmoräne von Chorin: 2 Felder zurück.

 Grüne Route

36 Zuckerrübenernte in der Börde: 3 Felder zurück.
37 Besuch der Expo 2000 in Hannover: 3x aussetzen.
38 Mit der Bahn zum Brocken (1142 m): 2x aussetzen.
39 An der Trauf der Schwäbischen Alb: 3 Felder zurück.
40 Ballungsgebiet Mittlerer Neckar: 1x aussetzen.
41 Wandern in der Lüneburger Heide: 1x aussetzen.
42 Im Park von Sanssouci: 2x aussetzen.

Start

Gestartet wird in der Hauptstadt bei Start/Ziel:
Eine 6 werfen und eine Einrichtung der Hauptstadt aus Politik, Wirtschaft oder Kultur nennen.
Dann weiter auf der roten Route.

Spielhinweise

Am Spiel sollten sich höchstens vier Mitspieler beteiligen, besser wären nur zwei. Benötigt werden ein Würfel und je Mitspieler eine Spielfigur. Es können mehrere Spielfiguren auf einem Feld stehen, hinauswerfen gibt es nicht. Gewonnen hat derjenige, der zuerst das Zielfeld erreicht hat.

Begriffserklärungen und Register

Abraum (S. 100): Manchmal liegen die Bodenschätze, z. B. Braunkohle, nahe der Erdoberfläche. Dann kann die Deckschicht aus Sand, Kies und Ton mit großen Baggern abgeräumt werden. So entsteht ein Tagebau.

Ackerbau (S. 68, 146): Zweig der Landwirtschaft. Es werden Pflanzen für die menschliche Ernährung (z. B. Weizen, Reis), für Tierfutter (z. B. Rüben, Silomais) und für die Verarbeitung in der Industrie (z. B. Baumwolle) angebaut.

Almwirtschaft (S. 138): Weidewirtschaft im Hochgebirge. Im Winter wird das Vieh im Tal auf dem Bauernhof in Ställen gehalten, im Sommer weidet es auf Wiesen der Almen und Voralmen.

Äquator (S. 13): Längster Breitenkreis (etwa 40 000 km). Er teilt die Erde in eine Nordhalbkugel und eine Südhalbkugel.

Ballungsgebiet (S. 75): → Verdichtungsraum.

Becken (S. 130): Weite Eintiefungen der Erdoberfläche. Sie sind ringsum oder auf drei Seiten von Höhenzügen umgeben.

Bevölkerungsdichte (S. 151): Die Zahl der Einwohner, die auf einem Quadratkilometer (1 km^2) wohnen.

Bodden (S. 50): Eine flache Meeresbucht, die fast vollständig von Landfläche umgeben ist.

Boden (S. 68, 69, 88): Verhältnismäßig dünne Schicht an der Erdoberfläche. Sie enthält außer zerkleinertem Gestein, Humus, kleine Lebewesen, Wasser und Luft. Böden ermöglichen den Pflanzen das Wachstum.

Börde (S. 68): Landschaftsraum mit fruchtbarsten Böden. Es werden überwiegend Weizen, Zuckerrüben und Gerste angebaut.

Braunkohle (S. 98): Dunkelbraunes Brennmaterial. Es besteht überwiegend aus zersetzten Pflanzenteilen.

Bruchschollengebirge (S. 104): Die feste Erdkruste zerbricht in einzelne Gesteinsschollen. Sie können aufsteigen und absinken. Beim Aufsteigen entstehen Gebirge.

Bucht (S. 50, 88): Einbiegung von Küsten (Meeresbuchten), Uferlinien an Binnenseen oder Rändern von Bergländern (Tieflandsbuchten).

Bundeshauptstadt (S. 34, 71): Sitz der Regierung des gesamten Staates und Standort von Regierungseinrichtungen (Bundesministerien). Von hier aus wird der Gesamtstaat (Bundesstaat) regiert.

Bundesland (S. 34): Gliedstaat eines Bundesstaates. Von der Landeshauptstadt aus wird das einzelne Bundesland regiert (Landesministerien).

Bundesstaat (S. 34): Das Staatsgebiet besteht aus dem Territorium des Gesamtstaates (Bund) als Summe der Gliedstaaten (Länder, Bundesländer, Bundesstaaten). Die Staatsgewalt ist zwischen dem Gesamtstaat (Sitz in der Bundeshauptstadt) und den Gliedstaaten (Sitz in den Landeshauptstädten) geteilt. Die Bundesrepublik Deutschland hat 16 Bundesländer.

City (S. 72): Mitte einer Großstadt mit vielen Arbeitsplätzen im Handel (Hauptgeschäftsviertel) und in Dienstleistungen (Banken, Kultureinrichtungen, Regierungsviertel), aber wenigen Wohnungen.

Deich (S. 57): Vom Menschen aufgeschütteter Damm an Meeresküsten, Seeküsten oder Flussufern zum Schutz vor Überschwemmungen.

Dienstleistungen (S. 114, 133, 157): Ein Teilbereich der Wirtschaft, der nicht auf Produktion gerichtet ist. Es sind Tätigkeiten wie verkaufen (Lebensmittelgeschäft), beraten (Lebensversicherung), helfen (Arzt), verwalten (Gemeindeverwaltung), schützen (Polizei), regieren (Ministerium), lehren (Schule), transportieren (Bus).

Düne (S. 21, 53): Sandhügel, der vom Wind zusammengeweht worden ist.

Durchbruchstal (S. 106): Tief eingeschnittenes Tal, in dem ein Fluss ein Gebirge vollständig durchbricht.

Ebbe (S. 55): → Gezeiten.

Begriffserklärungen und Register 173

Einzugsgebiet (S. 42, 114): Man unterscheidet zwei verschiedene Wortbedeutungen:
– Gebiet, dass durch einen Fluss mit allen seinen Nebenflüssen entwässert wird.
– Umland einer Stadt, aus dem Menschen kommen, um Dienstleistungen in Anspruch zu nehmen. Die Bedeutung einer Stadt ist abhängig von der Größe ihres Einzugsgebietes.
Eiszeitalter (S. 67): Vor etwa 2 Millionen Jahren begann ein Zeitabschnitt der Erde, der durch den Wechsel von wärmeren und kälteren Abschnitten gekennzeichnet ist. Es gab mehrere Kaltzeiten, die von Warmzeiten unterbrochen waren.
Endmoräne (S. 67): → glaziale Serie.
Erdachse (S. 16): Gedachte Verbindungslinie zwischen Nordpol und Südpol durch die Erde hindurch.
Erdäußere Kräfte (S. 104): Kräfte, die von außen auf die Erdoberfläche einwirken. Sie werden z. B. durch fließendes Wasser, Wind, Eis oder Temperaturunterschiede wirksam.
Erdinnere Kräfte (S. 104): Kräfte, die vom Inneren der Erde her auf die Erdoberfläche und die darunter liegenden Schichten (Erdkruste) einwirken. Sie werden z. B. durch Erdbeben oder Vulkanismus wirksam.
Erholungsgebiet (S. 153): Landschaftsraum, der mit günstigen natürlichen Bedingungen (z. B. Wälder und Seen in einer Endmoränenlandschaft) und geeigneten Einrichtungen (z. B. Wanderwege, Raststätten, Hotels) für Erholungszwecke ausgestattet ist.

Flachküste (S. 52): → Küste.
Flöz (S. 76): Eine Schicht von Bodenschätzen (z. B. Steinkohle), deren Abbau sich lohnt.
Flut (S. 55): → Gezeiten.

Gebirgsland (S. 18): Gebiet auf dem Festland, das über 200 m hoch liegt.
Gestein (S. 104): Festes Material wie z. B. Sand, Sandstein, Granit. Es baut die Erdkruste (Gesteinskruste) auf.

Gezeiten (S. 55): Regelmäßiges Heben und Senken des Meeresspiegels. Als Flut wird das Ansteigen des Wassers, als Ebbe das Sinken des Wassers bezeichnet.
Glaziale Serie (S. 67): Aufeinanderfolge von Oberflächenformen, die durch das Inlandeis und seine Schmelzwässer während des Eiszeitalters entstanden sind. Die Oberflächenformen der glazialen Serie sind Grundmoräne, Endmoräne, Sander und Urstromtal.
Globus (S. 15): Verkleinertes Abbild (Modell) der Erde.
Grabenbruch (S. 108): Lang gestreckter Einbruch in einer Gesteinsscholle der Erdkruste.
Gradnetz (S. 13): Gedachtes Gitter von Längen- und Breitenkreisen auf der Erde. Es erleichtert die Orientierung und ermöglicht die genaue Lagebestimmung von Orten.
Großstadt (S. 71, 74, 114, 132): Stadt mit mehr als 100 000 Einwohnern.
Grundmoräne (S. 67): → glaziale Serie.

Hafen (S. 60): Verkehrseinrichtung für Schiffe; geschützter Liegeplatz und Umschlagplatz für den Personen- und Gütertransport. Seehäfen (z. B. Hamburg und Rostock) liegen an der Küste oder in deren Nähe, Binnenhäfen (z. B. Magdeburg und Duisburg) liegen im Landesinneren an Flüssen, Seen oder Kanälen.
Halbinsel (S. 51): Landfläche, die überwiegend von Wasser umgeben ist, aber mit dem Festland eine natürliche Landverbindung besitzt (z. B. Darß).
Hochgebirge (S. 18, 41, 134): Deren Berge erreichen Höhen über 1 500 m und ragen über die Waldgrenze hinaus. Sie haben überwiegend schroffe Formen und tief eingeschnittene Täler.
Hochgebirgsland (S. 41): Gebiet auf dem Festland, dass über 1 500 m hoch liegt.
Höhenstufe (S. 137): In Gebirgen ändert sich die Pflanzenwelt mit zunehmender Höhe, weil es nach oben immer kälter und feuchter wird. In den Alpen folgen übereinander Laubwald-, Nadelwald-, Matten-, Fels-, Schnee- und Eisstufe.

Industrie (S. 75, 157): Teil der Wirtschaft; gehört als Verarbeitendes Gewerbe mit Bauhauptgewerbe und Ausbaugewerbe (Handwerk) zur Güterproduktion (Produzierendes Gewerbe). In Mittel- und Großbetrieben werden mit starkem Maschineneinsatz und ständig abnehmenden Einsatz von menschlicher Arbeitskraft aus Rohstoffen und Halbfabrikaten Güter hergestellt (Massenproduktion).
Industriegebiet (S. 75): auch Gewerbegebiet. Mehrere Industriebetriebe bilden eine Standortgruppierung. Sie prägen in einer Stadt ein Viertel oder ein Gebiet des ländlichen Raumes.
Inlandeis (S. 67): Mehrere 1 000 m mächtige Eismasse, die große Teile der Landfläche bedeckt.
Insel (S. 51): Landfläche, die vollständig von Wasser umgeben ist (z. B. Helgoland, Rügen).

Kanal (S. 42): → Wasserstraße.
Kontinent (S. 14): Große zusammenhängende Festlandsmasse der Erde, die auch als Erdteil bezeichnet wird.
Küste (S. 50): Übergangsbereiche zwischen Land und Meer. Küsten können als Flachküsten oder Steilküsten ausgeprägt sein.
Kulturlandschaft (S. 9): Durch Tätigkeiten des Menschen (wohnen, sich versorgen, arbeiten, am Verkehr teilnehmen, sich bilden, sich erholen) umgestaltete Naturlandschaft. Bei starkem Eingriff entstehen naturferne Kulturlandschaftsräume (z. B. Großstädte, Verdichtungsgebiete), bei geringem Eingriff naturnahe Kulturlandschaftsräume (z. B. ländliche Gebiete).

Landeshauptstadt (S. 35): Sitz der Regierung eines Landes (Landesregierung) der Bundesrepublik Deutschland und Standort von Regierungseinrichtungen (Landesministerien); von hier aus werden die Gliedstaaten (Länder, Bundesländer) regiert.
Landschaftsraum (S. 8): Teil der Landoberfläche, der durch sein äußeres Bild und das Zusammenwirken seiner Bestandteile (z. B. Relief, Klima, Boden, Siedlungen, Verkehr, Industrie, Landwirtschaft) geprägt ist.
Landwirtschaft (S. 146, 157): Teil der Wirtschaft; gliedert sich in Ackerbau und Viehhaltung; produziert Nahrungsmittel und Rohstoffe für die Industrie; gehört mit Forstwirtschaft, Fischereiwirtschaft, Bergbau sowie Energie- und Wasserversorgung zur Urproduktion.
Landwirtschaftsgebiet (S. 146): Landwirtschaft und Forstwirtschaft beanspruchen zur Produktion überwiegend große Flächen. Ackerflächen, Wiesen und Weiden sowie Wälder prägen ländliche Räume.
Löss (S. 68): Gelbliches, kalkhaltiges Lockergestein; in Deutschland während des Eiszeitalters vom Wind am Nordrand des Mittelgebirgslandes abgelagert.

Massentourismus (S. 142): Form der Erholung. Viele Menschen suchen an einem Ort zur Urlaubszeit Erholung. Zahlreiche Erholungseinrichtungen ballen sich in den Gebieten des Massentourismus.
Meridian (S. 13): Teil des Gradnetzes. Ein Meridian ist ein Längenhalbkreis. Er verläuft von Pol zu Pol um die halbe Erdkugel. Meridiane sind immer gleich lang.
Mittelgebirge (S. 104): Deren Berge erreichen mäßige Höhen bis etwa 1 500 m. Sie haben weniger schroffe und steile Formen und sind waldreich.
Mittelgebirgsland (S. 41, 104): Gebiet auf dem Festland, das zwischen 200 m und etwa 1 500 m hoch liegt.

Nordhalbkugel (S. 13): Teil der Erde, der nördlich des Äquators liegt.
Nordpol (S. 13): Punkt auf der Nordhalbkugel der Erde, an dem die gedachte Erdachse austritt.
Nullmeridian (S. 13): Längenhalbkreis durch Greenwich in London. Von ihm aus werden die Meridiane bis 180 Grad nach Westen (westliche Länge, W) sowie bis 180 Grad nach Osten (östliche Länge, O) gezählt.

Ozean (S. 14): Teil des Weltmeeres (z. B. Atlantischer Ozean).

Pol (S. 13): → Nordpol, Südpol.
Priel (S. 55): Natürliche Entwässerungsrinne im Watt, in der das Meerwasser bei Ebbe abfließt.
Produzierendes Gewerbe (S. 149, 157): → Industrie.
Rekultivierung (S. 103): Neugestaltung eines durch wirtschaftliche Nutzung (z. B. Braunkohlentagebau) stark veränderten und verwüsteten Landschaftsraumes. Die Folgelandschaft kann landwirtschaftlich, forstwirtschaftlich oder als Erholungsgebiet genutzt werden.
Rohstoffe (S. 77, 156): Naturstoffe, die in der Erdkruste oder in Gewässern vorgefunden oder durch Land- und Forstwirtschaft erzeugt werden.
Rotation (S. 16): Eigendrehung der Erde um ihre Achse von West nach Ost, die im Zeitraum von 24 Stunden vollzogen wird. Sie bewirkt die Entstehung von Tag und Nacht.

Sander (S. 67): → glaziale Serie.
Schwarzerde (S. 68): Boden mit dunkelbrauner bis schwarzer Färbung, nährstoff- und humusreich, besonders gut auf Löss ausgebildet. Schwarzerde ermöglicht Ackerbau mit höchsten Erträgen.
Siedlung (S. 9): Wohn- und Arbeitsstätte von Menschen als einzeln stehende Gebäude (Einzelhof) oder in Gruppierungen von Gebäuden unterschiedlicher Anzahl und Größe (Gemeinden: ländliche Gemeinden, Dörfer; Städte: Klein-, Mittel-, Großstädte).
Steigungsregen (S. 123): Regen an Gebirgen. Feuchte Luft staut sich vor einem Gebirge und steigt auf. Durch Abkühlung bilden sich Regenwolken.
Steilküste (S. 52): → Küste.
Steinkohle (S. 98): Steinharte schwarze Kohle; aus Bäumen von Sumpfwäldern enstanden. Sie gibt beim Verbrennen sehr viel Wärme ab.
Südhalbkugel (S. 13): Teil der Erde, der südlich des Äquators liegt.

Südpol (S. 13): Punkt auf der Südhalbkugel der Erde, an dem die gedachte Erdachse austritt.

Tagebau (S. 100): Teil der Urproduktion; Abbau von Bodenschätzen in offenen Gruben, weil der Rohstoff nicht tief unter der Erdoberfläche lagert (z. B. Braunkohle).
Talsperre (S. 122): Staumauer oder Staudamm, die einen Wasserlauf in einem Tal zum See aufstaut; geeignet für Hochwasserschutz, zur Wasserversorgung und Energieerzeugung, als Erholungsgebiet.
Tiefbau (S. 76, 99): Teil der Urproduktion; Abbau von Bodenschätzen durch Schächte und Stollen, weil der Rohstoff tief unter der Erdoberfläche lagert (z. B. Steinkohle, Salz).
Tiefland (S. 18, 40): Gebiet auf dem Festland, das unter 200 m hoch liegt.

Urstromtal (S. 67): → glaziale Serie.

Verdichtungsraum (S. 75, 150): Gebiet, in dem viele Menschen leben. Hier gibt es viele Arbeitsplätze in der Industrie und in den Dienstleistungen, das Verkehrsnetz ist ebenfalls dicht ausgebaut.
Verkehr (S. 44, 157): Überwindung von Entfernungen für Personen, Güter, Energie und Nachrichten durch Transporteinrichtungen (Straßen-, Schienen-, Wasserstraßen-, See-, Luft-, Nachrichtenverkehr und Rohrleitungstransport).
Verkehrsknoten (S. 112): Geografischer Ort, an dem mehrere Verkehrswege zusammentreffen.
Viehhaltung (S. 131, 138): Zweig der Landwirtschaft. Es werden Tiere für die menschliche Ernährung (Produktion von Fleisch und Milch) und zur Gewinnung von Rohstoffen (z. B. Schafe zur Fell- und Wollproduktion) gehalten.

Wasserstraße (S. 44): Schiffbares Gewässer; Flüsse, Kanäle und Seen sind Binnenwasserstraßen, Meere sind Seewasserstraßen; Transport von Personen und Gütern auf Binnen- bzw. Seeschiffen.

Watt (S. 55): Teil des Meeresbodens an flachen Gezeitenküsten. Bei Ebbe ist der Meeresboden wasserfrei, bei Flut vom Meerwasser bedeckt (z. B. an der deutschen Nordseeküste zwischen dem Festland und den vorgelagerten Friesischen Inseln).

Wirtschaft (S. 157): Man unterscheidet nach den Zielsetzungen der wirtschaftlichen Tätigkeit die Urproduktion (primärer Wirtschaftssektor: Landwirtschaft, Forstwirtschaft, Fischereiwirtschaft, Bergbau, Energie- und Wasserversorgung), die Güterproduktion (sekundärer Wirtschaftssektor: Verarbeitendes Gewerbe/Industrie, Bauhauptgewerbe, Ausbaugewerbe/Handwerk), Dienstleistungen (tertiärer Wirtschaftssektor: Handel, Verkehr, Dienstleistungen).

Zeitzone (S. 17): Jeder Meridian, dessen Zahlenwert durch 15 teilbar ist (15°, 30°, 45° usw.) wurde zur Mittellinie einer Zeitzone erklärt. So sind auf der Erde 24 Zeitzonen festgelegt, deren Zeitunterschied jeweils eine Stunde beträgt. Abweichungen von der Regelung sind meistens durch Staatsgrenzen bedingt.

Bildnachweis

Agentur UNICEPTA: Bitterfeld S. 168/3| agrar press: Bergisch Glagbach; W. Schiffer S. 69/1, 69/2, 69/3, 108/1, 108/3, 147/2, 168/4 | Agrar-Service:Schmalfeld; Dielenschneider/Cattlin S. 112/3 | AKG: Berlin S. 141/2 | Astrofoto: Leichlingen; NASA S. 11/1 | R. Balzerek: Schwerin S. 86/1, 86/2, 86/3, 168/1 | Bavaria Bildagentur: München S. 126/3 | D. Berthold: Dresden S. 134/2, 136/3, 144/1 | BMW: München S. 117/1 | Th. Breitbach: Köln S. 120/3, 121/1, 121/2 | Deutsche Bahn: Berlin S. 158/1 | V. Döring: Hohen Neuendorf S. 145/1, 158/2, 158/3 | Dresden Werbung und Tourismus GmbH: Dresden; Krull S. 134/1 | M. Ehrich: Düsseldorf S. 79/3 | Fährhafen: Mukran S. 90/2 | Ch. Georgi: Schneeberg S. 141/1 | Gesamtverband des deutschen Steinkohlenbergbaus: Essen S. 76 | Gesellschaft für ökologische Forschung: München; O. Baumeister S. 126/1, 126/2 | E. Grunert: Berlin S. 17, 57/1 | Hafen Hamburg Verkaufsförderung und Werbung: Hamburg S. 60/2, 61/1 | Hanseatische Luftbild GmbH: Hamburg S. 50/2 | G. Hartmann: Rostock S. 81/1, 92/1 | Helga Lade Berliner Fotoagentur: Berlin; Andree S. 82/2, Arand S. 80/1, 92/2, Binder S. 58/1, Bold S. 88/3, Bramaz S.110/1, BSF S. 89/2, Henkelmann S. 89/1, Meissner S. 82/3 | G. Hoffmann: Berlin S. 45/1 | H. Hohmann: Berlin S. 48/3 | E. Hoyer: Galenbeck S. 65/1 | IFA- Bilderteam: Taufkirchen; Aberham S. 126/4, Frima S. 113/1, Gorther S. 119/1, Kohlhas S. 98/1, Krämer S. 112/2 | F. Ihlow: Potsdam S. 82/1, 88/1, 134/3, 139/1 | Industriemuseum: Chemnitz S. 140/1 | Institut für Werkzeugmaschinen und Betriebswissenschaften, TU: München S. 128/2 | U. Jansen: Klein Nordende S. 21/1 | H. Karpf: Oelsnitz S. 109/1 | P. Kast: Schwerin S. 151/2 | R. Kiedrowski: Rathingen S. 41/1, 50/1, 52/1, 68/1, 80/3, 112/1, 124/1 | W. Klaeber: Rangsdorf S. 43/1, 64/1, 64/2, 147/1, 147/3, 147/4, 168/5 | W. Klammet: Ohlstadt S. 114/1 | Th. Klüpfel: Mainz S. 24/1 | Kurverwaltung: Ramsau S. 122/1 | H. Lange: Thierbaum S. 108/2, 115/2, 130/1, 130/3, 136/1, 136/2, 151/1 | Landesfremdenverband Bayern: München S. 128/1, 168/8 | S. Liebe: Leipzig S. 48/1, 96/1, 144/2 | Luftbild Elsässer: Stuttgart S. 103/1 |ò Mauritius. Die Bildagentur: Berlin; AGE S. 25/1, Beck S. 126/2, Benelux Press S. 28/4, Curtis S. 50/3, fm S. 100, Gutekunst S. 28/3, Herfort S. 41/2, Mehlig S. 90/1, 129/1, O'Brien S. 28/1, 28/6, 120/2, Pigneter S. 32/1, Raga S. 29, Rieger S. 128/3, Superstock S. 30, Thonig S. 20, Wendler S. 23 World Pictures S. 27/3 | D. Meyer: Herzogenrath S. 39/1 | Mineralölwerk Grasbrook: Hamburg S. 60/3 | U. Muuß: Altenholz S. 49/1, 54/1, 54/2, 115/1, 155/1 | Opelwerke AG: Bochum S. 79/1 | M. Rauscher S. 27/1 | D. Richter: Großburgwedel S. 48/2, 120/1, 124/2 | Ruhruniversität: Bochum S. 79/2 | G. Schneider: Berlin S. 70, 72/1, 72/2, 73/3 | T. Schneider: Berlin S. 39/2 | SCIENCE FOTO LIBRARY: London; NASA S. 7 | Seehafen: Rostock S. 93/1 | Superbild: Berlin; Alaska Stock S. 32/1, Bach S. 22, 32/3, 118/1, Basterrica S. 28/5, Bouillot S. 168/2, Ducke S. 27/2, 28/2, 168/7, Grahammer S. 11/2, Gräfenhain S. Titelfoto, 33, 40/1, Ihlow S. 130/2, Walsh/Ducke S. 116/1 | Talsperrenbetrieb des Landes SAN: Blankenburg S. 106/1, 168/6 | Tourismuszentrale: Hamburg S. 60/1 | Thyssen Krupp Stahl: Duisburg S. 74/1, 77/1, 77/2, 77/3, 80/2 | Ullstein-Bild: Berlin; AP S. 56/1, Schlemmer S. 73/2, G. Schneider S. 53/1, Zentralbild S. 73/1 | VWV-Archiv: Berlin S. 32/4 | Wildlife: Hamburg; Heumader S. 126/5 | L. Willmann: Großschönebeck S. 40/2 | Wismut GmbH: Chemnitz S. 111/1, 111/2, 111/3

Ganzseitige Fotos
S. 7 Satellitenaufnahme von der Meerenge zwischen Afrika und Europa (Straße von Gibraltar)
S. 33 Im deutschen Mittelgebirgsland (Thüringen)
S. 145 Schüler bei einer Projektarbeit